TRANSITION AND CHOICE
Media Industry at the Crossroads

转型与抉择
——十字路口的传媒业

张辉锋 著

人民日报出版社

图书在版编目（CIP）数据

转型与抉择：十字路口的传媒业/张辉锋著. —北京：人民日报出版社，2016.3
ISBN 978-7-5115-3659-4

Ⅰ.①转… Ⅱ.①张… Ⅲ.①传播媒介－研究 Ⅳ.① G206.2

中国版本图书馆 CIP 数据核字（2016）第 033947 号

书　　名：	转型与抉择——十字路口的传媒业
著　　者：	张辉锋
出 版 人：	董　伟
责任编辑：	梁雪云
封面设计：	主语设计
出版发行：	人民日报出版社
社　　址：	北京金台西路 2 号
邮政编码：	100733
发行热线：	（010）65369527　65369509　65369510　65369846
邮购热线：	（010）65369530　65363527
编辑热线：	（010）65369526
网　　址：	www.peopledailypress.com
经　　销：	新华书店
印　　刷：	北京中新伟业印刷有限公司
开　　本：	710mm×1000mm　1/16
字　　数：	210 千字
印　　张：	16
版　　次：	2016 年 5 月第 1 版　2016 年 5 月第 1 次印刷
书　　号：	ISBN 978-7-5115-3659-4
定　　价：	36.00 元

前言 TRANSITION AND CHOICE
Media Industry at the Crossroads

　　进入 21 世纪，传媒业成了少有的发展变化快速的行业，技术水平、服务内容等迅速提升扩展，传统传媒则迅速式微、市场份额萎缩严重，整个行业内部改朝换代、重新洗牌，行业内外的人均受到深深的震动。这种局面，业界以及学界都在高度关注，既对现状担忧、也对该行业未来的走向深为关切。笔者关注此问题也有时间，也一直有意对当前该行业的形势以及未来走向做一研究，以求有一些相对深入的了解，对其前途有一些相对"靠谱"的展望。

　　不管中国还是绝大部分外国的传媒业，其实都处于市场之中，市场化运作已是其运作的重要特点。每一个行业在市场中运作，它也自己形成一个市场，如传媒业就形成一个传媒市场。这个市场的所有运作行为，就是传媒本身的运作。而传媒本身的运作，既由传媒自身的物理技术特性所决定，也由市场的自身规律所决定，比如市场是初期阶段，传媒提供的产品正处在导入期，自然竞争不多、消费者对其的消费也处在试探、尝试之中，不会立刻就一拥而上形成追捧。总之，传媒业运作有其自身的特点，市场运作也有自己的规律，要理解传媒业的运作，应该是把传媒与市场的特点结合着看，这样，才会全面，才会准确。当前传媒运作形势及走向的研究，尤其是新闻与传播学领域的研究者，更多是从传媒自身的特点来看，从传媒先天的物理技术特性的角度看，而这样看，难免有失偏颇。

在本书中，笔者将把传媒与市场的运作特点结合起来分析传媒业目前的形势，并由此推断其发展走向，也可以说，本书是从新闻与传播学和市场营销学相结合的角度研究当前传媒业的运作。而在分析的内容上，又更重在研究中国的传媒业。

不管怎样，本书每一章所研究的内容，都是笔者所认为的当前传媒业的重点问题，它们或是在传媒业整体中地位重要，对传媒业有很大的影响，比如报业、电视业，这两大传统传媒，很长一个时期占据着传媒业最主流两个行业的位置，影响力大、从业人员众多，其现在的变动，对整个传媒业以及整个社会都会有很大的影响，比如为数众多的从业人员的去向等，在中国，它还深度影响到国家的宣传体制的变革等。本书还有的内容，就是当前重要未来会更重要的一些领域与操作。比如电视剧、互联网内容聚合平台，这些现在已很重要，未来还会成为传媒业运作的主要领域，在传媒市场中成为主流市场，收益巨大，影响也会巨大。还有些是传媒业当前重要未来会更重要的操作，比如活动营销、融资、股份制改造等，从现实看，它们当前已在传媒业的运作中占据重要地位，而在未来还会担当更重要的角色，会被更频繁地操作，有关它们的意义、特点以及未来趋势等，笔者也都在书中进行了重点分析。

当前，传媒业处于力度之大前所未有的转型之中，抉择非常重要。

目录 | TRANSITION AND CHOICE
Media Industry at the Crossroads

01 第一章
报纸的形势与中国报业的转型

一、报纸的形势 / 002

二、中国报业的转型思路 / 011

02 第二章
传统传媒未来盈利模式的一大支柱——活动营销

一、传媒业的基本盈利模式 / 028

二、传媒业的活动营销 / 030

三、活动营销是传统传媒未来盈利模式的一大支柱 / 047

四、传统传媒开展活动营销的策略 / 047

五、结语 / 051

03 第三章
大数据时代的传媒广告运作

一、大数据支撑的互联网广告 / 054

二、大数据时代传媒广告市场的格局 / 061

三、传统传媒广告及代理机构的应对策略 / 064

四、大数据对广告媒体计划的影响 / 068

五、结语 / 074

04 第四章
我国传媒业的融资

一、传媒融资的内涵 / 076

二、我国传媒业融资的意义 / 076

三、我国传媒业发展历程中的融资模式 / 077

四、从外源性融资角度看我国传媒业的特点 / 080

五、在外源性融资限制上我国传媒业的分类 / 085

六、我国传媒业当前外源性融资的主要模式 / 087

05 第五章
电视业的形势及应对策略

一、电视业的形势 / 092

二、电视业的发展趋势 / 100

三、中国电视业的转型策略 / 107

06 第六章
新旧交融中的互联网内容聚合平台

一、何谓"内容聚合平台" / 134

二、内容聚合平台：新传媒还是旧传媒？ / 139

三、新旧交融的市场格局 / 144

四、盈利模式：二次售卖还是自营？ / 159

五、门户类内容聚合平台：营销圈地或退出 / 162

六、群博式内容聚合平台：基于社群"小而美" / 171

七、个性化内容分发平台：优势与挑战 / 174

07 第七章
电视剧营销

一、当前电视剧营销的主要模式 / 181

二、卫视自制剧营销 / 190

三、网络自制剧 / 200

四、影视制作基地 / 210

五、结语 / 217

08 第八章
特殊管理股：国有传媒企业股份制改造的重要尝试

一、国有传媒企业实施特殊管理股制度的背景 / 220

二、国有传媒企业股份制改造的意义 / 222

三、类别股：我国传媒股份制改造的重要参考 / 224

四、特殊管理股：我国传媒股份制改造的重要尝试 / 229

五、结语 / 240

主要参考文献 / 241

后记 / 246

01 第一章
报纸的形势与中国报业的转型

报纸的形势

中国报业的转型思路

TRANSITION AND CHOICE
Media Industry at the Crossroads

报业严格来说，其内涵是报纸行业，应该只有报纸一个终端。但实践中"报业"被赋予了更多内涵，长期以来，很多报业组织拥有不止一类传媒类别，比如有期刊、图书，还有的有电台、电视台，这样的报业组织实际上已是多媒体组织了。到了现在，报业还有了电脑、手机、iPad 等其他终端。不过不管怎样，本章研究两个对象——报纸与报业，其中报业含有报纸等多种终端。

自报纸诞生以来，几乎一直充当主流传媒的角色，受众数量巨大、对社会影响力巨大，即使到了当下在传媒业中受众与收益仍然巨量且仍以权威著称。但尤其近几年，在许多国家，报纸的受众、收益减少非常明显，尤其是报业发达国家，成批的报纸开始退出市场，但是，在有些国家如发展中国家，报纸的发行量仍有上涨。报纸的形势到底怎样？该怎么办？本章就解决这个问题。

一、报纸的形势

本部分笔者重点分析报纸的形势，重点是其趋势与当前尚可的运作模式。

（一）报纸的趋势是衰落

据世界报纸和新闻出版商协会 2015 年 6 月发布的数据，"2014 年全球

第一章
报纸的形势与中国报业的转型

报纸发行量比前一年增长 6.4%，5 年增长了 16.5%"，"5 年来，亚洲的报纸发行量增长 32.7%，中东和非洲增长 3.7%，拉美增长 3%；而北美下降 8.8%，欧洲下降 21.3%，大洋洲下降 22.3%"。①从总量看，全球报纸发行量在增长，近 5 年，亚非拉及中东主要是发展中国家在增长，北美、欧洲、大洋洲这些发达地区则在下降。这就是报纸的现状。而它的未来趋势是怎样的？

一个行业的趋势，应该是由走在前面的国家决定的，它们的趋势更代表该行业的发展趋势。

在发达国家中，美国可谓报纸最发达的之一，所以，它的状况，对世界报纸的发展趋势最具主导作用。美国报纸是一种怎样的状况？首先，有四个比较能给人以震撼的案例。2009 年，长期享誉世界的《基督教科学箴言报》停刊，以后其内容只在网络上出版；而随着《皮卡尤恩时报》在 2012 年秋季改为一周三天出版，美国的第二大港口、路易斯安那州的第一大城市新奥尔良就成为无日报出版的城市，美国这样的发达国家，偌大的城市没有了日报，确实值得品味；2013 年 8 月 6 日，亚马逊创办人即目前的董事长兼 CEO 贝索斯收购了《华盛顿邮报》，有着如此光荣历史、负载着原控股家族的荣誉感、同时又根基深厚的大报被新传媒新贵收购，而这种收购与 2007 年默多克收购道琼斯公司最终掌控《华尔街日报》不同，彼时《华尔街日报》并没有那么衰相毕露，所以彼时的收购更是传媒业内延续了几百年的普通的市场收购行为，而对《华盛顿邮报》的收购，该报已绝对是一个典型的形势不佳被迫出手的案例了。最后一件是，2014 年 6 月底，美国第一大报业集团甘乃特集团宣布，其旗舰报《今日美国》将在未来 5 至 6 年停刊，改为只在网络上出版，《今日美国》是美国报业史上发行量最大的日报，最高发行量超 200 万，而现在，它也准备停刊变成在网络出版……

当然，看一个事物的发展趋势，得从整体看，而更重要的，还不能只

---

① 此两处引用均来自：张宸，《全球报纸发行收入首超广告收入——〈世界报业趋势〉揭示最新发展数据》，http://media.people.com.cn/n/2015/0722/c397610-27343291.html。

看几年甚至十几年，得纵观一个比较长的时间阶段即长期地看，这样，才能得到一个事物发展趋势的比较准确的看法。我们再看美国，2004年，北卡罗来纳大学新闻与大众传播学院的菲利普·梅耶教授出版了《正在消失的报纸：在信息时代拯救新闻业》一书，在书中，其就美国报纸读者数量的发展趋势做了一个研究：他用全国日报读者占全国成人总数的比例做指标，然后梳理该指标几十年的变化，从折线图看，该数据在20世纪60年代达到高峰，然后基本一路向下，在80年代该数据呈走平态势，其原因主要是美国报业在70年代为自救增招了相当比例的采编人员，但其后该数据又调头向下，1990年后互联网迅速发展更使该线加速下滑。

另外，人民网2005年公布了一个数据，从1964年到2004年，40年间，美国成年人每天读报的占全国成年人总数的比率从81%下降至52%；美国报业协会也公布，从1984年到2005年，21年间，美国日报总发行量下跌16%。还有其他调查的一些数据——从1970年到2003年，美国日报总发行量占全国成年人的比率从78%降至53%，晚报从50%降至10%；从1990年到2005年，美国晨报与晚报的总发行量下降约14.4%，周末报下降约11.8%；另外，京华时报社前社长吴海民称，世界报业协会曾公布数据，截至2003年的8年间，美国报纸发行量减少了5%，欧洲与日本则分别减少了3%和2%。①

所以，长期地看整体情况，美国报纸近几十年是基本下滑的走势，是一个衰落的趋势。近几年的急速下滑并非一个暂时的、出于偶然性的危机，暂时的、偶然性的危机，如全球金融危机等，过后会恢复，但美国报纸的形势，却是基本一直长期地下滑。所以，这样看，美国报纸的形势是不好的，是衰落的。

总之，美国报纸的衰落尤其近几年急速衰落是全球报纸总体走向衰落的一个有力证据。虽然发展中国家一部分还在上升，但极可能也会在一定

---

① 吴海民，《媒体变局：报纸的蛋糕缩小了——报业的未来走势和京华时报的战略选择》，报社资料。

第一章
报纸的形势与中国报业的转型

时期内走下坡路。

（二）报纸两种当前尚可的模式——"免费报纸"与社区报

目前世界上的报纸中，还有两种运作模式没有那么衰败，在整体衰势中表现还可以，它们是"免费报纸"与社区报。这两种模式在世界报业发达国家中形势比主流报纸要好一些，在发展中国家包括我国则在被比较热情地尝试。下面我们分做介绍分析。

1."免费报纸"

有关"免费报纸"这一报种，笔者将谈以下几个问题。

（1）"免费报纸"的运作模式

本书中的"免费报纸"不同于既有的免费报纸，实际上，尤其在发达国家，长期以来存在着大量的免费报纸，摆放在城镇或社区等各个角落供人免费取阅，而我们这个"免费报纸"，与既有的免费报纸运作模式有所不同，它确实具有免费报纸的部分特点如免费发行等，但在运作上它更应算一种新模式，是一种高效商业化运作的模式。其高效商业化运作体现在发行方面——其往往依托城市公共交通系统尤其地铁线路发行，在地铁站点摆放供人免费取阅，从而可以以较低的成本迅速实现针对有价值的大规模人群的覆盖；在广告经营上，则是高效运作，市场化促销的力度很大，因其内容产品销售收入没有，只能靠广告赢利。可以说，本处的"免费报纸"是一直存在的免费报纸中高度市场化运作的一种。其比较典型的例子是1995年诞生于瑞典斯德哥尔摩并迅速在全球"蔓延"的《地铁报》。因此它也可以被称为新型免费报纸。

（2）"免费报纸"的创办原因

有研究者称，这种新型免费报纸是传统报纸应对市场上信息免费获取潮流的体现——由于广播电视很大部分是免费提供信息，之后迅速崛起的互联网也是主要免费提供信息，所以传统报纸为赢得受众，不得已也采取这种免费模式。这可以算是"免费报纸"出现的根本原因。应该说，这个分析是中肯的。

（3）"免费报纸"的创办模式

从创办模式上看，"免费报纸"主要为传统报纸创办或独立在市场上生长出来。前者多是传统的报社为培植收入增长点以及培养新读者而做，从培养新读者的角度说，其内容也更符合新读者（多为年轻人）的需求，后者则是一些机构为谋利等而创办。

（4）内容上的特点

从内容上看，"免费报纸"主要有三个特点：一是更多地偏"短、浅"，没有较大篇幅或深入发掘的内容；二是很多"免费报纸"上有较多来自传统报纸或通讯社的内容，这样降低采编成本；三是在编辑方针上，较注重迎合年轻读者口味，这样可以吸引广告主以及培养新的年轻读者使自己得以长远生存下去。由于上述尤其一、三特点，"免费报纸"也被人称为"注重迎合年轻读者口味的快餐化报纸"。

（5）目前发展状态

从"免费报纸"的发展状态看，在2000年以后报业发达国家的传统报纸一直在高速萎缩，但"免费报纸"却是逆势增长。据世界报协的数据，2007年之前的5年中，全球"免费报纸"发行量从1200万增至2800万，增加了137%；"免费报纸"中的较早创办者瑞典斯德哥尔摩的《地铁报》已打入含美国在内17个国家的60多个城市，德国的《科隆20分钟》、美国《华盛顿邮报》集团的《快报》、香港的《都市日报》等都形势良好。世界报业协会负责人鲍尔丁2008年称，"免费报纸"已接近全球报纸发行量的7%，占欧洲的23%，发展速度是很快的。当然，近几年发达国家的免费报纸也有一定下滑，但相比传统报纸，形势还是比较好。

总之，在报纸算是衰落的发展趋势中，"免费报纸"这种模式表现尚可。

2. 社区报

本处所讲的社区报是美国、加拿大、英国等西方国家的社区报，不指我国等其他地区，这些社区报直至目前仍发展得不错，因此在我国等一些国家被较广泛地仿效。有关这些社区报，笔者重点分析以下几点。

第一章
报纸的形势与中国报业的转型

（1）社区报的内涵

要了解什么是社区报得先了解社区，美、加、英等国的社区不是我国的社区的概念。社区英文为community，其词根communal有共同之意，community即指居民们共同拥有一个空间，这个空间因他们在日常生活中彼此发生联系而创造、而共同拥有，即社区是他们共同的生活场所。从覆盖地域上看，在美、加、英等国，社区并非一般中国人理解的城市居民小区、街道办管辖区域这种概念，它不仅仅指城市地区，也包括乡村地区，而美、加两国更多的是乡村地区，所以，这两国的社区中很大一部分是乡村社区；从覆盖面积上看，它比中国的城市社区一般要大不少，往往等于中国的县甚或地级市的面积；从社区与行政区的关系看，在美国，行政机构（如县政府）的角色不突出，自上而下的行政管理不突出，往往更是一个平面型的大家独立生活、不怎么受行政部门影响的状态，所以日常生活中某某county（县）等行政区划概念不突出，行政区发挥的功能也不突出，所以社区会更重要，而社区有时与行政区重合，有时不重合，社区可能小或大于行政区，大的可以跨一个行政区以上。

从覆盖地域和面积大小等方面看，美、加、英等国的社区报之中更大一部分实际类似中国的"地方报"。这就是美、加、英等国近期仍发展较好也从而被我国等报业发展中国家热衷效仿的社区报。

（2）社区报运作的特点

从受众看，社区报的受众是社区居民，一般不以其他地区居民为对象。

从内容看，社区报有两个特点比较突出，一是注重新闻等信息的本地性，二是注重服务性。社区报上的新闻等信息，都是本社区的信息，即使外地发生了全国乃至全球性影响的大事，社区报也只找与本社区有联系的内容来报道，比如纽约发生了"9·11"恐怖袭击，则它一般只会报道"9·11"遇难者中是否有本社区的居民等。所以在新闻等内容上，社区报着力做美国人"家庭的第二份报纸"，因为美国即使普通家庭，订阅主流大报如《纽约时报》《华盛顿邮报》《华尔街日报》等的比例也很大，读者主要从这些报纸上获取全国乃至全球的新闻等信息，所以社区报要努力与之形成差异，做在新闻等内容上的"第二份报纸"。社区报内容上的第二个突出特点是注重服务性。在此方面,它着力于做社区居民的生活助手,有资料显示,美国、英国的社区报中,与日常生活有关的信息量大而且种类丰富,如商品打折资讯、促销券、娱乐信息、出租与招租信息、招聘与找工信息、二手商品交易信息、宠物信息、征婚征友信息等,从中可看出,美英社区报确实非常注重服务社区居民的日常生活;[①] 另外,在美国还有若干针对华人的中文社区报,有的其上辟有中国古诗词专栏,因为当地华人教育孩子学习中国传统文化时需要这些材料,由此可见其服务性。

从发行规模上看,社区报发行量一般比较小,加拿大在21世纪初时大部分社区报发行量小于5000。从人力资源上看,社区报的人力资源非专业化程度比较高,新闻传播专业出身的人较少。从收益看,大部分也不高,所以它也被人称为"低盈利期望"的报纸。

在整体运作方针上,绝大部分社区报是扎根社区,不做社区外之想。美国北卡罗来纳大学教师、美国社区报研究专家乔克·劳特若曾说,社区报应该是"Think globally, focus locally",即要有全球眼光,但要聚焦当地,聚焦当地这个原则,美、加、英这些国家的社区报确实做得不错。另外在运作方针上,社区报还有一个特点是不光在内容上突出服务性——服务社区居民的生活,它在整体运作上也注意其服务性,比如,有的社区报为社区居民的消费维权行为进行召集、组织,有的社区报在居民的丧葬事务中提供逝者生平报道、联系殡仪公司等服务,从报社整体上看就像一个服务机构。

从近期美、加、英等国社区报的发展形势看,还是不错的,《中国报业》杂志中的数据称:从2002年到2007年,加拿大社区报的周发行量增幅达19%。另据相关机构数据,2007年的前5年中,美国主流报纸的发行量逐年下降,但社区报的发行量却一直上涨;据《中国记者》2008年第三期中的数据,自2001年以来,美国社区报充满活力,由周报改为周二刊的报

---

① 张晨阳,《坚守与创新:英美社区报的现状与发展》,《新闻实践》,转引自 http://news.xinhuanet.com/2010-06/26/c_12266450.htm。

第一章
报纸的形势与中国报业的转型

纸数量增加了 6 倍。据英国 2009 年 3 月公布的数据，全英国有 1300 种社区报，其受众到达率远高于其他报纸，英国成年人中有 80.4% 的人读社区报，而读全国性报纸的人只有 61%，而在之前的 10 年中，英国社区报的读者人数增加了 60.9%。这种发展趋势，与主流报纸基本是背道而驰。

总之，社区报是西方国家有较长历史的一种报纸（加拿大社区报协会 1916 年成立），在到目前为止的世界报纸趋势不佳的形势中，其表现尚可。

（3）我国社区报及其发展艰难的原因

我国的社区报尤其在大城市里可谓早已有之，但一直不被称为"社区报"，如一些城区乃至城中村自办的报纸等。我国被冠以"社区报"称谓的报纸发端于 2001 年前后，在该时期，深圳的《南山日报》创刊，其后很快深圳《龙岗日报》也跟进；再其后比较有影响的是吉林长春的《巷报》，于 2004 年 2 月 8 日创刊，当时号称"中国第一张社区报"；北京的《华夏时报》于 2004 年 3 月进行了第四次改版，号称要做"中国第一份商圈社区报"。这些报纸都是国内较早顶着"社区报"名号创办的报纸。不过这些报纸存在的时间都不长，都是一两年的时间，如《华夏时报》很快又进行了第五次改版，回到都市报行列。至今，我国的社区报一直在发展，有些地区还形成热点，如北京的《北青社区报》在 2014 年一口气创办了 22 份北京市各区县系列报，这些都是社区报。

不过，从整体看，我国社区报的发展是比较艰辛的，真正取得成功的几乎没有。究其原因，有大环境的问题——报业的黄金时代即使在中国，也一去不复返了；另外，就是实际运作中的问题，这方面的问题，我国有不少研究社区报的专家都研究过，其主流意见是社区报还应更好地扎根社区、服务社区，据笔者看来，社区报当然应该扎根社区、服务社区，但是，对中国的社区报来说，目前发展不成功还不仅仅是扎根与服务不够的问题，还有更严重的问题，是本质上的问题，那就是社区报一开始就办错了。2004 年之后中国的社区报实际学的是美、加、英等国的社区报，因为发现它们发展得不错我们才起而效仿的，但是，美、加、英等国的社区报与我们所谓学它而办的社区报是不一样的：首先，覆盖面积就不一样，我们的社区报一般是城市居民小区报或者城市街道办报,即覆盖城市居民小区或街道,而这些地区,面积相对狭小,人口也不够多,而美国的社区报如前文所述其覆盖面积较大,往往是一个县甚或几个县,等同于中国的地方报。所以说,我们一开始学就学错了。其次,还不止覆盖区域小的问题,实际上我们的社区报之所以不成功,还有更关键的原因。这原因就是我们覆盖的地区也错了。实际情况是,美、加、英等国成功的社区报,它们是一种处在竞争并不激烈的市场的报纸,比如,它们更多的是乡村报,这些乡村报所在的市场,是主流商业大报以及实力强的电视台、互联网站等还没来得及或还不屑于占领的市场,而它们在这占据与发展,所以,它们才发展得好,所以,美、加、英社区报目前发展得好最主要的原因是其所处市场竞争少,而不是服务社区服务得好等。所以,目前发展得比较好也从而被我国仿效的美、加、英等国的社区报,其本质不是扎根当地、服务当地报,而是蓝海市场报,是少竞争甚或无竞争市场报,这才是这些社区报的本质。所以,我国乃至其他国家要学习办社区报,应是向无竞争或少竞争市场去办报,而不是望文生义、生搬硬套地在中国的"社区"办报,我国的社区都在城市之中,而在这些地区,信息传播的竞争一般已经很激烈了,这与美、加、英等国的社区报截然相反。还有一个原因,美、加、英社区报历史悠久,是伴随社区成长起来的,在这个过程中承担了社区运作中的信息提供工作,成了嵌入社区结构的一个部分,所以,是历史地形成了社区的这方面需求由它来满足,所以它到现在仍有在社区存在的价值,所以社区报目前自然生存条件尚可。而我国的社区报是后期产生的,现在是硬加入社区希望社区需要,则就很难一时获得成功。

(三)结论及进一步思考

总体来看,整个世界的报纸虽然有些地区还在增长,有些模式还有一定生命力,但整体看仍是一种处于衰落的趋势。用纸来传播信息、通过将信息印刷在纸上来传播信息,既缺乏时效性,也有更高的成本,针对后者而言,经济效益上就决定了报纸处于劣势,从而也必会在一定时期内被淘汰，总的来说，这也是生产力决定生产关系的原理决定的。总之，报纸不会有太长的寿命。或者说，报纸也许将来会是一种小众化的存在，但大规模地占有大众传播市场、作为主流的传播终端已是不可能的事情了。

另外，报纸的衰落，对于其自身当然是不好的，但从大的整个社会的层面看，报纸的衰落其实也是好事：第一，无纸化传播时效性更强，整个社会的信息传播效率提高了，大众的传播福利提高了；第二，报纸传播原材料成本高、要产生发行成本等，没有报纸了，传媒业整体这一块成本也减去了，从经济上讲，社会的传播成本也降低了；第三，报纸要消耗大量的纸张等资源，这就要耗费林木资源，而造纸还容易污染空气与水源，其对环境造成破坏的风险还是较大的，所以报纸衰落，对环境而言也是好事。综上，报纸的衰落乃至最终退出市场，也要辩证地看，不能单一地把它看成坏事。

二、中国报业的转型思路

报纸这一终端正在走下坡路，从其产生以来一直以其为唯一或者主要终端的报业自然受到重大打击。报业的转型，不论对于报纸已经衰落的发达国家还是尚有增长的发展中国家，都是一个迫不及待的问题，我国自然不能例外。据清华大学新闻与传播学院发布的《传媒蓝皮书：中国传媒产业发展报告（2015）》，我国2014年报纸发行量比2013年事实上下降了25%，广告收入已连续4年负增长，2014年的下降幅度已达两位数。中国广告协会报刊分会和央视市场研究（CTR）媒介智讯发布的《2015年1-5月中国报纸广告市场分析报告》显示，1-5月我国报纸广告降幅达到32%。对报业整体而言，专家甚至给出"断崖式"跌落的结论。形势决定转型已是紧迫问题，下面笔者将分析我国报业的转型思路。

（一）转型原则

1. 以战略管理理论体系为依据，增强转型战略制定的专业性

转型需要进行科学的规划，需要对现实环境有细腻的把握以及在此基

础上的严密设计。而这些东西，都是战略管理这一理论体系解决的问题。

战略管理理论体系中，制定战略首先要做环境分析，环境分析要分析外环境与内环境，对于一个行业的战略制定而言，外环境一般分三个层面，即宏观大环境层面，整个世界以及本国的政治、经济、社会、科技等方面是怎样的？对本行业发展提出了怎样的要求？政治、经济等因素又有或将有怎样的变化？对本行业的发展会有怎样的影响？再有就是中观行业层面，如传媒业目前是个什么状态，历史地看是衰落还是在蓬勃发展？目前其发展过程中有哪些变化？变化的动因是什么？行业的经营特征是什么？行业目前的内部结构怎么样？第三个层面，竞争环境。竞争环境可以借助迈克尔·波特的五力模型，整个模型是分析企业的竞争环境的，但分析一个行业同样可用，五力模型分析一个行业的竞争环境要分析现有竞争行业，对报业而言，有广播、电视、互联网等，还有潜在竞争者，如一些即将或准备进入传媒业的行业，比如说电信等，还有供应商，如报业的新闻纸供应商，还有消费者，即受众，还有替代品供应者，如演说、戏剧等同样为消费者提供精神产品的行业。总之，这些行业都会对报业形成压力，是报业必须考虑到要进行应对的。

内环境则是一个行业的内部是怎样的，比如报业的内部由哪几部分构成？这可以按报业的整个运作流程来解构，把其流程中的各环节来逐一分析，比如造纸环节怎样、采编环节怎样、发行环节怎样等等，这是报业的内环境的分析。

一个行业要制定发展方向与策略，需要考虑外环境、内环境这些因素，而战略管理为你提供了有效的理论依据。总之，制定一个行业的战略，应以战略管理理论体系为依据。

2. 必须准确估算报业的市场空间

报业的市场空间有多大？整个传媒业有书、报、刊、广播、电影、电视、互联网、通讯社、新传媒等11大类，这些类别都为人类提供信息，而人类的信息需求，到底有多大？一个大众传播信息市场，能承受几个行业？每个行业的规模又有多大？互联网、新传媒等发展势头仍很强劲，报业还

第一章
报纸的形势与中国报业的转型

有多大空间？笔者认为，估算报业的市场空间就是首先估算人类的信息总需求有多大？比如测算人一天接触传媒的时间有多少等。而在人类的信息总需求中，报业还能分得多大的份额？如果由于竞争力等原因份额已不大，则报业应考虑是否部分退出这个市场，毕竟这是最有效率的应对思路。总之，实践中人类的信息需求是既定的，不会有太大变化，报业应以此为基础去好好思考自己的市场空间，不能盲目制定发展战略。

3. 市场思维比互联网思维更重要

现在是互联网日益繁盛的时代，国家也明确提出了经济与社会发展的"互联网+"的口号，而且在传媒发展方面也提出要有互联网思维。互联网思维确实重要，互联网已几乎成了目前大众传媒运作的基础技术，没有它很难运作，更遑论发展。但相对互联网思维而言，市场思维更应重视。我们现在是身处市场之中——市场是传媒业存在的基础环境，它决定着报业的生死存亡，不适应这个环境，只有死路一条，所以不能不重视。重视市场的运作规律，重视消费者，重视"用户"的体验，重视成本控制，重视收入的获得，都是市场思维的必然内涵。现在，没有市场思维，只有死路一条。有时候，没有互联网思维，或许还有一定市场空间，还可生存一时，但没有市场思维，可能很快就收入无继难以维持。

无论在何时，市场思维都比互联网思维重要，在所有传媒从业者的心目中，二者相比，市场思维是首要思维。

4. 结合我国传媒业的实际来转型

如果按市场规律，没有利润、没有前景的报纸早该死掉，但在我国，报业不是一个纯市场化的产业，很多报纸的存在有其被需要的功能，比如，党委机关报在内的很多机关报，其担负党和政府或其所在机构的宣传任务，鉴于这一职能，所在机构给它投资或以其他方式支持如资助其发行等，所以其日子一时还好过，这些报纸，自然不必遽然关闭。而对于市场化程度很高的报纸，比如晚报、都市报以及一些专业报等，则可以任其自生自灭，一旦利润没有、前景没有，即可以自然倒闭，这样，才能使报业逐渐转型，转成具有更多更有前景业务的状态，变得更富生气。

5. 转型成功与否的标准是是否有经济效益

转型不必全是数字化转型或向新传媒转型,而是市场化生存转型,是要转到一个在市场中能够生存的形态。要有利润,而且有发展前景。光转到数字化、新传媒了,有"两微一端"了,仍然没有利润,还是不行,还不如不转,是徒耗资源。转型就是转到未来能在市场上生存下来的形态。从这一点讲,转型成功与否的标准是是否有利润,是否有经济效益。在经济基础决定上层建筑的总原理下,在市场经济环境中,没有经济效益,则没有意义。

(二)转型策略

目前看,报纸转型应分以下几个方面:一是现有报纸的转型;二是以创办新终端为契机构建媒体融合发展的全媒体传播体系;三是寻找新盈利模式;四是整合现有资源;等等。这几方面并行不悖。

1. 现有报纸的转型

我们先谈现有报纸的转型,即目前的报纸应该怎么办?

目前报纸的规模还是很大,有的报纸发展中国家发行量与收益总量还在增长,在这样的情况下,报纸没必要遽然退出市场,但鉴于报纸发展的趋势,目前还是应该整体进行转型,不管是已经出现衰势还是尚未出现衰势的。

其转型的思路,具体就是目标市场收缩。

(1)目标市场收缩的基本原则

从目前看,报纸不应该还是大而全的目标市场选择战略,而应该收缩——受众小众化,内容专门化、精深化,刊期要延长。受众小众化是指目标受众应变成小部分的人,如菲利普·梅耶教授所说的教育程度高、意见领袖型的,或有新闻"瘾"的人,或者某特定区域如某社区的人;内容专门化是指不该再是大而全、综合性的内容,而是专门化的内容,如深度解析、决策建议等类的内容都包括在内,用香港及日本报业正在实践的一种理念是向"质报"转变——向有质量的报纸转变,不再是以往以追求信息的"量"为宗旨,这些报纸可能是财经类的、体育类的、时政类的,也可能是纯粹深度类的,比如不再报道一般性信息,而全部是信息的深度解读等,在这

第一章
报纸的形势与中国报业的转型

个时代,报纸已经很难再去拼综合性、拼信息量了;刊期延长指报纸最好放弃日报,变成周报乃至更长的刊期等,这样也适合将内容做得更精深,在这个时代,报纸同样几乎不可能去拼时效性了。

实际上,如果报纸是上述的发展模式,它也就变成期刊了——与期刊没有任何区别。从这一点看,纸媒发展的未来态势是报纸消失,期刊存在,不过这些期刊一部分原本就是期刊,而一部分是传统报纸转型而成而已。

(2)目标市场收缩的极致——向社区报转型

目前,报纸向社区报转型,也是目标市场收缩的方向之一,它也是受众范围变小了、内容变专门了(专门是这一社区的信息)等。但是,有可能全世界所有报纸转型的极致,就是社区报。也即最后剩下的报纸,不是一般的财经类、体育类这样的目标市场收缩后的报纸,而全部是社区报,即社区报会是报纸存在于这个市场上的最后形态。

菲利普·梅耶教授2010年曾说过,报纸目前还有品牌、读者读报习惯等优势,但是,对社区的影响力,是报纸最后的价值及竞争力所在,即报纸将来若还能存在于市场上,其可能只是一种社区报了,没有其他类型。

梅耶指出,纵观美国报纸的发展历程,各报社可谓非常关注其在社区被信任的地位,这不仅指一般的社区报,也指《纽约时报》《华尔街日报》这些全国性报纸,从其覆盖来看,它们也确实在纽约市及周边覆盖率更高。在美国报纸的发展理念中,一条重要理念就是要获得所在社区的信任。

而社区报为什么能对社区形成影响力?梅耶认为,长期以来,社区报一直是一个受社区信任的当地信息的提供者,能提供社区的深度调查,可算社区的各种信息的布告牌,这种服务,没有任何其他传媒能够做到;另外,它对社区的公共性事务进行报道,为社区解决公共性事务所需的民主讨论提供相关资料,又为民主讨论提供发言平台,这样,它也是社区公共性事务解决的辅助工具,是重要工具;这样,社区报就形成了在社区居民心目中的独特地位,也就具有了一定影响力。可以说,社区报在社区的影响力的形成,不仅仅有赖于其是社区信息的唯一传媒,它还是社区公共性事务的解决工具,也即,它之所以在社区这么重要,因为它已不仅仅是一份报纸了,这让它的重要性增加了，从而能在社区站住脚。

社区报对社区居民有了影响力，其经济收入就一定程度上有了保障，因为广告主要开发当地市场，自然选择对当地消费者影响力大的传媒，于是社区报就有了机会。

应该说，美、加、英等国的社区报有着所在市场竞争少甚或无竞争的有利条件，加之其在运作过程中也确实形成了自己的独有价值，所以目前其状态还比较好。而针对社区提供专门信息，并作为社区公共性事务解决工具，从而获得在社区的相当的影响力，这种模式是报纸在以后的发展中，相对容易做到的。毕竟，一份报纸在相对狭小、集中的地理范围内运作，其信息采制、印刷、发行、广告运作等成本会更低，信息的质量也会更高些，所以，这种模式是届时实力已经不强的报纸最容易、最能够做到的。

总之一句话，现有的报纸在当前应进行转型，向目标市场收缩的方向转型，而目标市场收缩的极致，也就是现有报纸未来转型的最后形态，就应该是社区报。未来美国、加拿大、英国乃至全世界的报纸，如无其他因素的影响，将都会是这种运作模式。前文笔者论述过中国目前的社区报很难获得成功，是因为其覆盖地域有限、覆盖的市场竞争激烈，同时又是后期硬性加入难以形成需求，这是指中国的新创办的硬性加入市场的社区报而言，而中国原有的报纸慢慢收缩最后变成社区报，则是另外一个问题——在整个报业的萎缩中，原有的已经在市场上生存有年的报纸逐渐收缩成社区报，与新创办的硬性加入市场"逼着"市场有需求的社区报不同，它是完全可以做到的。

2. 以打造新的媒体渠道为契机构建有效的多渠道传播体系

除前述的现有报纸向目标市场收缩的方向转型外，报纸还必须做的一件事是打造新的媒体渠道，即面向新终端提供内容产品，这可算是报纸在新时代转型的核心内容。打造新的媒体渠道是当下几乎所有报纸都在做的事情，比如针对PC、笔记本电脑、手机、iPad等终端创办网站、手机报、博客、微博、微信公号、APP等。目前，做这些事情门槛并不高，大家也都在做。有些报纸已经取得一定成绩，比如上海报业集团的澎湃新闻，其客户端已

第一章
报纸的形势与中国报业的转型

取得不错的市场反响。

打造新的媒体渠道很好,但要有正确的操作思路,否则事倍功半,甚至可能让自己的状况陷入混乱、恶化。而其思路重点有两个。

第一,打造新的媒体渠道不是最终目的,最终目的应是创建一个包含报纸在内的有效的多渠道传播体系。

在打造新的媒体渠道时,一开始就要有这样的思路,不是单单打造、运作好新的媒体渠道就够了,关键是要在机构内部形成一个多渠道协调发展、最终整体传播效率最优的体系。可以说,打造新的渠道固然重要,但是构建一个各渠道协同配合的机制更重要,更重要的工作是构建机制。

第二,打造新的媒体渠道一定要用互联网思维,将各渠道都打造成平台。

现阶段打造新的媒体渠道,一般都是面向PC办网站、微博,面向手机办微信公号、APP等,而打造这些媒体渠道,一定要用互联网思维,如果还是创办一个一般性的信息展示平台、一个简单的信息传播渠道,则几乎不可能再在市场上生存下去。而针对这些新渠道而言,互联网思维是指,要根据当下互联网发展的大趋势,将每一个渠道都做成平台,你创办的网站是一个平台,微博是一个平台,微信、APP也是平台,而这个平台一定要给用户提供更多的价值,让用户不仅在这上面获取信息,最好还有其他收获。总之,给消费者提供的价值越大,消费者就越会选择你。这个平台的建设理念应是聚合,要聚合更好的内容以及聚合多种价值来吸引人加入,平台上可以有信息提供、可以再有其他小平台加入,比如游戏平台、邮件平台等,平台上有更多的小平台加入,每个小平台都是在为用户提供服务,实际是在为平台增加价值,自然用户对平台更加喜欢。还有就是,这个平台最好应该有社交功能,在其上,用户可以互相联系,可以互相分享信息,从而满足自己的社交需要。总之,当前平台的社交功能十分重要,没有或不突出社交功能,平台可能难以建立成功。

总之,报纸要打造新渠道,其每个渠道都应打造成这种聚合式平台。同时还要注意,这种平台已为数不少,所以打造时还要注意形成自己的特色,同样都是内容和其他功能的聚合,但要有自己独特的消费者价值。

3. 寻找新盈利模式

当前，报纸寻找新的盈利模式也至关重要。从实践看，国内有些报社在电商、影视剧生产、网络游戏、房地产、金融、投资等领域都有涉足，有些还取得了不错的成绩。

针对报纸寻找新盈利模式，业内一直存在一个疑问——如果报纸建立了新的比如与报业无关的盈利模式，一旦收入多了，我们还算报业吗？就此点，笔者认为，在我国，每一份报纸都有其目标，或说政治任务，不管该报纸机构未来何种收入更高，只要国家赋予报纸的任务能完成，就可以了，报纸以外的业务收入可以越多越好。所以，即使报纸有与报业无关的盈利模式也是可以的。

在寻找新盈利模式时，报纸还应注意两点。

第一，其思路最好是相关多元化，但相关度要把握好。相关多元化即新盈利模式最好能与报纸自身业务相关，从而使报纸的现有资源包括经验、知识等能被借助上。然而，报纸市场竞争太激烈了，与报纸现有业务过于接近则难免各报盈利模式又趋同，于是肯定又是竞争激烈，所以，相关度多大报纸还是要把握好，其总体原则应是——在能借助上报纸现有资源的同时离报纸现有的盈利模式越远越好。

目前，报纸做电子商务比较多，也取得了一定成功。如新华传媒做了房地产电商；北青传媒运营电商平台采采网，欲打造"京津冀最具影响力的区域性电商"；浙江日报集团的子公司——浙江钱报有礼电子商务有限公司创办了O2O垂直电商平台"钱报有礼"，其整合钱江晚报报系的品牌、读者、广告主（作为供货商）等，在现有发行物流体系的基础上，构建电商物流体系，含发行站32个、发行人员800余人，构建了覆盖整个杭州的物流网，由此形成了比较完整的电子商务业务。[①] 还有南方报业传媒集团旗下的"298玩艺"，专做艺术生活用品的电子商务。

报纸做电子商务，是体现了相关多元化的正确思路。报纸有读者资源、

---

① 详见浙江日报报业集团官网，http://www.8531.cn/2014/pgCorpor.html。

第一章
报纸的形势与中国报业的转型

诚信度等较高的品牌,还便于联系供货商,比如很多广告主可以比较便捷地转化为电子商务商家,而且,有些自办发行的报纸,还有电商物流系统所需的基本现成的软硬件——报纸发行系统,这使其做电商非常适合。总之,报纸做电子商务,是很好的选择。

第二,寻找的一众新模式最好能够互相支持,这样各项便于形成合力,从而又取得每个独立模式收益之外的协同效应收益。就此点而言,产业链的纵向整合是一个好的思路,打比方说,如果是报纸要寻找新盈利模式,可以从产业链源头原材料供应如造纸厂、油墨厂开始,再往下延伸创办印刷厂、发行企业、出版社等,这样,报纸的运作就能更便捷地获取原材料供应、印刷服务、发行服务等,可以降低直接的原材料供应成本、印刷成本、发行成本以及一应交易成本。总之,寻找新盈利模式要有所选择,那些单纯为获得收益,而很难形成协同效应的业务,虽然有收益,但总不如还有协同效应的好,弄不好还会加大报纸的管理成本。

综上,报纸目前处于衰落之中,选盈利模式一定要小心谨慎、多方考虑,其给报纸本身带来的收益要越多越好。

4. 现有资源的整合

针对当前报业来说,现在还要做的一件事就是整合资源,这一点,针对中国报业来说,尤其具有现实意义。一直以来,由国家新闻出版行政主管部门以及报纸机构自身进行的资源整合一直在进行,但是力度一直不够大,不能符合市场经济环境对于效率的追求。

当前报业的整合资源,主要应有两个方向,一是资源集中组合壮大力量,一是删汰不良资产。

就前者而言,报纸市场份额日渐萎缩,许多报纸机构收益严重下降,实力越来越弱,生存都有问题,遑论发展。这个时候,大家整合起来,做到相关资源的共享、获取规模经济效益与范围经济效益、将以前的彼此竞争消耗变成现在的合作,都有很大的好处。这样的集中组合,可以是报纸机构之间的契约式联盟,也可以是报纸机构的合并,也包括报纸机构内部的整合。

2013年10月28日，上海的解放日报集团与文汇新民联合报业集团合并，上海报业进一步整合资源，形成优势突出的上海报业集团，减少原本同城两个报业集团之间竞争的内耗，其发展思路是对的。另外，现在报纸机构实力弱、竞争力弱，将内部的一些资源整合起来，还能壮大些力量，开发些市场机会。比如，报纸机构的发行、呼叫中心以及网站、新传媒等终端都有一定数量的受众，将这些受众整合起来，做成大数据库，则就可以做一些营销活动，创造盈利机会。报纸机构内部各部门、子媒的资金、人力资源等都可以以同一思路整合。

报业资源整合的另一大方向是现有不良资产的删汰，这尤指一些经营状况不佳的报纸。从整体看，中国的大众传播市场本不能容纳这么多传媒。我国目前的传媒体系是从计划经济时代延续过来的，就报纸而言，各行政区有报纸，各行各业有报纸，大的厂矿企业也有报纸，这是计划经济体制下工作宣传的思路，在那个时代有它存在的必要，但到了现在，不能不说环境已不需要这么多的报纸——大众没有那么多信息需求。一直以来，我国的新闻出版主管部门也进行过几次删汰，报纸机构自身也有过类似动作，但一直没有"伤筋动骨"，报纸总量一直没有大的变动。这么多没有足够市场需求的报纸存在，自己活得累，还要国家提供支持，实际上也是对国家资源的浪费。所以，报业也该主动进行删汰，对一些经济状况不佳且无市场前景的报纸，进行关停并转。这也是目前报业整合现有资源的一条重要思路。

5. 体制与机制的转型

长期以来，我国传媒业的生存环境一直在向市场转型，而传媒机构的体制与机制也得顺此而变，而转企改制，就是其中一项重要内容。可以说，报纸鉴于生存环境变化的体制机制转型，转企改制应是首要内容，体制机制转型首先应变成企业，然后，再进行其他方面的转变，否则，报纸的体制机制转型也难有大的成效。

转企，就是将身份变成企业，将事业法人变成企业法人。改制，就是要建立企业的制度，像企业一样运作，不能换汤不换药，换"身份"不换"内容"。

第一章
报纸的形势与中国报业的转型

（1）报纸转企改制的历程

2002年11月党的十六大召开，转过年来的2003年就被新的中央领导集体确定为文化体制改革年，这反映了中央对文化领域改革与发展的重视。2003年6月27日，全国文化体制改革试点工作会议召开，会上《电脑报》《中国证券报》被确定为企业转制试点。其实在此之前，已经有过报纸机构转企改制的行为，比如在2001年成立的京华时报社，当时就是注册的企业法人，并进行了比较彻底的企业化运作。至于转变成企业法人但没有实质性企业化运作的"注册行为"，则更多，实际上在1993年，《电脑报》《中国证券报》就已经被确定为企业转制试点并注册为企业了，只不过当时仅是注册、并没有实质性的企业化运作而已。也就是说，在2003年试点工作会议之前，中国报纸已有转企改制行为，不过不算国家宏观性的、目的明确的整体推动，而2003年的试点工作会议才是真正的全局性的报纸转企改制的开始。而2011年，当时的新闻出版总署决定全国6000多份非时政类报刊转企改制，则是报纸转企改制的阶段性高潮。

（2）转企改制的影响

如前所述，转企改制是塑造尽量独立的市场主体，事实上，我国报纸的转企改制也确是要求报纸与主管主办部门"脱钩"，虽说转企改制后主管主办部门对报纸不可能完全放手不管，即报纸不可能完全独立，但报纸的独立程度肯定比原来是提高的。于是，报纸的自由运作程度就高了。

与此同时，之前作为事业单位，在市场上很多事情是不能做的，现在变成企业了，原先很多不能做的经营行为现在可以做，很多难以开展的合作现在可以开展。这些都必然使报纸机构的活力增加。

任何一件事情的发生，都会有正反两方面的影响，转企改制对报纸也不例外。就负面影响而言，转企改制主要是使报纸机构失去政策、财政等方面的支持，一定时期内会面临生存、发展困难。但整体而言，转企改制更有利于我国报纸长远发展。

（3）转企改制的关键

之前已经说过，报纸机构转企改制的核心是塑造尽量独立的市场主体，而在中国的传媒体制下，完全独立的传媒市场主体是不会存在的，目前的转改实质是尽量去塑造，让其独立市场主体的程度更高一些。而这就需要在内外两方面努力去做。在外部，要尽量与主管主办部门脱钩，人财物上不再有或尽量少些"瓜葛"，而在日常运作上也不要再有或尽量少些干预；在内部，则要让转企改制后的报纸机构建立现代企业制度，这样，才能确保它尽量变成纯粹的企业，变成尽量完善的市场主体。从这次转企改制的国家精神看，建立现代企业制度更为关键。

建立现代企业制度是一个老话题了，但报纸机构转企改制怎么建立仍有进行分析的必要。

将现代企业制度引入传媒业一直是我国一个长期的政策精神。现在，大量的报纸机构变成了企业，正好顺势扎实地予以实现。

现代企业制度的核心内容被归纳为"产权清晰、权责明确、政企分开、管理科学"，这个核心内容，贯彻在本次转企改制中主要应有两方面思路，一是产权要清晰，二是要构建公司化治理结构。

第一，产权清晰方面的注意事项。

对一个企业而言，产权清晰了，其运作自然就有了效率，因为所有者自然会投入地去关注其资产的保值增值。我国传媒业与一般的国有企业一样，长期以来产权不清，没有明确的说法说它应归属于什么机构，直到最近十几年，明确产权一事才逐渐提上日程，现在明确产权的传媒，有的属于其上级主管主办单位，有的属于其所属的宣传部，有的属于国资委等。不管怎样，产权清晰了，其资产保值增值就有了责任人和监督人，其运作就会有人关注，传媒业的运作效率就会好一些。所以，目前的报纸，应该抓紧时间明确自己的产权归属。

不过，产权清晰的目标是要做到产权所有者真正担负起监督企业运作、监督其资产保值增值的责任。在民营企业中，不存在这个问题，只要产权归属清晰了，自然产权所有者就关心其资产的运作、关心其资产的保值增值，但我国传媒业，这个情况又有所不同，我国现在的传媒业自诞生以来一直是履行党的宣传任务，长期以来这是它的核心甚或唯一任务。1978年

第一章
报纸的形势与中国报业的转型

后,传媒业开始恢复"事业单位 企业化管理"的运作体制,之后逐渐深入市场,此时也有相对明确的经营目标了,到了后来也明确资产归属也要求资产保值增值了,但是限于运作惯性等,资产保值增值任务一直并不受到重视。没有完成任务也不见受到什么真正的处罚。总之,我国的传媒业,光产权清晰了,不见得就能有产权所有者非常认真负责地监督传媒的运作情况、监督传媒资产的保值增值。

所以,在我国的传媒业,在报业,本次转企改制中的建立现代企业制度、实现产权清晰,光明确产权归属了还不够,还要有明确有效的机制确保产权所有者真正能认真负责地监督报纸的运作,监督其资产的保值增值。这样,才是真正实现了现代企业制度中"产权清晰"的要求。

第二,构建公司化治理结构。

公司治理结构是公司内部的核心制度安排,它是公司内部由所有者(股东)、日常运作决策者(董事会)、决策执行者(总经理)以及监督者(监事会)组成的一个管理架构,其架构也体现了四者的责权利以及四者间的关系,所有者等四个权利主体之间权责明确、分工合理、制衡有效,这能够保证公司的决策尽量科学,保证公司的运作尽量有效。公司是企业中内部体制机制最完善的一种法律形式,它的治理结构自然最值得仿效。我国传媒业长期以来所提倡的传媒机构要建立党委领导与法人治理结构相结合的领导体制,也包含了要借鉴采用公司法人治理结构的精神。

此次报纸机构转企改制的关键是建立现代企业制度,实际上,公司治理结构就是现代企业制度的核心体现。所以,报纸机构转变成企业后,不管是否采取公司这种法律形式,治理结构一定要模拟公司的形式构建,当然,实际上绝大多数转企改制的机构都会转改成公司。治理结构是组织的发动机,它科学有效,组织自然走得更好更快。

(4)转企改制后报纸机构体制机制的发展方向

转企改制阶段,报纸机构的关键任务是落实建立现代企业制度,那么,这个阶段之后,报纸机构的体制机制发展方向是什么?笔者认为,之后的发展方向应是股份制改造、更积极地引进民营资本以增强活力以及推行员工持股三个方面。

第一，股份制改造。

公司主要有两种形式，即有限责任公司与股份有限公司。股份有限公司相对于有限责任公司而言，其形式更为高级，因为其全部资产分成了等额股份，而分成等额股份后，其资产的流动就更为容易，公司的资产结构就更容易调整，比如更有实力、更有热情想经营这家公司的主体可以从实力不强、热情不高等的持股者手里买到公司的股份，于是公司的资产就更容易全部是有志于传媒、有志于该机构做好的资产，于是其质量就更容易保持在优质状态，于是该公司的运作效率就容易更高。还有，如果要上市融资，就必须变成股份有限公司，有限责任公司不能上市。另外，在公司法里，股份有限公司比其他公司要受到更严格的规范，所以，其运作相对更透明、更规范，也会更为有效、风险更低。总之，股份有限公司比有限责任公司有更多的优势。

在国家非时政类报刊转企改制的政策里，也有有条件的机构进行股份制改造的内容。可以说，股份制极有可能成为转改后的报纸机构发展的未来"国家意志"，所以，报纸转企改制后，可以将股份制改造作为今后在制度建设上的重要工作，比如，可以进一步向这个方向探索运作，进行资产清理、评估、划分股份等。有关这一部分内容本书第八章还会深入探讨，不过探讨的是我国整个传媒业。

第二，更积极引进民营资本以增强活力。

民营资本是发展中国传媒业的一支重要力量。从1978年改革开放民营企业重新出现后，它就逐渐在我国传媒业的发展中扮演角色，至今，这个角色已越来越重要。目前，在我国传媒业的11大类别里，电影、互联网内部民营资本已扮演着主要的角色，资本比例与经济实力可以说远超国有资本。在书、报、刊、广播、电视等传媒里，它也尤其在经营业务上发挥着重要作用。[①] 民营资本由于产权制度等方面的优势，其运作效率比较高，同

---

① 详见2011年6月6日《新京报》A12版。

第一章
报纸的形势与中国报业的转型

时在市场中运作时间长、经验丰富,所以,如果它能更大量地进入转改后的报纸机构,无疑将为这些机构增强运作活力。所以,报纸机构应该将引进民营资本作为转改完成后的一项重要工作,更加积极地引进民营资本。

另外,在当前传媒业引进民营资本的进程中,又有一些既有政策的松动迹象,这也为转改后的报纸机构提供了探索新的引进方式的可能性。2007年12月21日,出版传媒将采编与经营业务打包上市,开中国传媒业采编业务上市之先河,上市后,私人可以买你的股票,从而私人也可以掌控你采编业务的资产(当然是一部分),这样,民营资本实质上进入了传媒业核心领域。而在此后不久时任新闻出版总署署长的柳斌杰在接受记者采访时也声称,新闻出版业采编业务也可以上市。2010年1月,《新闻出版总署关于进一步推动新闻出版产业发展的指导意见》颁布,其中明确提出要引导和规范非公有资本有序进入新闻出版产业,解放和发展新兴文化生产力。所有这些政策上的松动迹象,都给了报纸在引进民营资本上探索前进的线索与动力。

所以,报纸机构转改完成后,可以尝试更积极地引进民营资本,为自己的发展增添活力。当然,其引进应有度有规范,符合国家的政策法规。

第三,推行员工持股制度。

西方有句谚语,其意思为:借给人一座花园,他会把它变成沙漠,而送给人一片沙漠,他会把它变成花园——极言产权私有之重要。如果企业属于运作者个人,则他会非常投入地做这个企业、做事非常有责任心。我国传媒业原本纯属国有资产,民营资本严禁进入,现在像上海报业集团推出的澎湃新闻网,其就实行核心团队持股制度,上海报业集团发布招聘启事称"将为30%的优秀员工提供丰厚的股权激励",这在报业属于领风气之先,也会有好的效果。

6. 要引进更多的数字传播技术人才

做什么事需要什么样的人才。目前报纸从纸媒出版向以数字技术为核心的多传媒协同传播的转型过程中,工作流程、内容等必然发生变化,除了独立运作的新传媒外,报纸自身的运作也势必融入更多的数字技术方面的内容，比如：在社交平台上发布新闻等信息，把信息再加工以符合新平台需要，根据搜索引擎的特点改进信息以增加自己被搜到的概率，针对受众欲望与需求提供个性化内容，利用电邮或发表评论等形式与受众直接沟通，[①]还有对页面进行优化以给用户创造更好体验等。由此，传统的采编队伍就有知识结构老化、难适应以新媒体技术为核心的传播工作需要的情况。而要改观这种局面，除了原有人员要进行培训外，数字传播技术人才的引进非常重要，从当前形势看，报纸应该多引进数字传播技术人才。同时，应注意到，要引进这类人才，其薪酬可能就不能与传统传媒的相提并论，可能得提高到比如与 IT 业的水平相当才可以。当然，除了引进，还要有合适的制度来管理这部分人才，比如在组织文化、制度方面要适应他们的特点等。

---

① 新华社新闻研究所国际传播研究中心，《〈纽约时报〉数字化困境与转型规划》，《中国记者》2014 年第 6 期。

02 第二章
传统传媒未来盈利模式的一大支柱
——活动营销

传媒业的基本盈利模式
传媒业的活动营销
活动营销是传统传媒未来盈利模式的一大支柱
传统传媒开展活动营销的策略
结语

TRANSITION AND CHOICE
Media Industry at the Crossroads

整个世界传媒的数量在与日俱增，而广告投放量保持着相对稳定，这必然导致每个传媒的广告收入被摊薄，而竞争力不足的传统传媒，在广告经营上势必处于更加不利的地位。就中国传媒业而言，据清华大学新闻与传播学院推出的《中国传媒产业发展报告（2015）》，2014年，我国网络广告收入首次超过电视，而报业的收入支柱广告营业额连着4年下降，2014年减少的百分比达两位数以上，①另据中广协的数据，2015年前5个月，中国报业的广告收入下滑了32%。面对这种严峻局面，传统传媒该如何应对？笔者认为，选择有效的盈利模式非常重要，而针对传统传媒而言，活动营销应该是其可以大力操作的一种。

一、传媒业的基本盈利模式

（一）传媒业的基本产品

传媒业的盈利模式是建立在其产品之上的，作为一个行业，传媒业可以提供很多种产品，也由此可以有很多种盈利模式，但是传媒业有两种基

---

① 宣柱锡，《报业转型最根本的是媒体人的转型》，http://media.people.com.cn/n/2015/0619/c397043-27182070.html。

第二章
传统传媒未来盈利模式的一大支柱——活动营销

本产品,这两种产品是把其从整个国民经济产业体系也是从整个文化行业中分离出来的标志,它们就是内容产品与广告资源。内容产品分两种,一种是传媒提供的信息加其实物载体,如书、报、刊等,这些内容产品既有信息,也包括信息所附着的实物载体——纸;另一种则是传媒提供的信息本身,如广播、电视、互联网站等传媒提供的信息,这些传媒不提供实物载体,实物载体即接收终端由受众自备,如收音机、电视机、PC等。这就是传媒业提供的、涉及成本投入的两种产品,之所以说涉及成本投入,是因为第一种用实物载体,这是要计入成本的,而第二种不用,所以,这算是两种内容产品。总之,传媒业有内容产品与广告资源这两种产品,这也是将传媒从国民经济产业体系中、从文化行业中分离出来的标志。可以说,在整个国民经济产业体系以及在文化行业中,没有一个行业能像传媒业这样大规模地提供这两种产品,这样有效地、占总收入比这么高地提供这两种产品,所以,它俩算传媒业的基本产品,传媒业的其他产品如品牌、活动等都不是,因为其他行业也有。

(二)传媒业的基本盈利模式

此处的传媒业的基本盈利模式指建立在其基本产品之上的盈利模式,传媒业的盈利模式有很多种,但是,算得上基本盈利模式的却只有三种,即只销售内容产品、只销售广告资源和二者都销售。只销售内容产品比如有图书、通讯社——此指纯粹意义上的通讯社,不拥有传媒,当前如新华社之类的通讯社,实际是全媒体集团,不是纯粹意义上的通讯社,另外,还有部分付费频道,它们也是只销售内容产品,等等;只销售广告资源的盈利模式有免费报纸、无线广播、无线电视等;既销售内容产品又销售广告资源的盈利模式目前在传媒业主要又分三类,一是内容产品的销售对广告资源的销售有重要影响,或说是基础性影响,比如报纸、期刊,其内容产品销售所形成的受众数量与质量(指受众的消费能力与消费欲望等)对其广告资源的销售有基础性的影响,能影响其价格与销量;而第二类则是内容产品的销售对广告资源的销售没有什么影响,即可以说是在广告资源销售的基础上附带性地销售一些自己拥有销售权的内容产品，比如无线广播、无线电视等，它们可以在销售广告资源的基础上，销售一些自己有销售权的节目，如专题节目、电视剧等，而销售给的消费者是其他的电台、电视台或网站等。在实践中，它们这样也算是内容产品、广告资源都销售，但前者对后者没什么影响；第三类则是内容产品的销售对广告资源的销售有一定程度的影响，比如电影，电影销售内容产品，但也销售广告资源，比如正片前广告与植入广告等，但是，电影广告资源的销售很多时候是在电影成片之前，此时根本没有内容产品的销售，所以，可以说内容产品的销售对电影广告资源的销售没什么影响，但是，实际上，广告主买电影的广告资源，还是要预估其未来销售情况，即未来票房、网上点击率、DVD发行量等，从这一点来说，内容产品销售对广告资源销售还是有一些影响，所以，综合起来，我们说，电影既销售内容产品也销售广告资源，其内容产品的销售对广告资源的销售只能说有一定程度的影响。这与前两者有基础性影响或根本没有影响是有区别的。

二、传媒业的活动营销

上文中，笔者论述了传媒业的三种基本盈利模式，其中第三种又分了三类。当然，这只是基本的盈利模式，是建基于传媒业的基本产品之上的，实际上，传媒业有很多其他的盈利模式，虽说算不上基本的、算不上其自身物理技术特性决定的人无我有的，但也是很有优势的，比如品牌输出与活动营销，这两项盈利模式，不是传媒独有的，可以说其他任何行业都有，都可以做，但这两项盈利模式，传媒业都有优势，其物理技术特性决定了它做这两个更有效，更易成功，有更大的回报。就目前来看，活动营销现在已经而且也会在将来一定时期成为传媒业盈利模式的一大支柱。下面，笔者先细述一个案例，从这个案例中，大家会对传媒活动营销这一盈利模式有更直观的了解，同时也会有更深的理解。

第二章
传统传媒未来盈利模式的一大支柱——活动营销

(一) 2005年"超级女声"活动营销案例①

在2009年,据不完全统计,李宇春创造的收益如下:推出个人唱片一张,总收入2000万元;广州演唱会的DVD发行了10万张,获得300万元;举办了"Why ME"和"阿么"两场演唱会,获1400万元;代言可口可乐、伊卡璐、七波辉青少年服饰,总收入700万元以上;在中国移动无线音乐上推出专辑,最少获得500万元;15场商业演出约750万元;7场移动歌友会,420万元左右;在电影《十月围城》中承担角色并演唱主题歌,获100万元。这些项目加起来已超6000万元,大致相当于当时国内一个中等企业的年营业额。当然,这还只是李宇春自己的"产值",还不包括其从事的一些促销活动,比如,李宇春还参加了一个签售金币的活动,一天实现销售收入250万元。还有一个类似案例是陈楚生,其《有没有人能告诉你》一支歌至2009年在中国移动平台被下载了1000万次以上,共获得了超2000万元的收入。②李宇春与陈楚生之所以能创造这么多收益,归根结底是活动营销成就了她(他)们,李宇春是2005年"超级女声"活动的全国总冠军,陈楚生是2007年"快乐男声"全国总冠军。活动营销到底是什么,为什么能创造这么大的价值?下面,我们先来介绍一个案例。即2005年"超级女声"活动。

1. 活动简介

2005年"超级女声"活动是湖南广电集团操作的"超级女声"活动的第二届,由蒙牛公司赞助,湖南广电集团下属天娱传媒公司、湖南卫视联手打造,是一场以音乐选"秀"为形态的大型娱乐活动。其被电视播出后,迅速获得了全国乃至世界范围内的关注,具有很大的社会影响力。

2. 活动形式

该活动倡导"以唱为本",比赛的是唱歌,本质是一场娱乐活动。其参

---

① 该部分的资料参考了杭昕《电视平民选秀的意义图式与文化阐释》,中国传媒大学,2006年硕士论文;黄晓阳,《魏文彬和他的电视湘军》,新华出版社2006年版;等。

② 李伟、丘濂,《娱乐工业:消费正在改变制造》,《三联生活周刊》2009年第47期。

与条件极低，只要是女性，就可报名参赛，不管唱法、年龄、形象、地域等如何，可以说，限制条件只有一个性别，只要性别符合，即可参加，没有任何其他限制。而且，报名免费，这在当时，也能吸引一部分人，因为当时社会上的很多活动都要收报名费。按主办方的说法，就是"想唱就唱"（本次活动的主题曲即为《想唱就唱》）。这个活动还有一个突出的特点，就是大众投票决定选手的命运（是去是留），之前很少有这样的结果决定方式，之前很多的社会活动，其结果多是由少数嘉宾等决定。另外，这次活动还有一些其他特点，比如选手的风格与以往电视中类似比赛的参赛选手迥然不同，呈现出很强的"草根性"、原生态特色；而评委则往往出言尖刻，有"毒舌"的效果，这也相当程度上改变了中国电视的"说话方式"——以前的电视出镜人一般都是言辞客气温和、对评论对象多是赞扬有加；另外，这个活动还每天播出一小时的比赛花絮，连续几个周末超长直播海选淘汰赛——现在来看，反而是海选淘汰赛期间的有些内容因更具"草根性"而更有看头，总之，这些内容，都具有强烈的原生态特色；另外，该活动还有多场拉票演唱会，这也相对以往有创新之处；还有，该活动的复赛是真声演唱，这在当时也是不多；如此等等。总之，这是一场娱乐主题的比赛，参与门槛极低，大众还能掌控其结果与进程，另外还有许多之前未有的娱乐性很强的看点，如选手的风格及评委的尖刻等，这些内容，都使"超级女声"活动成为2005年度非常引人注目的活动，《超级女声》节目也成为2005年度中国电视荧屏最令人瞩目的娱乐节目。

3. 活动参与及节目收视状况

从活动参与的人数来说，整个活动全国有15万人报名参赛，这种规模也算破了一场活动参与人数的全国历史纪录——应该说，由单一社会主体举办社会活动有这么多人参与，在我国社会确实前无古人，这个可不比植树造林活动等，每年全国都是几亿人参与，但这是各地方政府部门分别组织的，不是一个主体。不光参与人数众多，该活动每周还有上亿的电视观众热切关注，同时，部分观众还从热切关注变为进一步主动参与，比如用短信投票，据中国移动提供的数据，比赛期间用短信投票的用户数在200万到300

第二章
传统传媒未来盈利模式的一大支柱——活动营销

万之间。

从收视情况看,据央视索福瑞在我国 31 座城市进行的节目收视率调查,2005 年"超级女声"活动五大赛区之一的郑州赛区"五一"期间白天播出的海选比赛,收视率已为 10%,"五一"假期虽说收视率会比平时高,但因是白天——收视率肯定是比晚上低,又是海选比赛——不像决赛阶段那么抓取人心,所以这样的收视率已是相当不错的成绩;而在广州赛区,淘汰赛阶段最高也突破 10%,另据前广电总局出版的《2006 年中国广播影视发展报告》,北京、上海、长沙等 12 座城市,平均收视率为 8.54%,决赛期平均收视率上升到 11%,都居同时段首位,在三强决赛时,全国收视份额达到 49%,即三强决赛的时段,全国打开的电视机中,收看该活动的频道数占所有被收看的频道总数的 49%。

为充分理解"超级女声"活动收视率的意义,我们再看组数据,当年(2005 年)全国电视的黄金时段的节目的收视率,全国第一为电视剧《亮剑》,平均为 10.3%;2006 年,北京地区黄金时段排名前二的电视剧,《半路夫妻》为 13.7%,《沙家浜》为 10.3%;2005 年春节期间,因是假期,收视率会提高,广东境内频道收视的前两名,分别是《外来媳妇本地郎——挑战大胃王》,为 10.91%,第二名《外来媳妇本地郎——超级配对》,收视率已仅为 7.43%。而我们也看到了,郑州赛区的海选比赛、广州赛区的淘汰赛这样的还不是决赛的赛段,其收视率都达到了 10%。这样一比较,2005 年"超级女声"活动的收视成绩就非常显著。

4. 活动的收益

当然,从当前传媒所处的实际环境看,光有受众还不够,还得看其是否获得了收益,这是对一个活动而言最为重要的,也应是衡量传媒盈利模式的核心标准,我们下面分别来看这次活动各参与主体的收益。

(1) 湖南卫视的收益

我们先看湖南卫视的收益,其一,由于其节目播出时段绝大部分安排在中午或下午,所以收视率大幅提升,这提高了湖南卫视白天时段广告资源的价格;另外,湖南卫视获得了蒙牛至少 2000 万左右人民币的赞助;短信方面，据相关数据，活动期间总收益应该达到3600万元，在此之前湖南广电与中国移动签的分成比例是85%∶15%，所以湖南广电一方的湖南卫视、天娱传媒应约分成3060万元，服务商中国移动分成540万元。当然，以上算是这次活动的直接收益，自此之后湖南卫视的收视率上升，因收视率上升以及品牌增值等带来的广告收益等尚未列举在内。

（2）天娱传媒的收益

再看天娱传媒，天娱传媒是湖南广电集团下属地面频道——娱乐频道的子公司，全面掌控、操作了本次"超级女声"活动，是本次"超级女声"活动的核心主体，本次活动产生价值的直接及间接收益最大份额就应该归属于它。具体来看，其收益主要有以下几部分。

其一，由天娱传媒、广州美卡音像公司合作的超女原创唱片《超女终极PK》，未上市前全国预订量已超60万张，而该次活动的前一年2004年，全国正版唱片销量前三名刀郎、周杰伦、朴树，其唱片全年销量分别为270万、100万、100万，而《超女终极PK》预订量即超过60万张，按一张光碟15、20元的价格计算，这预订的光碟也有900万到1200万元。

其二，"超级女声"最大的收益还不在此，而是艺人，"超级女声"活动本身就是选"秀"，选出来的"秀"即艺人实际是很有价值的"产品"。天娱传媒与选手们签约，就获得了对签约选手的"经营"权。据相关资料透露，"超女"决出前50名后，天娱传媒就与她们签订了经纪合同，获得了对这些"超女"的经纪权，从而也就获得了这些"超女"即将创造的巨大价值。总之，天娱传媒与选手签约后，这些签约艺人的演出（演唱会、影视剧等）、代言、出唱片的收益以及"转会费"等，天娱都可分成或独得。像"超女"刚结束，天娱传媒就组织了"超女"们在全国十城市巡回演出，获取了门票等收入。

其三，还有唱片，天娱传媒或独立通过选手制作，或与专业唱片公司合作制作，都会有不少的收益，毕竟当时全国唱片市场还比较"旺"。

其四，商标授权。2005年10月，天娱传媒与贝发集团在沪签订合作协议，这样贝发集团在文具生产领域就获得了"超级女声"系列商标的独家使用权，可以从事"超女笔""超女礼品"等产品的生产与销售，而它三

第二章
传统传媒未来盈利模式的一大支柱——活动营销

年内要向天娱传媒支付上千万元。另外,天娱传媒还把"超女"Logo等授权给搜狐网,该网在其日常运营中使用,天娱传媒由此获得了授权收益。

其五,短信。比赛期间巨量观众用短信投票决定"超女"的"去留",创造了巨额收入,天娱传媒与湖南卫视以及中国移动进行分成,收益也很可观。

第六,彩铃制作。这是指手机彩铃制作商要使用活动中"超女"演唱的歌曲制作彩铃,因其下载率高,而这要支付费用给版权拥有方天娱传媒。

第七,彩信制作。彩信制作商们制作带有"超女"图像的彩信出售,手机用户下载使用,而彩信制作方要付费给版权拥有方天娱传媒。

第八,天娱传媒还向电视台、互联网站、手机传媒等销售"超女"比赛的节目,这也可获取一部分收入。

第九,制作电视剧。"超女"结束后,天娱传媒还拍摄了电视连续剧《超级女声》(又名《美丽分贝》),以销售获利。

(3) 赞助商蒙牛的收益

蒙牛公司为此次活动投入了2000万元左右的赞助,但活动之后其酸酸乳销售额从7亿元增加到25亿元,早餐奶从1.5亿元增加到10亿元。当然,这其中活动的促销效果到底有多大不好说,但是,相关性很强是可以说的。而且这样的成绩,是在当时全国奶制品市场竞争十分激烈的形势下获得的。

(4) 其他方的收益

据相关资料透露,作为五大赛区之一的成都市的报纸在"超女"活动期间,只要有"超女"内容的,就很好卖;有书商将报纸等上面的有关"超女"的新闻汇编,用假书号出书,结果销售了几十万册,这也是一笔不菲的收入;湖南广电集团举办"超女"活动的所在地国际山庄酒店的入住也爆满,此前该酒店客源并不旺盛,而酒店大堂鲜花店的销售在比赛期间也十分"火爆"——因为活动期间台下粉丝要不断给台上的偶像献花。另外,有资料称,之前有公司曾与湖南广电集团洽谈"超女"活动的赞助事宜,曾欲出资5亿元,但是湖南广电集团没有同意,其后,湖南广电集团准备拍摄"超女"电视剧,该公司又准备出资,而且提出需要多少给多少,赔钱也没关系,有利润的话则分成50%，对于湖南广电集团而言，这么有利的融资条件是相当宝贵的。至于这次合作有否最终谈成，没有资料显示，但是另有资料显示，就是这个合作消息，被市场获知后，该公司在香港联交所的上市公司股价三日内最高上扬了104%。

5. 活动的操作过程

以上为2005年"超级女声"活动所带来的收益，下面笔者再介绍一下该次活动的操作过程。2005年"超女"并非是横空出世，其实在2004年就有了第一届"超级女声"。在2003年时，湖南广电集团的地面频道——娱乐频道举办并播出"歌曲选秀"活动"超级男声"，该活动实际是模仿了美国的"美国偶像"（American Idol）以及英国的相关"选秀"节目，节目播出后获得了很好的反响，开播后两周内报名人数已超过3000人，这个活动的成功直接催生了"超女"的策划。2004年2月，娱乐频道又推出了"超女"活动，该活动由湖南卫视在"五一"期间播出，受到广泛关注。即在2004年，已经有了"超级女声"活动。因为2004年的"超级女声"活动反响很好，所以湖南广电集团决定重点开发该活动。由此，天娱传媒有限公司成立，专门运作"超女"项目。湖南广电集团娱乐频道以"超级男声"活动企划部主要成员为主体，成立了天娱传媒公司，该公司最早由娱乐频道与国内的天中文化公司联合控股，2005年8月，天中文化公司退出，于是天娱传媒由娱乐频道完全控股。

实际上，是娱乐频道的天娱传媒举办了"超女"，但是，这里有一个问题，这样一个收视率会不错的节目却让湖南卫视来播放？而这两个频道虽说是一个集团内的兄弟频道，但在收视率上还是存在竞争的。为什么娱乐频道做的节目，却让跟自己有竞争关系的频道去播放获取收视率？这与湖南广电集团内部特有的"潜规则"有关——湖南广电集团的发展策略是以卫视为核心，要努力打造一个收视率高、影响力大的卫视频道，卫视上星覆盖全国，广告收益更高，且卫视覆盖全国影响力大，一旦影响力进一步增加对整个集团的品牌增值都有更大好处，所以，虽然卫视与集团各地面频道存在收视率竞争关系，但是在日常运作中全部资源有可能的话还是尽量

第二章
传统传媒未来盈利模式的一大支柱——活动营销

向卫视倾斜。而且同时，卫视的收视率原本就比较高，活动播出后有高的收视率最终可获取更多收益，对娱乐频道也有好处。但是，湖南广电集团的操作在此处还有一点值得关注，即天娱传媒虽与湖南卫视同属集团，而且集团也明确天娱传媒对卫视有支持辅助关系，但是从一开始，双方就签署了合同，对权益分配进行了细致规定，这样，也能确保天娱传媒的利益，同时，细致、规范的权益分配也有利于以后合作的顺畅进行。如果之前权益没有细致、规范的分配，合作期间很可能出现问题双方不容易解决，从而合作难以顺畅进行。

在天娱传媒与湖南卫视的合作中，双方进行了如下分工：天娱传媒负责活动的举办，湖南卫视主要负责播出，同时，长沙以外的成都、郑州、杭州等赛区，由湖南卫视出面与当地电视台接洽协调，由当地电视台负责举办，湖南卫视会将操作流程告知对方；另外，在赛区的选择上，湖南卫视与赞助商蒙牛协调决定；其余的还有如负责"超女"活动的宣传等。

6."超女"成功的启示

如前所述，"超女"在获取关注与收益上都获得了巨大的成功，而其操作，确有许多值得业界借鉴的地方，细究如下。

第一，模仿优于独立创新。"超女"活动实际是模仿美英国家的此类"真人秀"活动，而模仿的优势在于省去了研发成本，作为我们这样的发展中国家，是一个很好的后发优势。如腾讯董事会主席马化腾曾说过：模仿就是最好的创新。所以，我国传媒业以后要想在营销领域有所创新、突破，很多时候不需自己挖空心思去想、自己投入高额研发成本去开发，去看看发达国家传媒业在做什么、在怎么做，学过来就可以，当然要注意版权与专利。

第二，集团内部操作主体间关系界定清楚。比如天娱传媒与湖南卫视之间通过合同确定了清晰的商业合作关系，有正式、规范的权益分配方案，就有助于合作的顺畅进行。否则，双方在合作过程中一旦因事前没有分割清楚而导致利益的冲突，则活动很难进行下去，即使勉强推进也难保效果。所以，对于合作而言，之前的"先小人"——之前用详细的合同将双方权责明确规定，是合作能顺畅进行的有力保障。这在我国传媒业，市场化运作程度仍然有待提高的形势下，看似简单，却不一定人人都能想到，尤其不一定人人能扎实地做到。

第三，成立公司，方便进行市场化运作。如果是娱乐频道自己来做这个活动，作为事业单位的一个部门，很多操作要打报告，很多业务也可能无法开展，而现在是一个公司来做，则可以完全以一个市场主体的身份更自由地操作。操作主体不一样，其效果自然不同。

第四，为内容产品开发尽可能多的销售渠道。从天娱传媒的角度来说，其把节目卖给电视台、卖给网站，把音频、视频信息卖给彩铃、彩信制作商，甚至连"超女"的图书开发也考虑到了——卖版权给图书出版机构。这样做，算是很好地利用了文化产业的优势——文化产业的产品是精神产品，其具有复制成本低的特点，所以，如有更多的渠道销售，则对其来说是成本低收益高的很有利的事情。

第五，传媒集团内部资源的整合。"超女"的成功，也有湖南广电集团资源整合有力之功，"超女"实际上是湖南广电集团把内部好的制作资源与好的播出资源整合到一起，一起做了一个精品活动。

第六，要有好的市场运作知识。湖南广电集团有"电视湘军"的美誉，应该说，该美誉源自于该集团在电视行业取得了一系列的成绩，而这些成绩，与其更了解市场、有更丰富的市场运作知识是分不开的。

当然，有关该活动还可以给我们一些其他方面的启示，比如这是非核心地区、非核心传媒的成功，如果是在北京首都这样的更重要更需要稳定的地区、如果是在一些更正统的传媒如中央电视台、党委机关报等，也许不能这么自由地操作，内容上不能有这么大的突破；当然还有比如"超女"的成功实际是湖南广电发掘出了大众文化的真谛，央视平台高，有更高端的资源如人才、社会关系资源等，所以更能做出精英文化来，而湖南广电则发掘出了大众文化的真谛，通过娱乐节目来满足大众阶层的娱乐需求，从而其也能在电视行业内有很大的发展，获得可观的收益；另外，还有湖南广电人力资源方面的特点，湖南广电声誉鹊起后，其"掌门人"时任湖南省广电局局长魏文彬应邀赴哈佛大学商学院演讲，其在演讲中总结湖南广电

第二章
传统传媒未来盈利模式的一大支柱——活动营销

成功的一个原因是其人力资源的特点，而其中重要一点是该集团人力资源有"敢为人先、不畏人言"的精神，应该说，一个机构的人力资源有这样的特点，在市场经济环境中确实更易成功。

而笔者认为，"超女"这次成功给我们最大的启示还不是这些，而是活动营销的确是一种非常重要的盈利模式，传媒业应该高度重视。而且从该案例中，我们还可以思考出，活动营销要想成功最主要是该怎样做？或说，活动营销要成功靠的是什么？

笔者认为靠的是能获取注意力资源。

注意力资源是一种产品。传媒业有两大产品，其一是广告资源，传媒业广告经营即销售广告资源的历史十分悠久，其实其真正销售的不是版面与时段等，而是凝聚在这些广告资源上的人的注意力资源。1978年度诺贝尔经济学奖得主赫伯特·西蒙在1971年发表了一篇文章，文中称：现在这个信息资源极度丰富的社会，信息不是稀缺的，而信息消费的人的注意力实际成了稀缺的，从而也具有很大的价值，意即谁要有大批的人的注意力——谁被大批人关注，他本身就可以获得可观的收益。诚然，在市场上，一个人如果拥有巨量的社会关注，比如明星，那么，他就可以为产品代言，产品附着于他身上，也被众多的人关注了，这个吸引了众多社会关注的人其实就是一个广告信息载体。

而实际上，2005年"超女"之所以在经济上这么成功，就是因为其获取了巨量的注意力资源。而它之所以获取了这么多注意力资源，原因在于其身上有诸多因素可以做到，比如：其是娱乐活动，所以，更多的人会关注，更多的人可以参加——门槛低；比如，其对参与条件的设定几乎只有性别，门槛极低，这又保证了有更多人可以参加；还有参赛免费，等等，这些都为其吸引了大量的参与人员，而这些参与人员的亲属朋友等人，又都会关注这些人的表现，于是，这又吸引了众多的关注人员。

另外，其在形式上也有诸多的创新，比如选手的原生态表现，这在电视画面上很不同于以往，所以，由于其面目一新也很能吸引眼球，再比如评委的"辛辣"评论、选手真唱而非假唱，等等，这些都为吸引大众的参与与关注做出了贡献，从而也就吸引了巨量的注意力资源。

另外，不光是活动本身有吸引注意力资源的元素，在活动过程中，天娱传媒还频频使用炒作来吸引注意力资源。如当时的集团总经理兼湖南电视台台长欧阳常林所言："2005年经过五大赛区的比赛，五个多月的连续炒作，尤其是湖南卫视持续八个月350多个小时的播出，在15万名选手积极参与和上亿观众的高度关注之中，在众多媒体和众多网络的热点争议和前所未有的海量报道之中，'超女'终于在为时40天的七场总决选中形成了巨大的冲击力，成为了中国电视有史以来收视率最高、舆论最多、影响最大的活动"。[①] 在当前，炒作更多地呈现为刻意传播、刻意发掘甚或夸大、扭曲直至无中生有等，总体而言是一种负面行为，利用大众传媒炒作，则有违传媒传播真实客观的原则，更是不容许的。但从注意力经济的角度、在注意力产业、在活动营销领域，炒作也是一种生产行为——生产注意力资源，市场经济实践中注意力产业可以使用，不过在操作中，要注意这种行为的操作领域、角度、方式与尺度等，不要产生负面社会影响。

7. 结论

总之，"超女"的成功源于其具有了诸多吸引大众注意力资源的元素。而这，就使我们可以得出结论，活动营销要想成功，其最关键之处在于能吸引注意力资源，而要能吸引注意力资源，还在于其自身能做到大众性的抓住与突出，即其自身有更多的能吸引大众、能使大众不受限制参与的元素，当然在实践中，不一定所有的活动都是针对整个大众的，有可能是吸引特定群体参与及关注的，比如白领、比如青少年等，而此时活动营销就该针对其目标群体，在该目标群体中努力做到"大众"性的抓住与突出——以让更多的人来参与和关注。

---

① 陈耿农，《秋天的思考——湖南广播影视集团〈超级女声〉研讨会札记》，《当代电视》2005年第12期。

第二章
传统传媒未来盈利模式的一大支柱——活动营销

（二）活动营销的内涵及类别

1. 内涵

活动营销，也称事件营销，英文是"event marketing"，就是通过策划或借助一个能引起社会关注的事件或活动，达成销售促进、品牌增值、获取相关收入、获取关系资源等目的。该活动需要协调多方关系，动用多方资源，还要在事前、事中、事后做一定的工作，所以，是一种工作量很大的综合性营销行为。

活动营销的销售促进指实现产品或服务的更大量销售；品牌增值指活动可扩大自己的影响力，增加知名度或美誉度等；获取相关收入指如果活动是为另外的组织做的，如为相关企业销售的促进或品牌的增值，那么能够获得其支付的赞助费等收入；另外，活动还可以获取关系资源，比如你为某组织办了一个活动，也许它不支付你现金，但你由此获取了关系资源，而关系资源在目前市场上也是有一定价值的，尤其如果该组织是地方政府等，那你获得的这个关系资源可能价值会很大。

传媒的活动营销，其本质自然相同，不过其操作上比一般组织还多了一个自我传播的环节，一般的组织不具有大众传播能力，如要进行传播则需借助大众传媒进行，这样就增加了成本，而传媒不需这一步，这也是传媒做活动营销的优势。

传媒的活动营销，如前述的"超级女声"，也如现在的"中国好声音""爸爸去哪儿""偶像来了"等。在实践中，《超级女声》是电视节目，但整体的"超级女声"更是湖南广电做的一个活动，线上的节目很精彩纷呈，实际上线下的活动工作量更大，投入资源更多。一个事物的性质是由其主要方面决定的，所以，它更是活动。"中国好声音""爸爸去哪儿""偶像来了"等，这些本质上更是活动，需要策划、需要费尽心力整合各种资源去组织去实现，与制作普通电视节目不可同日而语。

2. 类别

传媒做活动营销，通过不同角度可以分成不同的类别，比如，从是策划一个活动还是借助已有活动或事件可分成两种，而其操作思路就有很大区别；另外，从活动的服务对象来说，一种是为自身——策划或借助一个活动来实现自身产品的销售促进等，还有是传媒为其他主体策划或借助一个活动来进行营销，借此实现销售促进等效果，比如传媒在实践中为相关企业做车展、家装行业洽谈会、家具博览会、电动车展销会、万人看房团等，如果是这一模式，则传媒自身产品的销售促进就不会有多大效果，主要是相关企业的产品销售促进了，而传媒自身主要是获得了品牌增值、赞助等相关收入以及关系资源等。

（三）传媒业活动营销的现状

传媒业的活动营销是伴随其自身日益深入市场而发展起来的。随着其日益深入市场，其面临的竞争压力更大，其盈利动机也在增强，而靠传统的内容产品与广告收入已很难满足其需求，这就驱使传媒不断寻找新的盈利模式，由此活动营销出现并不断增多。

在我国，进入21世纪后，传媒业活动营销渐成热潮，成为受世人瞩目的盈利模式，"超级女声""舞林大会"等在社会上可谓风靡一时，举办者湖南广电、上海文广集团等也是名利等多方兼得。直到现在，传媒办活动仍是社会上非常引人注目的现象，一些电视台办的活动仍是目前电视收视率排行榜中的名列前茅者，2013年至今的"中国好声音"如日中天，收视率与广告收入等不断创造佳绩，湖南卫视推出的"爸爸去哪儿"，浙江卫视的"奔跑吧，兄弟"等，也是赚足观众眼球，并获利巨大。在我国的地、县级电视台，活动营销模式与一线卫视又有不同，没有那么大规模、没有那么"文艺"，但也是围绕为自己或是为他人而办活动，有不少电视台的这方面收入已超过广告收入，成了主要盈利模式。

（四）传媒活动营销的本质——聚拢注意力资源以赢利

在前述有关2005年"超级女声"的论述中，我们已说过活动要成功靠的是能获取注意力资源，注意力资源作为一种重要资源、重要产品，值得

第二章
传统传媒未来盈利模式的一大支柱——活动营销

全面研究。

1. 注意力资源的内涵及研究现状

注意力资源英语为 attention，简单讲即人的关注，是人对事物所投诸的关注。有关其的研究，笔者关注的是传播学与经济学领域。从文献检索看，其研究成果不是特别多、也有待深入。

（1）传播学领域对注意力资源的研究

传播学者达拉斯·斯密塞和麦克卢汉都提到过"注意力资源"这个概念，1951年，在瓦萨学院消费者联盟研究所的一次会议上，达拉斯·斯密塞提出传媒的商品是"受众的人力"，一般被认为是其受众商品理论的滥觞。1977年，达拉斯·斯密塞发表《传播：西方马克思主义的盲点》一文，一般被认为是其受众商品理论成熟的标志。达拉斯·斯密塞所谓的受众是商品，其实质指的是受众的关注，即受众的注意力，它是商品。麦克卢汉在其1964年出版的《理解媒介》中称：（媒介的）广告主付钱向报纸、期刊买版面，向电台和电视台买时段。实际上他是用钱买了一部分读者、听众和观众。麦克卢汉与达拉斯·斯密塞的意思是一致的，都指传媒向广告主销售其聚拢的受众的注意力资源来获利，这也是传媒广告经营的本质。

（2）经济学领域对注意力资源的研究

经济学领域对注意力资源进行研究，笔者目前发现的最早的文献就是前述1978年度诺贝尔经济学奖得主赫伯特·西蒙的论文，文中称在一个信息时代，信息的丰富意味着另外的东西稀缺了，即信息所消耗的东西稀缺了，而那就是受众的注意力。不过赫伯特·西蒙并没有进一步深入挖掘这个问题。1994年，美国加州大学学者 Richard A.Lawbam 发表了一篇《注意力经济学》（*The Economics of Attention*）的文章；再到1997年初，美国的迈克尔·高尔德哈伯发表《注意力经济与网络》一文，对注意力资源进行了经济学上的进一步探讨。1999年，奥地利从事城市规划研究的乔治·弗兰克发表论文《注意力经济》，也对注意力资源进行了探析。

这些研究，其主旨都认为注意力资源是有价值的东西，如果聚拢足够数量的注意力资源，可以靠其获取收益。

(3) 结论

总之，在市场上，大众的注意力资源是一个有价值的东西，谁拥有大量的大众注意力资源，谁就能将其销售实现收益。而购买了受众注意力资源的人，就能使自己的产品或服务等被更多的人关注，从而使更大量销售成为可能。大众的注意力资源，是一种产品，其量越大，价值越大。

2. 传媒活动营销的本质

活动营销如前所述，是策划或借助活动或事件，最终实现产品或服务的销售促进、品牌增值、获取相关收入以及获取关系资源等。需要注意的是，这些目标的达成，是建立在社会的注意力资源获取的基础上的。只有获取了足量的社会注意力资源，才有可能达成。所以，活动营销的本质就是获取社会注意力资源并靠其赢利。传媒活动营销，自然也是此理。

另外，要注意的是，传媒传播自己的内容产品，吸引了一定数量的注意力资源，然后将其销售，获得了广告收入，这也是吸引注意力资源并靠其盈利，但是，这与活动营销还有不同，这种模式是传媒客观地报道社会后获取的注意力资源，是它履行自己本职功能的过程中顺带获取了注意力资源，没有一开始就刻意地、就冲着获取社会注意力资源去运作。而活动营销则是传媒一开始就专门冲着获取社会注意力资源去运作、专门为获取社会注意力资源而制造一种活动或借助一个活动，这与非刻意地、靠履行本职功能获取了社会注意力资源的前者有本质上的不同。与"例行公事"地报道社会、"例行公事"地记录社会相比，它更需要创意、更需要去创造。从这一点来说，传媒活动营销的本质也可以说是传媒刻意地去获取社会注意力资源并靠其盈利。

那活动的本质又是什么？有关活动的本质，可以从多种角度进行归纳，都能使我们对活动有一定的把握，比如活动是一种手段，一种盈利手段；活动就是项目，一个个当项目来做；活动是企业运作的另一种思路，活动应是企业专门的一项工作；活动是社会动员，活动是看运作者的社会动员能力、社会组织能力；活动是精英操控社会，精英引导大众，是"领袖领导群氓"；活动是大众的自我展示平台，是大众的心里梦想实现，如英国的"苏珊大妈"

第二章
传统传媒未来盈利模式的一大支柱——活动营销

就曾说一直都希望在一大群人面前表演；活动就是娱乐，活动自始至终都应有娱乐元素贯穿，让人觉得好玩；活动就是"从众"；活动就是社会心理需求聚焦；活动就是社会资源整合；活动是资源交换；活动是利益均沾；活动就是体验；等等。这些观点，都是从不同角度对活动进行的归纳，虽然有些不无简陋，但都有一定道理。

笔者认为，从传媒的角度来说，其办一个活动，实质是办一个精神产品。从传媒角度说，它的活动就是一种精神产品。传媒本身就是提供精神产品为大众服务的，按其固有资源与操作知识等，也可以从这个传统思路贯穿下去办活动，这样活动也容易办得好。

总之，活动可以说是传媒专门制作出来吸引大众注意力资源的精神产品，大众参与与关注活动，实际也是在进行消费，他们消费一种精神产品，获得精神上的满足。这就是从传媒角度说举办活动与参与、关注活动的本质。

（五）传媒活动营销的优势

传媒业从事活动营销，相比其他产业具有独特优势，这主要表现在两方面。

1. 物理技术特性上的优势

物理技术特性上的优势，是先天优势，是自然具有的优势。具体分两点：第一，传媒做活动营销，能吸引更多注意力资源。一般的产业做活动营销，只能在其举办地点即地理空间内吸引注意力资源，比如在一个广场上做活动，能在广场上吸引一众人关注，而传媒来做，则不但能在其举办地的地理空间内获取注意力资源，还能通过自身的传播在更广阔的社会空间内吸引注意力资源，它这是"二次聚拢注意力资源"。第二，传媒做活动营销，其可以更多地获得收益。比如，其盈利点更多。比如在广告资源的销售上，其一是可以在活动现场开发广告资源销售——在人数众多的活动举办地，很多位置可以做产品或logo牌的摆放，这是一个重要的广告资源销售形式，同时，活动在传播中形成的内容产品，也可以开发广告资源——

活动的传播形成的版面或节目，其中可以开发广告资源，即版面上的空间或节目中的时段等。而且，传媒可以承诺投放活动现场广告资源的广告主其广告信息可以在其后的内容产品中"露脸"，如在纸媒上的图片中出现或在电视节目中给其镜头，这样，活动现场的广告资源价格可以更高。所以，传媒做活动营销，可以更多地获取收益。

2. 后天形成的优势

这也分两点，一是传媒的社会资源整合能力强。活动营销是面向社会的，涉及方面多，动用资源多，比如众多参与人员的报名接待工作、评委聘请、场地的租借、活动现场治安维持、相关举措的法律支持获得等，[①] 这些方面都需要资源，传媒得把这各类各样资源汇拢起来，组合好、融成有机整体，这样活动才更易获得成功。而这对传媒的社会资源整合能力就提出了很高的要求，而比起另外一些行业，传媒的社会资源整合能力确实超乎一等。这主要是因为传媒的工作性质，它对整个社会进行分析报道，所以与社会就会保持广泛而深入的接触，而由此跟社会的各个方面就会有一种比较亲密的关系（比如记者等与他在各行各业的报道对象的关系），而这样在实践中，它就有了一种能相对有效调度资源的能力。还有就是，传媒属于"国家单位"——不是民营企业等，有着更高的信誉保障，同时，它有"曝光权"——算是一种强大的社会权力，这样的机构，其他社会主体也愿意同它合作。由此，传媒就具有了相对强大的社会资源调动能力。另外，传媒办活动具有后天形成的优势还有一点，就是其本身知名度高，活动营销的目的是吸引注意力资源，而传媒本身是面向大众运作的，所以，其本身就有高的社会知名度，而一旦举办活动，自然会受到更多人关注，也即会获得更多注意力资源。没有社会知名度的机构办活动，一般不会有太多人关注。

---

① 黄琍，《经典的营销策划 成功的商业运作——剖析超级女声运作模式》，《市场营销导刊》2005年第5期。

三、活动营销是传统传媒未来盈利模式的一大支柱

当前，传统传媒业的三种基本盈利模式越来越收入窘迫，尤其是一些实力不强的中小传媒，更是度日维艰。

拿《纽约时报》来说，很长一个时期，其广告收入占总收入的90%以上，但是到现在，其发行收入超过了广告收入，这真是其盈利模式史上的一个重大变化。当然，其发行收入超过广告收入，这不是一个好现象。发行收入按人数收费，而且在"信息免费"的时代不会定多高价格，所以，其收入总归有限，同时，虽然《纽约时报》有了网站等其他终端，但其在受众的竞争上还是难以短时间赶上《赫芬顿邮报》等其他作为新传媒的机构，即其发行收入难有太大增长空间。再就广告收入而言，其报纸的广告收入一直下滑，而且，由于其与拥有大数据等先进广告技术的新传媒相比没有优势，所以其广告收入一时也难有起色。总之，《纽约时报》这样发展下去，不会有太大起色。而如果要想实现改观，则应多采用活动营销这种模式。现在的《纽约时报》，受众人数不多，广告投放价值下降，还有什么呢？主要是它的品牌了。如果举办活动，肯定会吸引更多的受众关注，成功地聚拢社会注意力资源，同时，由于其高端的、世界级的品牌，其做活动，肯定会有更多的合作伙伴。而且，相比年轻的新传媒而言，其的社会关系资源还比较丰富，这也是其从事活动营销的一个有利条件。

总之，如果《纽约时报》要在收益上实现增长，活动营销应该是其重点考虑对象，应作为其重点的经营业务。当然，其是否愿意放下专做严肃的精品内容的"架子"，去广泛与市场接触做活动营销，则是另外一码事。其他传统传媒，也与《纽约时报》类似，都是受众、广告经营前景堪忧，但活动营销这种模式还可以好好运作。

四、传统传媒开展活动营销的策略

传统传媒开展活动营销，自然应该扬长避短，根据自身情况进行，传统传媒与新传媒在开展活动营销方面，应有很多一致的地方，也有不同的

地方。

相同的地方有：一切应以聚拢注意力资源为核心、活动主题应尽量符合传媒自身定位、应注意活动营销的延续性、活动营销的数量应适度、注重活动结束后的商业开发、[①] 使用合适的人才等。

一切以聚拢注意力资源为核心指活动的操作应围绕聚拢注意力资源进行，活动所具备的每一项元素、活动所进行的每一项操作最终都应为吸引注意力资源最大化这一目标服务。就一个活动而言，吸引注意力资源就是吸引人关注，关注的人多，就是吸引的注意力资源多，而活动就算成功了。

一个活动，其实应该有其目标人群，这个目标人群在做活动前必须确定，而这样活动的有效开展才有基础，才有可能成功。活动要吸引注意力资源多其实就是在目标人群中吸引人尽量多。

再具体点说，吸引活动的目标人群不同类型的活动操作方式又有所不同。当前的活动一般都有参与者，参与者是明星，则关注者会更多，即注意力资源会更多。所以，针对一个特定的目标人群，可以找能吸引这批目标人群关注的明星，这些人找得对，则在目标人群中吸引的人就会尽量多。

而针对当前的活动来说，参与者也可以分两类——参与者数量既定以及可以尽量多，前者如"爸爸去哪儿"，后者如"超级女声"。就后者而言，参与者多了，关注者自然会多——参与者多，形成规模，形成影响力，自然因其重大性就会有人关注，而且，参与者多，与参与者有关系的人就多，他们也会成为关注者，最终关注者人数会更多，最终注意力资源就多，这样活动就成功了。

总之，一个活动应有其目标人群，应在目标人群中实现注意力资源最大化，而要做到这一点，参与者应该找对，同时，若条件允许，参与者应该越多越好，这样也是实现目标人群注意力资源最大化的举措。这是一切以聚拢注意力资源为核心的操作的要点之一。

一切以聚拢注意力资源为核心，即要尽量想法吸引注意力资源，还有其

---

① 详见张辉锋《传媒活动营销的本质、优势及成功要素之我见》，《新闻大学》2009 年第 4 期。

第二章
传统传媒未来盈利模式的一大支柱——活动营销

他方面的操作要点,比如活动的创意要有吸引力,这个创意有吸引力,比如得新、奇,得对参与者有利,得能与受众互动,得让关注者在过程中有决策权,得参与门槛低等。

同时,一切以聚拢注意力资源为核心,还要有获取注意力资源的辅助手段,如炒作等,前边已经说过,在注意力经济体系中,炒作是注意力资源这个产品的重要生产形式,但要注意把握好度,不要成为社会的负面行为。

以上说的是传统传媒与新传媒开展活动营销应注意的一致之处的第一点——一切应以聚拢注意力资源为核心,下面我们再说第二点——活动主题要尽量符合传媒自身定位,活动主题符合传媒自身定位,举办时就能尽量借助上自身的资源,如经济内容的传媒办经济主题的活动,能借助上传媒人力、知识、社会关系、既有受众等资源,这样能相对容易成功,也能相对顺利地为自己聚拢注意力资源,同时,活动办出来后可让传媒的品牌更容易增值。

第三点是应注意活动的延续性,这是指很多活动往往不能够一炮打响,因其操作知识、社会关系、知名度等有个积累的过程,所以做活动最好有个适当的延续,不要办了一两次就遽然舍弃了,因为这样等于抛弃了积累起来的资源,理论上,活动办得次数越多,成功概率越大。活动营销的数量适度指传媒办活动不能太频繁,这样受众"审美疲劳",会导致每一次活动吸引注意力资源不足。注重活动结束后的商业开发指活动一旦成功,其形成的品牌等很多资源都可以开发获取价值,2005年"超级女声"就是一个很好的例子。就我国传统传媒而言,市场化程度不够,盈利模式开发经验不足,一直以来往往有品牌的资源而难以很好利用,所以在这方面应好好注意,比如可以寻找合作伙伴来开发等。使用合适的人才指活动营销是一项专门的市场操作,专业度不低,也需要专门的人才来操作,这些人除了懂市场营销学,有市场实战经验,还得有一些特质,比如协调能力强、有灵活的头脑与丰富的手段、有耐心胜任繁巨等,这得是一种素质比较综合、在当前层次比较高的市场操作人才。传媒要办活动,得使用这样的人才才能更易成功。

以上所述为传统传媒与新传媒在开展活动营销时应该注意的共同之处,

而传统传媒鉴于自身的条件,还有几点应加以注意,这与新传媒就不同了,具体如下。

(一) 多采用新传媒平台聚拢注意力资源

以传统传媒而言,现在也几乎都有新传媒平台,但是,对其利用与开发得还不够,比如微博、微信公号等,现在多是仅作为信息发布平台,只是传播信息,没怎么做营销应用。传统传媒做活动,应利用好这些渠道,通过它们来聚拢注意力资源,一是这些平台现在吸引了更多的受众,如微信2015年上半年平均每月活跃用户数已达5.49亿;二是这些平台与用户互动性强,而互动关系比一般的传受关系更能使受众对信息的记忆等深刻,从而可以更有效地聚拢注意力资源。新传媒聚拢的受众规模已很庞大,而且这些受众更年轻,是广告主更青睐的人群,传统传媒多利用旗下的新传媒举办活动营销,其收益最终应该更大。

(二) 多与党委、政府等部门合作办活动

现在,党委、政府等部门需要办的活动也不少,比如共青团、妇联等需要办社会活动开展相关工作,如相关慈善主题、道德弘扬主题的活动。传统传媒与市场上的新传媒公司不同,它与党委、政府等部门关系较久,有更牢靠的人脉资源,所以有更好的合作基础,传统传媒应注重开发这块市场,多承接它们的活动,这样不仅有销售促进、品牌增值等收益,还更能积攒关系资源。当下市场中,关系资源是很有价值的。

(三) 注重社区活动市场

现在,传统传媒所在地的社区,如街道办、一定规模的住宅区等,是活动营销的重要市场。在这样的生活社区里做活动,可以针对生活服务主题进行,也容易吸引生活服务商家加盟合作或投放广告。传统传媒尤其是报纸,对社区的覆盖、"扎根"能力一般较强,这一方面新传媒就比不上,其更擅长于在线上、在更广阔的地理空间内举办活动。针对这样的社区市场,

传统传媒可以重视并着力开发。

（四）注重活动方案的执行

执行力对于任何工作都很重要，策划得再好，执行不了，终将一事无成，实践中传统传媒执行力不够，让好的策划最终效果打了折扣甚或一事无成的不在少数。传统传媒现在毕竟市场化程度还不高，对活动营销这种纯市场操作不一定擅长，执行人员甚或观念上还有做宣传工作、对市场操作"轻视"的残存，这都会影响执行力。因此，传统传媒在活动营销中要注意活动的执行情况，想办法推动、想办法解决影响执行的因素，在日常，也要注意培养员工的执行力，比如加意营造组织执行力文化，通过文化来影响员工。

五、结语

当前市场环境中，对于传统传媒而言，虽然机构内有了新传媒，但缺乏新传媒基因，这导致其所办的新传媒比市场上自己生长出来的新传媒不具竞争力，从而在这个新传媒强势的时代，传统传媒整体很难改变颓势；同时，相较市场上自己生长出来的新传媒，传统传媒市场基因也有不足，传统传媒带着体制的"镣铐"与惯性，而市场上自己生长出来的新传媒有更强的生存与发展能力，同时往往还有着更高端、更具市场运作能力的基金、风投等资本参与运作等，这都使它比传统传媒更具竞争力。

总之，传统传媒想与市场上生长出的新传媒竞争可能很难胜出，其内容产品与广告收入下降已是大概率的事件，在这种情况下，其优势资源就剩品牌与社会关系资源等，所以，其最适合大力开展的盈利模式应是活动营销。传统传媒应该重视这种盈利模式，在此方面好好开发。

03 第三章
大数据时代的传媒广告运作

大数据支撑的互联网广告
大数据时代传媒广告市场的格局
传统传媒广告及代理机构的应对策略
大数据对广告媒体计划的影响
结语

TRANSITION AND CHOICE
Media Industry at the Crossroads

据清华大学新闻与传播学院发布的《中国传媒产业发展报告（2015）》，2014年，中国网络广告收入首次超过电视广告。自互联网诞生以来，其广告收入就一直处在高速增长之中，究其原因，受众的大量聚集是一个重要方面，以我国为例，据CNNIC的数据，至2015年6月我国网民数达到6.68亿，其中城市网民占比72.1%，而且以年轻人居多——这样的网民消费能力普遍更强，有这样的受众，广告投放自然会多。除了这点，互联网吸引广告的优势还有不少，比如发布信息量大、可以互动、效果相对好统计（如按点击率、页面访问数）、在社交关系平台上通过口碑传播效果更好等。其实，还有一个优势绝对不容忽视，那就是大数据技术体系的出现给互联网广告带来的提升。而这个优势对未来整个传媒业广告运作的影响也极为宏大与深远。本章就专门讨论这个问题。

一、大数据支撑的互联网广告

（一）大数据的定义

大数据，英文为 big data，其内涵有两层意思，一是 big data 的直译——"大的数据"，其准确理解应为巨量资料，这些资料体量超大，与以往数量不可同日而语。同时，大数据还有一层意思，就是大数据有一套自身的技术，

第三章
大数据时代的传媒广告运作

这套技术依托云计算的分布式处理、分布式数据库和云存储、虚拟化技术等，能对海量数据进行分布式挖掘与分析，[①] 由于大数据体量过于大，传统技术难以分析、必须新的技术才行，所以，大数据还有一套独特的分析技术。巨量资料加配套分析技术，是大数据的完整内涵。

（二）大数据的价值

大数据是以互联网为平台及技术手段，能够对对象在互联网上的所有资料进行分析，因为有关对象的数据足够庞大，所以其分析结果必将更准确，更逼近原貌。对行为对象的认识准确，自然对行为对象的行为有效。大数据最终是为人的决策服务。大数据对各行各业的决策都有很高的价值。在广告领域，大数据价值非常巨大，其将广告业的运作水平大大提高，如使广告主的投放更有效——针对的目标受众准确、广告效果评估准确等。

（三）大数据支撑的互联网广告的优点

对于图书、报纸、期刊、广播、电视、互联网等传媒而言，大数据技术是基于互联网产生与发展的，其对互联网的广告运作最有价值。

大数据技术支撑下的互联网广告，其最大的优点就在于精准——广告投放的精准。传统传媒的广告"费用有一半被浪费了，但还不知道是哪一半"的情况，在大数据支撑下的互联网广告上几乎不会发生。

大数据的广告投放精准，包含两个意思，一是对目标受众的发现精准，一是投放效果评估的精准。具体如下。

1. 对目标受众的发现精准

大数据能做到的是尽量发掘消费者的全部信息，然后对其分析，分析出广告投放所需要的全部信息，这包括消费者的属性及所处情境。消费者属性包括其自然属性，如年龄、性别、身高、体重等，还包括其学历、职业、婚否、社会关系、爱好等在内的社会属性。情境简单讲是指消费者当时的

---

① 详见搜狗百科，http://baike.sogou.com/v59756418.htm。

状态，如其所处的物理环境、社会环境以及身体与心理状态等。这些信息，是广告投放时的关键信息，有了它们，广告投放会更加精准。因为，首先，它可以做到对目标消费者的选择精准，它可以通过消费者的各方面信息辨析出其是否是广告主的目标消费者。而消费者情境，则将广告投放的精准又提升到一个更高层次。认准了消费者是自己的目标消费者，但是如果其目前状态不是广告接受的最佳状态，则广告效果还不易达到理想程度，比如某受众确实是目标消费者，但是其正在睡觉，则该时段对其推送广告自然效果没有，其刚吃完饭，则对其推送食品、餐馆广告效果也不会好。而如果知道了其目前状态，即情境，则针对情境投放效果自然更为理想。而大数据恰好能做到这一点，比如：它通过消费者的移动终端如 GPS 所发出的定位信息，手机终端所发出的签到信息、WIFI 使用、在社交媒体上所发出的有关自己出行、状态的信息等，通过所有这些信息，可以使大数据平台分析出消费者目前的地理位置、环境（如室内、室外）、状态（如工作、休闲、饥饿与否）等，由此，针对这样的情境，可以针对性制定自己的广告投放策略，可以根据消费者当前状态推送信息，使信息的推送时间、形式更符合需要，更减少消费者的反感与排斥，从而也更容易达到效果。

总之，大数据针对目标消费者发现精准，就是指的对消费者辨识精准、对其所处情境发现精准。

有关大数据支撑的互联网广告对目标受众发现精准方面，大数据还有一种 RTB 的模式。这种模式是一套独特的广告投放技术系统，但它实现的仍是对目标消费者的发现精准，自然它更吸引广告主。

RTB 即 real time biding，一般被称为实时竞价，简单来说，它指的是互联网上有 AD-Exchange、DSP（demand-side platform）、SSP（sell-side platform）三个平台，AD-Exchange 为在线广告交易平台，DSP、SSP 两个交易平台在其上交易。当用户登录任一页面，SSP 会即时分析出用户的"身份"、页面信息，并计算出该页面广告位的最低价格，然后将此信息发送给 AD-Exchange，DSP 在 AD-Exchange 上发现此信息后，其平台中的广告主或广告

第三章
大数据时代的传媒广告运作

代理机构就会就此广告位进行竞价，结果价格优胜者拿到广告位，从而可将自己的广告信息推送到该位置上。这系列运作看似环节众多、操作复杂，但整个过程仅需 0.001 秒的时间，大数据的快速特点由此可见。而关键的是，整个 RTB 投放模式，广告主可以清楚地知道我的广告投放给谁了，也能一定程度地知道该受众的情境，比如正在看什么内容等。这样的投放，广告主自然喜欢。

2. 投放效果评估的精准

传统的互联网广告，比传统传媒在效果的统计上已有相当大的进步，比如，它能清楚统计出广告投放在一个渠道上后有多少人看了，因为可以统计点击率、PV 等，这样一个渠道的广告投放效果就能一定程度获知，这已比传统的报纸、期刊、广播、电视等进步了许多，使广告主大为"放心"，已具有很大的进步，但是，这些点击率、PV 等最终对促动消费者购买商品有多大功劳，则仍难以获知。但在大数据时代，互联网广告比之前又有了进步——它能比较清楚地获知广告主投放的渠道的最终效果——即能获知在这个渠道看了广告的人有多少最后去买了，这样，一个渠道的广告投放效果到底怎样，就知道了，而这样支付广告费，广告主就没有浪费的担心了。究其原理，是因为大数据可以追踪用户的 ID，从而追踪其在网上的"一切"踪迹，比如一则广告投放到了某渠道，一个用户进入这个渠道后，大数据就能发现，然后，就可以锁定其 ID，这样它之后的一切踪迹大数据都能发现。

再具体一点说，广告投放到某渠道如某门户网站上，一个用户看到了，接着他去搜索引擎网站上进一步搜索产品的相关信息，接着又从搜索引擎网站转到产品官网获取更进一步信息，然后从官网又进入电商网站下单购买，用户的这一连串踪迹，大数据通过追踪其 ID 可以知道得一清二楚，这样，它就知道了每一个初始投放渠道最终导致了多少下单购买，这样一个渠道的广告投放效果就能知道得一清二楚。

而渠道广告投放效果的评估能够精准，自然广告主就更喜欢在这种技术体系即大数据技术体系内投放广告。

总之，大数据支撑的互联网广告，对目标受众发现精准、对渠道的投放效果评估也精准，自然在与其他传媒比时就更有优势，更能吸引广告投放。

另外，大数据支撑的互联网广告，除了使广告主的投放精准，还可以针对目标受众重复投放，形成多次诉求以更快达到效果。比如重定向广告。重定向广告英文为 retargeting advertisement，指向搜索了某产品信息的受众重复发送信息。当受众搜索了某产品信息但最终没有下单购买，此时由于大数据通过 cookie 等记录了其行为，所以如果以后其再上网，大数据就可以发现并在其浏览的某些页面继续向其推送该产品信息。由此对其重复诉求。这也是大数据广告的一个优点，不仅能认知受众，还能记住受众，以重复向其推送广告。

（四）大数据支撑的互联网广告的操作理念

大数据的核心是数据，其实质是资料，大数据的核心进一步说是资料的搜集与处理能力，再进一步说是从资料中提炼出实用信息的能力，提炼出实用信息，最终是为人类的行为决策服务。大数据时代，人类能产生之前无法比拟的数据量，也能与之前无法比拟地搜集、处理这些数据，这是人类科技的一大进步，肯定而且也已经在大大促进人类的福祉。之前看来没啥价值的日常碎片化数据，现在也可以从中提炼出"宝贝"，可谓人类社会的一大进步，是人类智慧进步的标志。人类科技的进步、福祉的获得等俨然也有了新的思路。大数据对人类的影响不可谓不大。人类的生存与发展的很多理念都应该重新思考，有所转变。比如说，西方经济学的产生根基是三个基本问题：生产什么？如何生产？为谁生产？而这三个问题，是建立在生产者、消费者之间信息不对称的基础上的，而现在，生产者与消费者之间连接紧密，生产者对消费者了解得比较清晰，这时候，还有生产什么、如何生产等这三个问题吗？如果没有，或说这个问题减弱了，西方经济学还能否站住脚或说是否需要做巨大调整？而更直接指导市场主体实践的市场营销学是否也要调整？大数据时代，生产者可以低成本地了解每一个消费者，是否就可以实现"全民定制"？等等等等，值得进一步深思。

第三章
大数据时代的传媒广告运作

当然，本章是研究大数据支撑的互联网广告的，所以，我们重点探讨其带来的相关方面的理念。从目前看，其蕴含着传统广告业没有的理念。

1. 广告整体操作中重在研究受众

传统的一项广告业务的操作，重在研究媒体，即做好渠道研究。对于一个广告主或代理了广告主投放业务的广告代理机构，在操作一项广告业务时，其运作重点在于要研究渠道、选择好渠道，即选择好媒体，哪个媒体受众人数多、哪个媒体的受众我的目标消费者多，从而就会购买这家媒体的广告资源。而实际上，媒体的受众人数多、媒体的受众中我的目标消费者多，这些都很难说准确，因为现有调查手段是通过样本进行调查，样本与整体实际还有较大的差距，说你受众是这些、其中目标消费者有这么多，其实是很难符合实际的。而且，受众是这些人，即使是准确的，也是之前的情况，而实践中受众也会流动，也会变化，现在要向这家媒体投放广告，是否是之前的受众已很难说。总之，传统传媒，其受众到底是哪些人？是一个不易解决的问题。所以，传统传媒的广告效果一直受质疑。

而到了大数据时代，以其技术支撑的互联网广告，将受众整体到底是谁、将要投放时的受众会是谁的问题解决得就很好。大数据技术在整个互联网平台上，可以通过 Cookie 等追踪每一个上网者的踪迹，从而把其在各种平台上的各种网络应用都记录下来，比如你在新闻类网站上的信息浏览情况、你在电商网站的购物情况、你在社交网站上的社会关系、你在微博上流露的现时状态如情绪等，所有这些踪迹，大数据全能获得，于是，它可以做整体而非样本的分析，而且是你的多维度数据，于是通过这样的交叉分析、关联分析，它能比较清楚地知道你是"谁"，通过对你所处的情境的分析，它还能清楚地知道你在哪、你现在怎样。而且，大数据技术可以把每一个上网者都这么分析，最终分拣出广告主的目标消费者整体。针对这些人投放广告，其效果与传统的重在媒体研究与选择的运作绝对不可同日而语。

传统的广告操作是重在媒体研究，大数据支撑的互联网广告操作是重在受众研究，这是质的不同。当然，大数据支撑的互联网广告重在受众研究，也是其技术优势帮其实现的,传统的广告运作想这么做也实现不了。

重在受众研究,不仅能实现广告的精准投放,实现好的投放效果,还能提高广告传播的品质,使广告行为发生质变。因为重在受众研究,对每一个受众都了解得清楚,技术上能实现针对每一个受众的专门投放,这样,就更能实现"以人为本"——它可以实现广告的个性化传播,是你需要的信息、以你合适的时间、以你便于接受的形式向你推送。这样,广告在相当程度上不是打扰你、让你烦的东西,它是结合你的情况分析出来的能解决你现有问题、对你有价值的信息,是对你的一种帮助,而且它呈现出来的形式、推送给你的方式也便于你接受。在这种情况下,广告不再是社会上类似负面的东西、需要时时刻刻限制的东西,它变成了一种社会服务,而最起码它不会再是让你讨厌要回避的东西。而且,这种服务是广告主与受众的双赢。大数据技术支撑的互联网,可以将广告变成这样的效果。

2. 广告整体操作中技术也居于核心地位

传统的广告运作,其整体操作中以研究媒体、以创意工作为核心,比如要做媒体受众调查或购买数据、要进行"头脑风暴"以拿出好的创意。而大数据支撑的互联网广告,技术将占据核心地位。在这种模式中,要进行人群定向、实时追踪、全方位关联分析,还要进行精准推送、效果监测,所有这些,都需要一系列机器识别、机器学习、复杂网络、算法等大数据技术的支持。需要了解、掌握这些技术。而且,大数据支撑的互联网广告,技术被提到了重要的位置,甚至超过了脑力劳动、脑力创造。[1] 现在进行广告传播,可以说不需要做太多的头脑风暴,不需要做太精彩的、艺术性的创意,只要利用好技术,就能精准地发现目标受众、就能有效地进行推送,就能取得好的效果。这可算是一种非常机械化的操作模式,不太需要绞尽脑汁的脑力劳动与跳跃的创意思维,人的工作压力被大大减轻了。在大数

---

[1] 张辉锋、金韶,《投放精准及理念转型——大数据时代互联网广告的传播逻辑重构》,《当代传播》2013 年第 6 期。

据支撑的互联网广告操作中,可以说技术已在很大程度上取代了人力——主要是人的脑力。人的脑力被大大解放,从而又可以做其他更有价值的事情。总之,在这种广告模式中,依赖技术、掌握技术应成为核心理念,不断优化技术应成为核心工作,当然,此处的技术是大数据技术。[①]

二、大数据时代传媒广告市场的格局

(一)大数据时代传媒广告的两种模式

大数据时代传媒广告市场是怎样的格局?首先,现有广告模式可以简单地分成两大类,一类是大数据支撑的广告,是在互联网平台上,重在点对点地传播,投放精准,效果清晰,这一类,拥有大数据技术的网络平台都可以做。

一类是非大数据广告,这包括原有的在传统媒体平台上投放的广告,也包括在互联网平台上按传统模式投放的广告,前者指在报纸、期刊、广播、电影、电视等上面投放的广告,后者指基本将互联网平台视作与其他传统媒体平台没有区别,也是根据流量选择合适的平台投放的广告。这两者都是用传统的广告技术,使用广告媒体计划指导投放,与大数据没有关系。

相对于传统模式,大数据广告无疑具有更好的效果。从目前形势看,其应当会在互联网广告中占据越来越大的份额。同时,随着社会的发展,互联网使用率日益提高,传统传媒的使用会日益下降,由此,大数据广告在整个传媒广告市场上所占份额还会越来越大。

(二)传统传媒广告仍有一定空间

但是,从目前来看,传统传媒的广告在未来一定时期仍有一定空间。其原因主要如下。

[①] 王春浩,《大数据时代,电视广告该怎么办?》,《电视技术》2015年第8期。

1. 大数据还不是万能的

大数据的优势的依据在于：一是数据的大，一是分析得准。

第一方面，其数据虽然"大"，但是，与世界与人类社会的原貌相比还是有限的，因为：第一，接触互联网的人还是有限。虽然互联网、手机等数字设备现在普及率很高，但不接触这些的人还是很多，如年龄大的、文化水平低的、边远贫困地区的人等，截至2015年6月，我国网民数为6.68亿，虽说从其发展来看增长巨大，但仍然只是我国总人口的50%左右，从整个世界而言，非洲等贫困地区能接触互联网的人就更少。第二，即使是接触互联网的人，其在网上的信息也还是有限。现在虽说大数据是从PC、平板电脑、手机、GPS、物联网、可穿戴设备等处都可以获得网民的信息，但这些在网上呈现的仍不是一个人的全部信息。实践中，网民对互联网接触的密切程度不同，接触不密切的，自然留下的信息少，即使对互联网接触密切的，其在网上留下的踪迹还是有限，由此对此人进行分析只能是"不完全归纳"，而非完全归纳，由此对此人的了解其实就难以准确。尤其是对人的心理方面的分析，就更难准确。

第二方面，是分析得准。在这一方面，大数据还是有缺陷的，其分析技术远没那么成熟，分析出来的结果如一个消费者的情况很难说完全符合实际，打比方说，大数据通过资料的分析对一个消费者"画像"，这个像由于数据分析上的缺陷很难说与消费者本人一模一样。目前实践中，大数据广告的效果并不如理论分析得那么强。

另外，其实大数据对广告运作最大的价值在于分析受众的心理，分析他会不会购买、分析他目前对本品牌到底是什么印象与动机，这种分析的结果对广告投放最有价值、最有指导意义，远比分析出受众年龄、性别、购买能力、爱好等基础信息、静态信息要有用得多。在这方面，现有大数据的分析能力还做不到。

总之，大数据还不成熟，还不是万能的。

2. 生活中不是每时每刻都需要互联网

大数据是基于互联网平台的，实际上不管是固定还是移动互联网，并

第三章
大数据时代的传媒广告运作

不是人类生活的全部，人类生活中总有不上网的时候，比如开车时就只能听收音机，此时大数据广告就无从发生作用，而广播广告就有空间，人类在生活中还要看电影、电视等，这些时候不上网，大数据广告也无所应用。

由此说来，大数据诚然具有很强的了解受众的能力，在广告运作的很多乃至关键方面比传统传媒都有优势，但它目前还是有限度的，不是广告的全部，而这就给传统传媒留下了空间。

（三）传统广告代理机构的业务将减少

长期以来，广告代理机构作为中间机构，向广告主与传媒同时提供服务，它为广告主代理广告发布任务，为传媒寻找广告主来投放广告。从为广告主代理广告发布任务来说，它主要做购买、策划、效果监测工作。购买是购买到有价值的广告资源，这需要广告代理机构与传媒有较深的关系以及有较强的议价能力，以能拿到较优质的资源与更低的价格，由此代理机构日常与传媒的公关工作等就比较重要。策划工作包括创意与广告媒体计划，创意就是将广告作品设计得能吸引受众，能准确传达产品或品牌的内涵，广告媒体计划就是对广告作品的发布就媒体选择、时间选择等进行一系列的规划，以达到最佳传播效果。效果监测就是在广告投放过程中与投放后，它负责监测效果，以提供给广告主。

现在，出现了大数据支撑的互联网广告，传统的广告代理机构的有些业务已不需要或不那么重要了。

首先，传统的媒体购买工作中大部分已经不需要了。它不再需要研究媒体，研究其受众结构以及影响力等，来决定是否是我的投放目标媒体，比如研究网上的一些网站等，现在的大数据支撑的互联网广告，其研究已"透过"媒体，直指受众，它直接去找受众、分析受众是否是我的目标受众，因为它有cookie等技术能直接跟踪到受众的网上踪迹。寻找到足够的目标受众，就可以进行推送，这就完全不需要像原来一样研究媒体、选择媒体，再在媒体上投放。当然，购买媒体资源或者购买投放机会仍然需要，但总的来说，传统广告代理机构的媒体购买业务中的研究、选择媒体的工作、也就是最重要的工作就不需要了。

其次，在以前，由于广告的目标受众是模糊的一片，一般不确知其是什么情况、什么爱好与"口味"，所以广告作品的创意必须高度有策略性，以保证能吸引这些人，简单讲，创意工作得考虑到很多方面、照顾到很多方面，比如受众的欣赏趣味、水平等，还得有很高的艺术性以保证能尽量打动每一个人，这最终使得广告的创意工作要投入很多、工作量很大，成了广告代理机构的核心工作，当然这在实践中也让广告代理机构的价值得以凸显。而在大数据支撑的互联网广告中，已能做到与目标受众直接挂钩，对目标受众情况比较了解，而且也能做到针对个人的个性化传送，所以，此时不需要面向不确知的对象必须高度"艺术"化地设计，现在能比较简便地辨析出对方是什么情况、大致有什么爱好、对方目前正处在什么情境中，总之，现在针对受众制作广告信息简单了，由此传统广告的创意工作被大大简化。

另外，广告代理机构还有一项重要业务是效果监测。它自己没有设备监测，起码要购买调查公司的数据等，而现在，大数据支撑的互联网广告，由于是跟受众直接对接，受众的点击、下单购买等都能清晰了解到，不须费时费力，所以这一方面工作也大大减轻了。

总之，大数据支撑的互联网广告出现后，这一模式对广告代理机构的需求会减少，而从目前形势看，这一广告模式所占份额还会继续扩大，所以，广告代理机构的业务会持续处于减少之中。所以，广告代理机构必须尽快研究转型。

三、传统传媒广告及代理机构的应对策略

广告市场有广告主、传媒、广告代理机构三个主体，传媒可以分成传统传媒与互联网，大数据支撑的互联网广告出现后，对广告主、互联网都大为有利，但对传统传媒和广告代理机构则冲击太大。在本节里，笔者将谈谈后两者针对这种形势应采取的应对策略。

第三章
大数据时代的传媒广告运作

（一）传统传媒广告的应对策略

大数据支撑的互联网广告势头很猛，又代表未来，目前的传统传媒广告该怎么办？此处的传统传媒，指的是报纸、期刊、广播、电视这些不能使用大数据技术的类别。笔者认为，这些传媒目前能做的有以下几点。

1. 注重利用品牌优势开发大品牌广告

相对于大数据广告，传统传媒的受众数量已不具备优势，且广告针对性、互动性也差，但是其品牌优势还存在，由于专业主义伦理以及信息采集、传播的手段规范等原因，其信息比互联网有权威性，很多传统传媒目前仍有着巨大的社会影响力，是社会上的"大品牌"，所以，它还可以发布品牌广告，为产品增加知名度、美誉度乃至偏好度等。广告发布者的公信力、影响力等方面的品牌优势，正是目前大数据广告稀缺的，所以目前传统传媒应充分发挥这一方面的优势，努力承揽大品牌广告，而且做好创意等，更有效地传达品牌的内涵，给受众更好的体验，等等。大品牌实力雄厚，广告预算充足，传媒会有不菲回报。

2. 加强广告运作的数据化工作

所谓广告运作的数据化就是量化。比如，受众情况用量化体现，广告效果用量化体现，广告客户也用量化体现。目前的广告运作，必须有扎实的数据才能获得广告主的认可，传统传媒要更加重视自己受众、效果等方面的量化分析，即使不用大数据技术，也要建立数据库，对受众、效果等进行分析，使自己的受众、效果等更加"清晰"。同时，传统传媒也要尽快拥抱大数据，努力加强自己在大数据方面的软硬件建设，主动去与具有大数据资源、技术的机构合作。只有这样，传统传媒的广告运作才能有一定竞争力，才不至于下滑得太快，而且也便于其在大数据时代实现转型。

3. 更多借助互联网、新媒体技术

传统传媒要更多地借助互联网、新媒体技术。如在传统传媒的广告传播中，可让商家把产品信息以条形码、二维码的形式展示出来，以便于受众的手机等移动终端扫描；还可以创建新终端，这样便于进行整合营销传播,还能借助新媒体终端增强与受众乃至广告主的互动,还可以线上线下联动进行广告传播,还可以利用新的互联网终端自己也做大数据广告,等等。

4. 对广告客户更好地"贴身"服务

当下,传统传媒要拉住广告主,需要为他们提供更好的"贴身"服务。比如,就报纸而言,可以为客户开设专版、专栏进行量身定制的宣传;为客户针对某特定地区、社区市场开发专版,独自发行进行宣传;为客户在不同地区市场针对性开发不同创意的广告版面宣传。就广播而言,可以将广告时段碎片化——拆分成更短的时段,以满足广告主碎片化传播的需要、即时播出的需要、更"贴身"的广告资源组合的需要等。

5. 大力开发 DM 广告

DM 广告具有投放精准、便捷易操作的优势,尤其对于报纸而言,是一种非常有利的广告产品。现在,广告主对于广告投放的精准度要求自然越来越高,而 DM 广告在这方面就有优势。大数据支撑的互联网广告其受众虽说面貌比较清晰,但是 DM 广告直投到户,对接收终端即受众也有一定程度的把握,尤其是 DM 广告主要针对家庭,一个社区的家庭,其消费能力根据社区状况基本能把握得差不多,这样对于目标受众也能把握得比较准确,投放也是实现了精准。而且,DM 广告印刷、投递,是报纸的传统业务,报纸很容易操作。如果是高端社区,广告可以承揽比较大的品牌,收入还比较可观。国内有些报社针对社区大力开展 DM 广告业务,启动全员营销模式,收入不菲。总之,DM 广告在这个时代仍有其价值,值得开发。

6. 重视植入式广告

植入式广告主要针对影视剧而言,当前电影、电视剧受众人数众多,在其中植入广告,曝光率会比较高。而且,影视剧植入广告有强制性与效果浸润性的特点,其传播效果会比较好。强制性指广告的出现突然性与时间占有性,出现突然性指你没有心理防备时突然出现,由此种下印象,时间占有性指这段时间这个节目就是这个内容,你不看也得看,否则你接受的该节目内容会不完整。效果浸润性指植入式广告不是硬性插入,而是编入

第三章
大数据时代的传媒广告运作

内容之中,由此受众在欣赏内容时不知不觉地"中招"——因为你没有意识到其是广告,所以不会有心理防备,这就是广告浸润性地植入你的心里,是不知不觉的效果,而非硬性插入。另外,植入式广告尤其在品牌广告方面,有很强的优势,这种优势,使它与大数据广告相比时也算是有独到的一面。

(二)广告代理机构的应对策略

对于广告代理机构而言,目前的现实举措是迅速向大数据支撑的广告代理机构转型。

未来的广告业,受众、效果等的分析以及广告信息的推送等越来越需要大数据体系的支撑,没有大数据几乎无法开展业务。

广告代理机构一定要使自己迅速与大数据"融合",积累自己的数据、获取或提升大数据技术,即使在线下,也要注意搜集、整理受众、广告主、媒体的资料,并努力提高资料分析、处理、发掘其中实用内容的能力。

同时,还要与大数据资源拥有者、技术服务商等增强合作。在我国,拥有大数据资源的主要有六大类机构:电子商务公司,比如淘宝、京东,拥有大量的用户在线交易数据;百度、搜狗等搜索引擎公司,拥有大量的用户搜索数据;腾讯等公司,通过微信、QQ拥有大量用户即时联系等数据;电信运营商,拥有大量用户通讯数据;GPS导航机构,拥有大量的用户移动定位信息等;新闻网站等资讯类平台,拥有用户信息浏览的大量数据。这些资料,在大数据时代,能够进行分析以抓取有价值的内容、能够洞察人类的行为规律,现在已成为价值巨大的资源。另外,现在还有一些开发大数据技术的公司,其开发的技术可以为广告、营销提供服务。现在的广告代理机构应该加强与这些机构的合作,以加速自己向大数据广告代理机构的转型。

现在,BAT以及悠易互通、AdTime等公司都具有做大数据广告的能力,这样的公司还在不断冒出,这些,都会侵占广告代理机构的业务,所以,广告代理机构必须抓紧努力,充分拥抱大数据。

四、大数据对广告媒体计划的影响

(一) 广告媒体计划的定义及其在营销中的地位

1. 广告媒体计划的定义

广告媒体计划,英文为 media planning,是在广告操作中,围绕广告主的诉求目标,针对媒体的使用而进行的策划。该操作既需要了解广告的运作原理,还要了解媒体的功能及现状,还要有深厚的市场营销学知识,同时又要有策划能力,是一项知识含量很高、创意性很强的工作。

2. 广告媒体计划在营销中的地位

在一个主体的市场营销中,其行为简单可分成 4 个领域,即 4P 所指的领域——产品、定价、渠道与促销,而促销领域主要分两部分,一是人员促销,这是通过推销人员与消费者进行直接交流,以实现产品的销售,还有一种就是广告,这是不借助人员与人员之间的沟通,而是通过"死"的媒介进行沟通,希望能实现自己面向大众的诉求。而在广告操作中,创意与媒体工作是最重要的内容,而在这项媒体工作中,又主要分购买与计划两部分,购买就是去媒体购买其广告资源,在实践中,能买到媒体的优质广告资源,而不是价值不高的版面或"垃圾"时段,或者能拿到价格较大的折扣,也是一种能力,需要具有较高的沟通技巧以及有价值的关系资源等,所以,购买工作比较重要,而另外一项工作就是计划工作,也是本部分的研究对象。在国内,综合性的广告公司或是业务比较全面的广告公司,广告媒体计划已是其一项很核心的工作。

(二) 广告媒体计划的内容

广告媒体计划的操作主要分两部分,具体如下。

1. 确定广告媒体计划的目标

整个广告媒体计划的制作要围绕一个目标进行,而这个目标当然要围绕广告主的目标定。在实践中,广告主找到广告公司交付广告任务,一般要给出其目标,这个目标一般是营销目标或广告目标,营销目标简单讲指

第三章
大数据时代的传媒广告运作

销售量、销售额或市场占有率等，广告目标指知名度、理解度、美誉度和偏好度等。而在操作中，广告媒体计划的逻辑是先决定营销目标，再据此决定广告目标，再据广告目标决定媒体计划目标。

一般情况下，广告主会给出营销目标，比如我这次广告投放后要达到的目标销售量、目标市场占有率等，再具体点说，我这次广告投放后，要实现销售量达到多少个、多少元，或市场占有率达到百分之几等，然后，媒体计划人员要据此确定广告目标，然后再据广告目标确定出媒体计划目标。比如说，广告主的营销目标是在未来一段时间内维持既有销量，此时可据此确定广告目标，若是维持既有销量则广告目标是让既有消费者维持认知就可以，因为既有消费者很可能就是忠诚消费者，他们在未来极可能还消费本产品，所以，广告要实现的效果就是让这些既有消费者知道本产品还在市场上有销售就可以。由此，广告目标——让既有消费者维持认知，则广告媒体计划目标——"提醒"，即让消费者知道就行，不必"深耕"——让消费者理解。

再比如，广告主的营销目标是要开发一个全新市场——以前根本没在这销售过产品，则此时广告目标整体而言是一个起码先在新市场打知名度的概念——使新市场更多的消费者知道我，当然也可以是进一步的美誉度甚或偏好度，但不管怎样，最开始得是知名度。而如果是知名度，则广告媒体计划的目标就是高覆盖率，即不求效果的深度——美誉度或偏好度等，我求的是被获知的广度，在新市场被获知得越广越好，这才叫知名度。知名度指的是知道你的人数量多的概念。

另外，实践中也有广告主了解广告的运作，可能其直接给你的就是广告目标，而不是营销目标，比如他直接就告诉你要知名度，则你就直接定媒体计划目标即高覆盖率。又如，如果广告主直接给的广告目标是对产品的理解度，则你据此可知此时广告诉求效果就得深，而不是获知即可，则广告媒体计划的目标就是先得保证消费者多的接触频次，接触频次多了，自然就达到了理解度。

以上就是广告媒体计划目标的推导逻辑。目标是广告媒体计划的指导方针，决定着整个媒体计划的成败，目标推导错了，其后只是白费力气。

2. 制定广告媒体策略

目标制定好后，就该广告媒体计划的核心内容——广告媒体策略的制定。广告媒体策略是指媒体计划的目标确定后围绕媒体的使用所做的规划，这是一个需要丰富的媒体、受众知识及高度创意性的活动，很见媒体计划人员的水平。

广告媒体策略制定的第一步是目标受众的设定，即广告的目标受众到底是谁。一般情况下，我们会认为产品或服务的目标消费者就是广告的目标受众，但是，在广告媒体计划这一套理论体系里，已经没有目标消费者的概念了，它分得更细，它将一个产品的消费者，分成了几个角色——它认为，在一个产品的被消费过程中，最多时共有四种角色存在，即产品的使用者、购买决策者、购买者和影响者。比如婴儿奶粉，使用者是婴儿，而购买决策者是婴儿的母亲，购买者或购买执行者是婴儿的父亲，影响者是其他哺乳期的妈妈，而广告的目标受众，应该首先是婴儿的妈妈——购买决策者，然后是影响者——哺乳期妈妈，因为她们可能对婴儿妈妈的奶粉购买决策施加影响，对婴儿做广告是没有用的，对父亲也没有太大效果。又如奔驰车这种奢侈品，买得起这种车的人，已不在意车的质量、性能甚至安全性，他更在意开这种车别人会怎么看，生活圈、事业圈内的人会怎么看，所以，此时广告与其直接做给这些人看，不如做给影响者看，比如你生活圈里的所有人——在你所居住的高档小区设置路牌广告，在你工作的高档写字楼里设视频广告、电梯广告等。总之，你生活圈里的所有人都会影响你的观念，告诉你买奔驰车的人更尊贵、更有社会地位，从而影响你的购车决策，总之，他们才是广告更应该的目标受众或起码是之一，因为他们对你的购车决策起着相当重要的作用。

二是多个地区市场则怎样传播。如果广告主的投放要求是多个地区市场，则首先要思考在多个地区市场该怎样传播，这首先要考虑的是广告预算在多个地区市场的分配，而这就要考虑各地区市场的投资价值，然后按其投资价值进行预算分配。这就要对各地区市场进行综合评估，评估其人数总量、消费能力等。然后按各市场价值占所有市场价值之和的比例分配预算。

三是考虑通过何种媒体传播。这是媒体选择与组合的问题，要考虑广告主的产品、根据产品设计的广告作品等适合在什么媒体上传播，或适合在什么样的媒体组合上传播。

四是传播多少量合适。这实际是广告投放的量的控制，最终是投放预算的控制。在媒体上投放多少量，是投放频次的控制，这要评估一个广告作品针对其目标受众需要几次能达到效果，然后再根据其目标受众数量计算出投放的总频次，然后再把总频次在各目标媒体中分配，等等。

五是排期，即广告在媒体上投放时在时间上怎么安排？何时开始露出？共露出多长时间？在露出的过程中是否有量的起伏？在露出过程中是否有间断？等等。

六是预算的制定。根据第四步中计算出的总的接触频次在各目标媒体的分配量，乘以各目标媒体的广告单位价格，最后加总得出预算总量。

在这六步操作中，核心是对各对象的评估，哪部分人最该是目标受众？哪个市场的价值最高、次高？哪个媒体最适合投放？什么样的量最能精准致效而不浪费也不嫌不足？什么样的时机和时间长度最合适？多少预算最合适等等。

3. 结语

总的来说，广告媒体计划是一种策划，是一种为把广告主的广告信息更有效向目标受众传达而进行的策划。实践中，其目标是打动广告主，让他认可你的计划，而这就看你所提供计划符合实际的程度、看你计划的逻辑性的强度等。

（三）大数据对广告媒体计划的影响

大数据时代的互联网广告，相当程度上实现了在互联网上对目标消费者及其情境的精准发现，也可以直接对其进行广告推送，其效果比如说转化情况等也都可以看到，而这些会给广告媒体计划工作带来什么影响？

广告媒体计划是在投放广告时围绕媒体进行策划的一项工作，如果还是利用传统媒体进行投放，则仍然要不折不扣地用到它，需要展开前述的一系列操作。而大数据对传媒广告影响最大的无疑是互联网，则在互联网上做广告，是否还需要广告媒体计划？或说广告媒体计划是否需要调整内容了？下面笔者分作分析。

1. 广告媒体计划的目标

先说广告媒体计划的目标。广告主作为市场上生存的企业，是营销主体，营销目标是其最终追求，广告是其实现营销目标的手段，是支持力量。广告主每做广告必有其营销目标，求销售量或市场占有率等，按广告媒体计划的步骤，应根据营销目标定广告目标，如知名度、理解度、美誉度、偏好度等，这个步骤还是要的，即使是大数据支撑的互联网广告，其能直接找到每一个属于自己的消费者投放，但广告对其还是会产生知名度、理解度、美誉度、偏好度等效果，根据广告主的营销目标以及预算等条件，还是要考虑一个合适的广告目标如知名度、理解度等，不一定每次都是针对受众直接推送到其购买为止。而有广告目标，就有媒体计划目标，广告目标是知名度，媒体计划目标就是高覆盖率，即在互联网平台上针对更多的受众推送，在有限的广告预算内，针对更多的受众少推送几次，而不是针对少部分受众多推送几次（这是理解度的概念）。总之，为广告预算考虑，广告媒体计划的目标制定还是要的。

2. 目标受众的设定

目标受众的设定，广告主的产品在设计阶段都有目标消费者，大数据在网上能清晰地找到一个人的多方面信息，然后判断其是否是目标消费者，而这个判断，也是在目标受众设定的内容之内的了，而更关键的是，确定一个网民是目标消费者，还并不就能确定其是广告的目标受众，二者有时不一致。比如前述的婴儿奶粉、奔驰车等。大数据可以清晰地知道一个网民是怎么样的，是不是广告主产品的消费者，但不一定能清楚得判断它是否是广告的目标受众。而这就需要广告媒体计划的工作。所以，大数据支撑的互联网广告，还是需要目标受众设定这项工作。

第三章
大数据时代的传媒广告运作

3. 多地区市场的传播策略

面向多地区市场传播，需要对各市场的投资价值进行评估，即在各市场广告投放最终能带来多少回报。这一步骤，在大数据支撑的互联网广告上已无用处，互联网上没有疆界，所以就没有地区市场的划分，就是一个统一大市场，大数据可以做到直接针对这个大市场上的每一个消费者推送广告，而不必管这个消费者是哪个地区市场的。总之，没有多地区市场了，多地区市场传播策略的制定就不用做了。

4. 媒体选择

大数据支撑的互联网广告，不需要选择不同的网站平台去投放，而是直接推送一个个被追踪到的目标消费者就可以，所以，大数据支撑的互联网广告，媒体选择这一步骤已不需要。至于选择一个个流量可观的网络平台投放广告，那是传统广告的投放模式，与大数据支撑的互联网广告无关。媒体选择是广告媒体计划的关键步骤，而大数据技术支撑的互联网广告不需要这一步，这可谓大数据对广告媒体计划最大的一个冲击。

5. 传播量的确定

传播量的确定工作最基础的是一则广告信息给消费者看几次才能致效，所谓要达到有效接触频次。此处的致效指实现知名度、美誉度、偏好度等。在大数据支撑的互联网广告中，这一项工作还是需要，一个目标消费者被确定后，针对其情况，一则广告信息向其传播几次可以达到目标效果，这需要进行精确的检测判定，需要用广告媒体计划的判定方法，比如，确定基本频次是三次，然后根据广告信息的鲜明程度、目标受众对该广告信息的熟悉度等在三次上增减，最终确定出有效接触频次，最终按此向目标受众推送。大数据是找到了目标消费者，但是广告信息要向其推送几次才能致效，则是广告媒体计划才能完成的工作。所以，传播量的确定还是需要的工作。

6. 排期

在排期方面，广告何时开始露出还是需要媒体计划，一则让人假期旅游的广告，还是应该在假期前露出，而不是即时露出，一个欲让人在周末去消费的广告,还是应在周末前露出,而不必要一周刚开始时露出。如果是打品牌广告而不是促销,则可以不用短时间内密集露出,在一个较长时期内露出即可,而且一次不需要露太大的量。还有如,一则广告如果需要给一个受众接触几次才能致效,那么,每一次需要间隔多长时间,也就是下一次广告何时露出?这也需要媒体计划工作解决。这需要研究一则广告给人的印象深度,再研究目标受众记忆消失的快慢程度等,多因素综合决定间隔时间。

7. 预算制定

预算制定简单讲是根据要投放的量计算广告主总的支出,在传统的广告媒体计划中,要根据传播量乘以媒体广告价格来得出。在大数据支撑的互联网广告上,也需要为广告主计算预算,最简单地,一次广告的营销目标是多少销量,这个销量需要多少人完成,为此需要买多少个可以接受信息的网民,每一个网民需要多少费用,于是预算总额就出来了。所以,大数据支撑的互联网广告,仍然需要广告预算的制定。当然,其制定方法变化了。

五、结语

总体而言,大数据支撑的互联网广告,广告媒体计划的有些工作已不需要,如多地区市场的传播策略制定、媒体选择等,而有些工作需要但内容得调整了,如预算制定等。

04 第四章
我国传媒业的融资

传媒融资的内涵
我国传媒业融资的意义
我国传媒业发展历程中的融资模式
从外源性融资角度看我国传媒业的特点
在外源性融资限制上我国传媒业的分类
我国传媒业当前外源性融资的主要模式

TRANSITION AND CHOICE
Media Industry at the Crossroads

一、传媒融资的内涵

融资指机构以各种方式筹集所需资金,它可以分成内源性融资与外源性融资两部分,内源性融资指机构从正常的经营活动产生的收入中筹集资金,主要由折旧与留存收益构成;外源性融资指企业从外部筹集所需资金,其方式有银行贷款、发行股票、发行债券、获取风投、网络众筹等。传媒业的融资,也是这种含义。

资金是市场主体运作的核心资源,从某种角度可谓其运作的第一推动力。一个市场主体,要在市场上生存与发展,单纯靠自身积累的资金,很难有大的跨越式发展,也较难应付市场竞争,在遇到危机时更是难以从容应对。一个市场主体,不具备融资能力或能力不强,不容易发展得好,严重点还会影响生存,对于传媒机构,同样不能例外。

二、我国传媒业融资的意义

融资,可以解决资金困难,缓解债务压力,解决运作等方面的危机;可以抓住市场机会,比如开发一个项目、产品,从而获得收入或市场份额;可以增强实力,在市场中增强竞争力;通过融资,还可以借机引进投资方的先进运作理念、经验、技术等;通过上市等模式的融资,还可以增强知名度,

第四章
我国传媒业的融资

增加无形资产，使自己的运作更有活力，同时还可借助资本市场对自身进行监督，增强自己运作的规范性；另外，其实不光是资金困难了才需要我们去融资，融资发展本身也是市场主体发展的一种正常模式，一个市场主体，即使不缺资金，能低成本地利用体外资金发展，也是一种有效的发展模式，可以实现超常规发展、跨越式发展。

从我国传媒业的目前形势看，融资也非常有必要。当前，我国传媒业正处在转型期，大量的传统传媒受众市场份额严重下降，收入急剧下滑，急需资金支持渡过难关；同时，向新传媒转型，在设备、技术、人才等方面都需巨额投入，这也需要大笔资金；目前新传媒在崛起且势头惊人，但大部分新传媒还处在新生阶段，各方面资源难称具备，也迫切需要资金来弥补短板、夯实根基；与此同时，我国的开放程度越来越高，境外传媒的内容产品进入我国的越来越多，在境内能上的境外传媒网站也越来越多，境外传媒对我们的"挤压"越来越强，这也需要我们抓紧时间发展、增强自身实力，以增强竞争力。总之，融资是我国传媒业当前应该重视的一项操作。

三、我国传媒业发展历程中的融资模式

（一）新中国成立前的融资模式

我国目前的传媒业，主要起源于新中国成立前党的传媒事业，从那时起到现在，其融资行为也经历了一个发展变化过程，有着自身的特点。

在新中国成立前，党的传媒业有报纸、期刊、广播、图书出版、电影等类别，其融资模式内源性与外源性都有。内源性融资主要是靠自己的经营收入来支持自身的发展，外源性融资有向上级机构申请经费以及向外部机构借款等。

当时的内源性融资主要来自传媒自身的经营收入。我们以报纸为例来看。新中国成立前，党的传媒业的核心就是报纸，不过普遍规模不大，且服从战争时期党的工作需要，以宣传任务为运作核心，经营业务只是次要工作，起辅助作用。当然，此时报纸也有经营业务，而且有一部分报纸开

展得也算有声有色。如报纸的经营业务此时有发行、广告与多种经营业务。尤其在抗日战争时期，在延安的解放日报社与重庆的新华日报社，广告经营都比较活跃，而重庆的新华日报社在多种经营如开办造纸厂、糖厂、酒厂等方面也有不错的收益。这些经营业务，为报社的发展提供了资金，而这对于报社而言属于典型的内源性融资。

当然，总体来说，由于新中国成立前的政治形势、报纸的运作目标以及所处地区等原因，此时报纸的经营业务整体来说难有大的成就，政治形势、运作目标不必说，从所处地区看，当时党的报纸绝大多数在根据地、解放区运作，这些地区全部是经济不发达或说很贫困地区，经营业务就不可能有太多收益，而即使在重庆的新华日报社，也由于在国民党政府的严密监控之下，经营业务的收入也有限。所以，对于报纸而言，从经营收入中提取资金来支持自身发展这种内源性融资模式，在当时也只有解放日报社、重庆日报社等极少数报纸能做到一定程度，其他绝大部分报纸可说难有作为。加之根据地、解放区的经济不发达，向银行等机构进行市场化的融资条件也不完善。所以，新中国成立前这一时期，融资也还是以向上级机关申请经费为主，有需要向上级打报告申请资金，当然，这属于外源性融资模式。新中国成立前，不仅报纸如此，党的整个传媒业基本上都是这样。

（二）新中国成立后的融资模式

1949年新中国新中国成立后，党的传媒业迅速在国内拓展，当时报纸、广播电台等很快在各省市行政区建立，初步形成了较完整的报纸、广播体系，传媒业的规模迅速扩大。此时，我国的传媒业仍与新中国成立前一样，是国家财政经费养着，融资方式以有需要向上级申请经费的外源性融资为主。

不过此时新中国百废待兴，国家财政捉襟见肘，报纸、广播等的经费非常紧张。于是，在1949年12月17日至26日，全国报纸经理会议在北京召开，会上确立了报纸"企业化经营"的方针，比如"必须把报社作为生产事业来经营"，"条件较好的公营报纸应争取全部或大部自给，条件较差者亦应在政府定期定额补贴下，争取最大可能的自给程度"，当时的具体举

第四章
我国传媒业的融资

措就是发行提高价格与开展广告业务，如发行价格会议的决议建议"一般应以稍高于报纸成本为原则"，[①] 由于采取了这些举措以及国家在其后时间的一系列政策等支持，我国报纸、广播等传媒取得了不错的经营收入，对支持本身事业发展取得了良好效果，到 1951 年，北京、天津等地广播电台的广告收入除了留足自用，还能上缴利润给国家，1953 年，中央和省级报纸都扭转了亏损局面。可见，靠经营收入支持自己发展的内源性融资此时起着重要的作用。

到 1956 年我国的社会主义计划经济体制改造完成，全国开始实行计划经济体制，此事对传媒业的经营行为给了致命打击。传媒的经营收入中，最重要的是广告，但是计划经济体制对广告却是致命打击——该体制中，"产、供、销"由国家调配，不由企业等自己负责，即企业的产品生产出来后，不需要自己去市场上销售、去打开销路，而是国家将你的产品调拨走，在各地的供销社等系统内进行销售。此时企业不用自己寻找销路，则不需要到传媒上做广告。于是，传媒的广告业务消失殆尽，传媒的经营收入极大减少。1957 年"反右"开始，一切右的、有资本主义倾向的东西都会遭到严酷打击，传媒搞经营创收也被视为走资本主义道路，于是传媒的经营业务整体都极度萎缩，这样的形势，基本上一直延续到 1979 年初。在这一阶段，传媒的运作经费来自国家财政经费，需要融资，也是向上级申请经费，这种外源性融资几乎成了传媒唯一融资模式。

1978 年底，国家已开始实行改革开放、"以经济建设为中心"的基本国策，整个国家的思想相对已比较开放，破除原有体制进行经济建设的氛围渐浓，在这种形势下，人民日报社等 8 家中央新闻单位向财政部打报告，希望恢复从前的经营活动，1979 年初，财政部批准了这个报告，允许它们"企业化管理"、从事经营活动，而且可以从经营收入中提取一部分改善工作条件等，于是此后许多传媒都迅速恢复了经营业务，并开始将经营业务收入拿来支持自身事业发展。到 1988 年，国家工商行政总局又批准传媒可以从

[①] 张辉锋，《传媒经济学：理论、历史与实务》，人民日报出版社 2012 年版。

事多种经营，即开展与自身业务相关的多元经营活动，以增加收入，传媒的经营活动进一步活跃。可以说，从1979年初传媒恢复经营业务到现在，传媒业的经营活动一直快速发展，并获取了可观的收入。而其收入成了传媒内源性融资的重要来源。而在此同一时期，由于传媒的收入在增加，国家对传媒业开始实行"断奶"政策——逐步降低财政拨款，传媒向上级等部门申请资金的外源性融资模式开始有所减少，并逐渐不占主要地位，从经营性收入中内源性融资开始取代前者。另外，在这一时期，从银行等市场上各类机构融资的行为开始增多。到了1992年，国家开始全面推行社会主义市场经济体制，我国整体的经济大环境以及传媒业的市场化运作程度都进一步加深，传媒的外源性融资开始深入发展，银行贷款、上市、发行债券等都开始出现并发挥重要作用，到目前，外源性融资的模式进一步增加，建基于互联网平台的众筹等融资模式也开始出现。

（三）结语

我国传媒业从新中国成立前诞生到现在，其融资模式的变迁历程是：新中国成立前基本上以向上级申请经费的外源性融资为主，从些微的经营性收入中内源性融资为辅；新中国成立后至1956年社会主义计划经济体制改造完成前，仍以向上级申请经费的外源性融资为主，但从经营性收入中内源性融资有不小发展；从1956年到1979年初，以向上级申请经费的外源性融资为主，从经营性收入中内源性融资变得极度萎缩；从1979年到现在，向上级申请经费的外源性融资逐渐变弱，并不占主要地位，从经营性收入中内源性融资、从银行等市场机构外源性融资都有很大发展并成为传媒业融资的主要模式，这种格局可以说一直延续到现在。

四、从外源性融资角度看我国传媒业的特点

融资分内源性融资与外源性融资，外源性融资从体外融，肯定对传媒会造成影响，如果资金占比较大影响肯定也越大。同时，我国传媒业有着自身的特点，比如鉴于它在我国整个社会体制中担当的角色，其对体外投

第四章
我国传媒业的融资

资者会有一定的条件要求,而且,该行业由于其自身的物理技术特性,作为投资对象也会有其独有的风险与收益。总之,要投资我国传媒业,把握它的特点非常重要。下面,笔者就从作为投资对象的角度,来分析我国传媒业的特点。

(一)具有很强的政治属性,国家会有更多限制

传媒业作为社会分工产生的一个特殊行业,在社会各行各业中具有特殊属性,从一个比较重要的角度看就是其具有双重属性——影响意识形态属性与产业属性。产业属性就是它跟其他的产业一样,都能够赢利,从事它有经济回报。影响意识形态属性指它还能影响社会的意识形态,即能影响社会大众的思想,从而能影响大众的行为,最终会对社会产生重大影响。传媒业以及同属文化大行业的教育、科研、戏剧、文学等都有这个属性,它们都与物质产品生产产业不一样。物质产品产业,其产品不见得就不对人们的思想产生影响,但与整个文化行业比,还是文化行业更有影响意识形态属性。所以说,传媒业及其所属的文化行业,除了有产业属性,还有影响意识形态属性。

在文化行业里,传媒业是大众传媒业,是面向最广大的人群进行传播,而且讲求时效性,所以其影响尤其大,在文化行业中可以说是最大的,或者说能在最短时间内对社会造成最大影响的,在文化行业内就属传媒业了。鉴于传媒业的这种特点,从有传媒以来,在其任何时期它都处于严密的控制之中,只不过控制的形式有隐有显,控制的主体有资本有国家而已。在我国,传媒业作为党的"喉舌",必须服从党的宣传纪律与相关法规政策,也是国家对其进行比较严格的管理。这也导致了对其投资会有相对严格的限制,比如限制投资者的身份、投资领域、投资后形成的股权比例以及投资者的经营权益等。

(二)成长性好,有较大投资价值

传媒业在国民经济产业体系中,有着更广阔的发展空间,这一点无论中

外。人类的所有需求可以分为两大类，物质需求与精神需求。现在，随着世界科技水平的发达、生产力的进步，物质需求的满足已经达到一定程度，而按心理学家马斯洛的人类需求层次理论，人类的需求可以分成5个层次，即生理、安全、社交、尊重与自我实现，生理、安全需求可以算物质需求，而从第三个层面开始到第五个层面，就全是精神需求了。按马斯洛的理论，人类的需求获得满足后不会停留在原地，而是会逐级提升，也就是说，人在本能上其需求是从物质向精神提升的。物质需求获得满足，精神需求就会被提出要求。从这一理论看，人类的精神需求在今后还会继续增强，所以，满足人类精神需求的传媒业肯定会有比较大的空间，会有更好的发展前景。从这几十年的发展看，尤其发达国家确实走过了这样的发展历程，这些国家，经济更加发达，所以几十年前其提供无形财富的第三产业就占到GDP的更大份额，而传媒业就属于第三产业。美国这世界第一经济大国的出口，在2002年时，广播影视业产品就变成第一大出口类别，日本、韩国这些发达国家，在20世纪90年代时就先后提出了"文化立国"的国家发展口号。总之，世界经济的发展，传媒业将有更大的发展空间。

而在我国，同样也有数据可以支撑这一点，到2003年，我国人均GDP达到1000美元，这是一个重要数据，也可以算是一个国家发展的里程碑。因为很多过来国家的经验，人均GDP达到1000美元意味着这个国家的国民消费形态会转型——从温饱型、必须型向休闲型、娱乐型转移，而休闲型、娱乐型肯定就意味着对精神产品消费的需求增加。另外，到2014年，我国城镇恩格尔系数为36%，农村恩格尔系数则为40%，按照联合国粮农组织的标准，我国城镇恩格尔系数为36%意味着城镇已进入富裕阶段，农村为40%意味着农村已进入小康、并基本进入富裕阶段。这样的生活水平也意味着我国国民会对物质消费需求减弱，对精神消费需求提升。从这一点讲，我国传媒业的发展空间是很广阔的。

总的来说，我国的经济水平在提升、人民的生活水平在提高，精神消费需求肯定会更大地增加，提供精神产品的行业肯定有更大的空间、更好的前景。也正由于这一点，传媒的成长性更好，有更大的投资价值。

第四章 我国传媒业的融资

（三）生产的专业性强，投资者需要更高的知识水平

传媒业不同于一般的物质产品产业。一般的物质产品产业如生产面包、服装等，一般的文化水平就能生产，一般的文化水平就能了解并把握。而传媒业属于知识集约型、技术集约型行业，其内容产品不同于一般的物质产品，它需要更高的文化水平去生产，需要更高的文化水平去生发出非同一般的精彩的创意，其文化含量更高，所以对于投资者而言，其需要更高的文化水平才能辨析出内容产品质量的好坏，而对于整个市场，投资者需要更深的专业知识才能把握其运行规律、看清其发展趋势，所以，投资者要对传媒业投资，需要更高的知识水平才行。

（四）政治上、本身物理技术特性等原因，投资风险更大

先说政治方面，我国传媒业属于党的"喉舌"，它不是市场上的一个普通产业，国家对它的管理属于政治逻辑、行政逻辑，不是纯粹的市场逻辑，国家对它的管理比对其他产业要严格得多，其在运作中存在更多的被主管部门处理甚或叫停等可能性，这样，投资方就有着更大的投资风险。

另外，从传媒业的物理技术特性而言，其产品的生产难以保证质量，精神产品的生产有"微妙难明"之处，有时生产出来的产品质量上会比原先设计大打折扣，有时还会很大的投入变成没有"产出"，这也使投资者面临着更大的风险。另外，内容产品除了生产时难以保证质量，它还有产品本身质量没有客观衡量标准的特点，一个内容产品生产出来，比如一部电视剧，此时买卖双方会在其价值上有很大的分歧，就是因为内容产品本身质量没有客观衡量标准。在这种情况下，投资方生产的产品就难以获得好或说适当的价格，而这样就难以保证投资收益。这也是其面临的风险。

（五）鉴于身份特殊，国家会有相应的保护

传媒业不是市场上一个自我生存、自谋发展的产业，其在国家发展中承担着重要角色，为国家发展发挥着重大作用，所以，国家肯定对其不会

像对待一般产业一样任其自谋生路、自生自灭，国家总归会对其有相应保护。这主要表现在：第一，传媒一般不会倒闭；第二，传媒有更大的财税优惠政策。

就第一点而言，传媒不会像一般企业一样破产倒闭，国家（此处尤指其所属主管主办部门）最后总归会"拉一把"，给其财政经费资助，或给其提供政策支持，比如对一些报刊的发行提供相关政策，要求在本部门管辖范围内的组织都要订阅等。总之，即使是国家拿财政经费或政策养着你，也不会让你倒闭。新中国成立后至今，一直是这种情况，虽说21世纪至今传媒业逐渐深入市场，国家也要求传媒如果运作不佳可以倒闭，让市场对其进行淘汰，但在实践中这种情况并不多。

就第二点而言，传媒确有更大的财税优惠政策。在我国的经济发展中，为了鼓励和扶植一些有着战略意义如国防安全、经济发展基础设施以及对国民经济发展有更好拉动作用的产业，国家总会有相应的优惠政策与措施。而传媒业，可以说一直在这个领域待遇"优厚"。

在其财税的优惠方面，先说财政，比如国家设立的专项扶持和投资基金，在国家倡导下，各省市自治区都有设立，对包括传媒业在内的文化行业发展进行扶持与投资，而且也有国家级的投资基金——中国文化产业投资基金；在融资方面，宣传部、新闻出版广电、文化等各部门还会与银行合作，为传媒组织贷款创造便利条件；在税收方面，有关增值税、营业税、所得税等，要么降低税率、要么先征后退、要么免征；如此等等。这些财税优惠，对传媒覆盖全，其领域涉及出版社、书店、有线电视、电影、动漫、出口、海外演出等，而且力度相对其他产业也往往更大。

（六）固定资产少，大量中小企业存在

从外源性融资看，传媒业还有一个特点是固定资产少，即所谓"轻"资产行业，传媒及其所属的文化行业，除广播电台、电视台外，大都固定资产少，在其总资产中更多的是无形资产比如品牌、版权等；另外，由于现在传媒业发展前景光明，许多资金都进入这个市场，形成了为数不少的中小

第四章
我国传媒业的融资

企业,比如影视制作企业等,这些企业,一般就是一个团队,最大的资产是其具有影视制作、发行知识的团队成员,而缺乏房产、设备等固定资产,总之总资产体量太小。

固定资产少,融资时就缺乏有力的抵押物,虽说版权或期待版权也可以作为抵押,但在实践中效果并不佳,比不上房产、设备等"真金白银";而总资产少,融资时也是不被投资者青睐——风险太高。

这也是目前我国传媒业融资面临的一个比较突出的困难。

五、在外源性融资限制上我国传媒业的分类

对我国传媒业而言,外源性融资是一个敏感问题,由于传媒是党和人民的"喉舌",是政治系统的核心组成部分,国家的管控比较有力,且考虑到业外资金尤其是民营与境外资金一旦进入要影响到传媒的股权最终是控制权,所以长期以来国家对传媒的外源性融资管控较严。

2001年8月20日,国家针对已经到来的21世纪开放程度提高、社会各方面变动会很大,同时传媒业投资收益丰厚、开放程度也在提高等吸引各路资本"觊觎"的现实形势,专门出台了《中央宣传部、国家广电总局、新闻出版总署关于深化新闻出版广播影视业改革的若干意见》,该意见共24条,其中有专条指出,传媒业可以从业外融资,这是我国传媒业外源性融资在政策上的重大突破,即从文件生效时起,传媒可以从行业外融资了,而这里的融资,不是简单的借款的概念,借款在此之前就被允许,此处的融资实质是指吸收资金并出让股权。在此之前,传媒可以从银行等行业外机构借款,但不能出让股权。可以说出让股权是被严格禁止的,所以,这个文件可谓解开了传媒向行业外融资并出让股权的禁锢,传媒对外的融资模式可以不仅仅是借款这么单一了。但是,这个文件还是有非常严格的附加规定——融资对象仅限国有大型企事业单位,且只有收益权,没有经营权。这个限制应该说很严格——国有大型企事业单位,虽说是国有,但连中型企业都不行,遑论小型。而且,投资方只管投资和获取收益,不能参与经营,即你可以投资并获得股权,但传媒对资金的使用以及整个运作你不能

干涉。这些条件，对业外的投资进行了严格的限制，可见我国对传媒业外源性融资的限制程度。从那以后，随着形势的变化，国家对传媒外源性融资的限制又进一步放开，特别是 2005 年 4 月和 7 月，国家先后下发《国务院关于非公有资本进入文化产业的若干决定》《关于文化领域引进外资的若干意见》，可以说较大幅度放开了传媒业融资的相关限制。到目前为止，我国传媒业内部在进行外源性融资上，可分成 3 个板块，每一板块因政策的限制而在融资上有相应的权限，具体如下。

（一）报社、期刊社、电台、电视台和通讯社

这 5 类传媒，在传媒业内属于核心类别，根据《国务院关于非公有资本进入文化产业的若干决定》，只能是公有制资本投资——"非公有资本不得投资设立和经营通讯社、报刊社、出版社、广播电台（站）、电视台（站）"，即要融资只能向属于公有资本的机构融资。此处的公有资本指的是全民所有制（即国有制）与集体所有制。

（二）国有电影组织、出版社、传媒组织的子企业

国有电影组织指在原来国有的电影制片厂等基础上成立的国有电影公司，比如现在的以北京电影制片厂为组成部分成立的中影集团公司、长影集团公司、西影集团公司等。

出版社指的是目前全国 500 多家出版社，其实在前文《国务院关于非公有资本进入文化产业的若干决定》中，规定非公有资本是不能投资出版社的——"非公有资本不得投资设立和经营通讯社、报刊社、出版社……"，但是在 2007 年底，一家出版业公司在沪市 A 股上市，而其实质是采编经营"打包"上市，该公司为北方联合出版传媒公司，其上市就使我国的图书出版业变成非公有资本可以投资的行业。

传媒组织的子企业指的是比如说报社的发行企业、广告企业等相关企业，它们不是市场上独立"生长"出来的企业，而是国有传媒组织的子企业，负责传媒的经营业务，对传媒组织也产生重要影响。

以上三个领域，电影与出版社是传媒但不是核心传媒，比如电影与图书出版在信息传播的量、时效性、影响力上都不如报、刊、广、电大，所以，在吸收非公有资本入股时可以适度放开。而传媒组织的子企业，由于是经营业务，不是采编核心业务，所以也可以放开，但因经营业务对传媒运作也有影响而且不小，所以也只能是适度放开。

总之对传媒业的这三个领域，国家规定可以向非公有资本融资，但公有资本必须控股51%以上。

（三）市场上自行成立的传媒企业与民营互联网企业等

市场上自行成立的传媒企业指市场上自己成立而非正式传媒组织下属的那些，有广告企业、发行企业、影视节目制作企业等。还有民营互联网企业，如新浪、搜狐、网易等。就这些类别而言，国家在其融资上针对境内民营资本几乎没有限制，可以进行完全百分之百的持股。针对外资上有一定程度限制，当然，限制也很少，只是一些很具体的条款，比如有全国报刊发行权的企业境外资金不能投等。对这一块的传媒国家之所以限制少，是由于，市场上自行成立的传媒企业，不是我国正式传媒组织下属的企业，它们即使全被民营资本控制也难对正式传媒组织有太大影响，也就影响不了我国的意识形态。而对于新浪、搜狐、网易这些传媒，它们虽说影响力很大，但在我国还不算正式的传媒，比如说，最关键的，它们还没有第一手新闻信息的采访与发布权，从这一点看，它们现在受众数量大、影响力也大，但是在新闻信息的传播上还不至于是一个完全的传媒，从这点看，其接受民营资本乃至境外资金起码在政策上是没有问题的。所以，国家也才会允许其可由民营资本百分之百控股。

六、我国传媒业当前外源性融资的主要模式

当下，融资模式一般指外源性融资模式，而在我国传媒业，目前主要的外源性融资模式如下。

（一）银行信贷

银行信贷是传统融资模式，我国传媒业也一直在用，至今仍发挥着传媒融资主渠道的作用。从银行贷款，还可以根据具体融资手段的不同再分成众多更细的融资模式，如应收账款融资、版权质押融资、供应链融资等。

（二）上市

上市也是我国传媒业外源性融资的一种重要模式，上市融资，不仅融资量大，而且对自身内部管理体制也是一次提升，同时，上市对自己的品牌也有很好的增值作用，从而增加自己的市场机会，如此等等。当然，上市也有一些不利的方面，比如上市成本高，上市一般时间长，要通过各种审查，要进行上市辅导——在专业机构指导下调整内部体制、机制等；而且，上市之后运作风险也增大，上市之后运作要求透明、要求尽量全面公布自己的运作情况——这样才能对广大股民负责，上市后也有更多的投资者以及意欲投资者盯着，一旦有不规范运作，很容易被发现从而给自己带来危机。

上市也分两种模式，一种是直接上市，传媒公司直接IPO，然后将股票在交易市场挂牌交易，成为独立的上市公司；还有一种是间接上市，即"借壳上市"，即传媒不必着急直接IPO，而是利用已有上市公司，将之作为一个"壳"——实际是一个上市的身份，买下这个"壳"，将自己的传媒资产置换进去，然后最好再将其改名，改为传媒类的名字，于是，也"上市"了，此为间接上市。

实践中，中国传媒业上市已是一种被较广泛操作的模式，截至2013年底，我国传媒上市公司的总市值达到5876亿元，在境内外上市的传媒公司已有数十家。

（三）获取上级等有关部门的资助

获取上级等有关部门资助是我国传媒业融资的传统渠道，在日常运作中，一旦有资金需求，向上级或政府财政等部门寻求资金支持是传媒业的惯常思路，而且通常也比较有效。现在，传媒业仍可以采取这种模式，而且，

第四章
我国传媒业的融资

目前党和政府重视传媒业的发展，往往在此领域备有一定数额的资金，所以以此模式融资也会有比较好的收获。

（四）私募股权融资

私募股权融资也称私募，英文简称为 PE，即 private equity，简单讲即向投资方融资，投资方获取融资方的股权。目前，该种融资模式广泛存在于中小传媒企业中，尤其在互联网、广告、影视节目制作领域，对于一众民营中小传媒企业而言，PE 往往是其非常依赖的融资模式。PE 发展的一个重要条件是投资方退出渠道畅通，目前我国中小板、创业板、新三板发展势头不错，这丰富了 PE 投资方的退出渠道，有利于 PE 在我国的发展，也给我国传媒业提供了机会。

（五）风险投资

风险投资也称风投，英文简称为 VC，即 venture capital，简单讲指向具有高风险但也有潜在高收益的项目投资，实践中，其针对高新技术如 IT、互联网等领域操作的比较多。风投在我国传媒业中的角色与 PE 差不多，也是广泛针对中小传媒企业操作，也是退出渠道对其比较重要。

（六）通过基金融资

目前基金在我国发展得已比较成熟，传媒业完全可以在该市场进行规范的融资，而且，在另一方面，目前国家对传媒业比较重视，也大力支持其发展，党委、政府部门也专门设有文化发展基金或以己为主发起了一些文化投资基金，用以支持文化、传媒业的发展，而且金额也比较可观，所以，这理应成为传媒业目前一项重要的资金来源，所以，传媒业应该重视此项融资模式，好好研究其申请规则等，以做到有效申请。

（七）发行债券

债券简单讲是由相关机构为了融资向投资人出具的，保证在规定期限内按照约定的条件还本付息的有价证券。① 债券融资不会使企业的股权总量和结构发生变化和转移，② 从而采取该模式融资，就不会影响传媒的股权，这对我国传媒业而言，无疑是一种有着特殊优势的融资模式。在我国发行债券融资由《中华人民共和国公司法》做过相关规定，比如企业的资产规模等，这些条件对我国传媒业采取该融资模式造成了一定限制，尤其我国传媒业中的中小企业，资产规模小，采取该模式就更难。实践中，我国传媒业采用此融资模式的并不多。

（八）众筹

众筹是最近几年出现的基于互联网平台的一种融资模式，简单讲即通过互联网平台的沟通效果向广大网民发起融资，只要网民对融资项目感兴趣，就可以投资。目前，传媒领域采用众筹融资的往往是一部电影、一本书、一个新闻选题的采访写作等，融资金额相对不高。另外，当前众筹的操作中也还存在一定问题，比如融资方在融资后对投资方承诺的兑现做得不够等。当然，众筹模式目前还在起步阶段，各方面还需要进一步完善，假以时日，它应该能成为很有效率且适用对象更为广泛的融资模式。

（九）结语

我国传媒业融资模式实际已比较丰富，并不止以上八种，但这八种目前在我国传媒业操作得相对较多，对我国传媒业也比较重要，所以简述如上。目前，我国传媒业除了应该努力熟悉、使用现有这些主要融资模式外，还应关注国际传媒业融资模式的操作情况，对其已经使用成熟或现在正在开发的新模式，最好都有所关注，要尽量学习其对我们有益的内容，以丰富、完善我国融资模式，从而实现更有效地融资。

---

① 详见百度知道，http://zhidao.baidu.com/link?url=C_cG95hoEaQHuE-ZVrKMXvH6Rd2Eer_wO3_lw_DV1Vk991zsibglJv_0rA_A1jW-RnUVtXGJW7OO4fDG2EyGI_。

② 彭祝斌、张静，《我国传媒产业融资渠道拓展分析》，《新闻界》2006年第3期。

05 第五章
电视业的形势及应对策略

电视业的形势
电视业的发展趋势
中国电视业的转型策略

TRANSITION AND CHOICE
Media Industry at the Crossroads

从各种统计数据可以看出目前电视业面临着"内忧外患":以互联网为代表的新传媒对电视的冲击日盛一日,传统电视节目的受众、特别是年轻受众的减少成为不争的事实,电视广告出现下降趋势;与此同时,电视自身的体制问题与传统思维又成为其应对危机、转型发展的重要制约因素。未来电视业究竟会怎样发展?中国传统电视业又该如何与新传媒融合实现转型?本章将分析电视业的现状,探讨其未来发展趋势,并提出中国电视业转型发展的策略。

一、电视业的形势

(一)电视依然是受众数量最大的传统传媒、最有效的广告载体

据《全球传媒蓝皮书:全球传媒发展报告(2015)》,从全球整体上看,看电视仍是各国人们日常最普遍的传媒接触行为,其次才是用手机和上网。[1]尽管 PC 端和移动端等新传媒发展迅猛,但电视的普及率高于固定互联网和手机,电视尤其是数字电视收视人群数量稳步增长。这种状态缘于电视软硬件的不断更新,比如数字电视所带来的时移收看、互动等功能,提升了

---

[1] 中国社会科学网,《报告精读:全球传媒蓝皮书:全球传媒发展报告(2015)》,http://ex.cssn.cn/zk/zk_zkbg/201511/t20151123_2708539_4.shtml。

第五章
电视业的形势及应对策略

电视受众的收视体验。调查机构 Digital TV Research 推出的《数字电视世界家庭数据手册》称,到 2014 年结束,全球将有 13 个国家的数字电视普及率达到 100%,另有 25 个国家的普及率超过 90%;而全球 138 个国家的数字电视用户总和将为 10 亿以上,比之前将有大幅度增长。① 从国内情况看,中央电视台进行的 2012 年全国电视观众抽样调查结果显示,目前,我国电视受众规模超过 12 亿。

与此同时,在传统传媒中,电视依然是最有效、市场份额最大的广告载体。市场调研机构尼尔森公司发布的 2015 年全球广告信任度调查报告称,63% 的消费者表示完全或很信任电视广告。② 媒介网络凯络发布的 2015 年和 2016 年全球广告花费预测显示,2015 年,电视以 42% 的市场份额保持稳健的态势,预计 2016 年在奥运会和美国大选收视率的推动下还将上升 3%。③ 关于中国电视广告市场的情况,尼尔森网联发布的调查报告显示:2011-2015 年(2015 年为 1 月到 6 月)5 年间,电视广告花费占比略有上升,其中 2015 年上半年,在电视、报纸、杂志、电台这四大传统传媒广告花费中,电视广告依然占据广告总额的 90%,电视仍然占据传统传媒广告市场的绝对优势地位。④

(二)电视的发展呈现下降趋势

尽管从观众数量以及广告市场份额来看,目前电视依然是第一传媒,但近年来的统计数据显示,电视的收视总量和广告收入均出现下降趋势。这一点在电视业发达的美国表现尤为明显。腾讯科技频道 2013 年 11 月 26 日刊

---

① 张运洪、孙菲阳,《人民邮电报》,2014 年 7 月 23 日。
② 中国工商报网,《尼尔森发布全球广告信任度调查报告》,http://www.cicn.com.cn/zggsb/2015-10/20/cms77300article.shtml。
③ 微头条·文章,《凯络发布〈2015-2016 年全球广告花费预测报告〉》,http://www.wtoutiao.com/p/JcbVWZ.html。
④ 199IT 互联网数据中心,《尼尔森网联:2015 年上半年广告市场投放报告(上):媒体篇》,http://www.199it.com/。

出一篇编译文章《美国有线收视率暴跌 电视正走向消亡》，文章引用花旗研究机构（Citi Research）的研究成果说，自2011年9月开始，无线和有线电视的收视率始终在下降，从2010年初到2013年底，约有500万美国人取消了订阅有线电视，在2013年7月到9月，时代华纳有线电视公司有30.6万个用户不再订阅该公司的节目。文章引用的一系列统计数据显示，美国有线电视的收视率正在下降，看电视的人越来越少了，甚至连某些重大电视活动的收视率也下降了，主流有线电视提供商的观众数量在锐减，人们越来越倾向于在移动设备上观看视频了，如此等等，一切似乎都在表明：电视业陷入了前所未有的困境。

在我国，尽管还没有出现像美国这么明显的"观众抛弃电视"的情况，但看电视的人越来越少、看电视的时间越来越短、电视广告逐年下降，却已经是事实，而且正在形成一种比较明显的趋势。2015年上半年CSM媒介研究做的城市收视调查数据显示，2015年上半年观众收看时间为156分钟，相比2011年上半年的168分钟，下降了12分钟，下降较为明显。调查发现，45岁以下的年轻观众电视消费时长逐年下降，45–54岁的观众收看时间下降幅度较大，而这部分观众收看时长的萎缩是造成2015年上半年人均收看分钟数下降的主要原因。

电视的下行趋势，还体现在广告收入方面。如前文所述，目前，从传统传媒的广告收入来看，电视仍然占据广告市场的绝对优势地位，但近年来，电视广告却呈现逐年下降趋势，尼尔森网联发布的广告市场投放报告显示：2013年的电视传媒广告市场总体呈增长态势，一二季度增长显著，三四季度增势则开始减缓；2014年一二三季度延续了缓慢增长的态势，四季度电视广告投放呈下降趋势。2015年以来，电视广告的增长态势依然不容乐观，2015年上半年仅2月份有缓慢增长，一二季度整体呈现缓慢减少态势。[①] 清华大学新闻与传播学院发布的《传媒蓝皮书：中国传媒产业发展

---

① 199IT互联网数据中心，《尼尔森网联：2015年上半年广告市场投放报告（上）：媒体篇》，http://www.199it.com/。

第五章
电视业的形势及应对策略

报告（2015）》称：2014年，我国互联网广告收入首次超过电视，电视已失去第一大广告载体的地位。

以上数据说明，电视的收视总量在减少，电视观众的流失基本呈现不可逆转的趋势，年轻观众在远离电视，电视观众"变老了"，而电视的广告收入也开始出现减少态势，这些构成了电视业发展的下降趋势。

（三）电视与新传媒进入深度博弈

从生到灭是事物发展的规律，市场产品和生物有机体一样，有一个诞生、成长、成熟、衰落的过程，传媒亦然，比如前文所述，报纸自诞生之日起，经历了发展期，然后在相当长的时间内一直充当着主流传媒的角色，受众数量巨大、社会影响力巨大，到目前报纸已进入衰退期。电视依然如此，电视机诞生于20世纪20年代，电视和电视新闻走入人类社会生活是在1939年，美国全国广播公司（NBC）用它对当年的纽约世博会开幕式进行了实况转播；第二次世界大战结束的1945年，美国NBC、ABC、CBS三大广播公司开始力推电视，电视对电影、广播、报纸、杂志等传媒形成冲击；20世纪60年代以后，电视见证了肯尼迪遇刺、越南战争、阿姆斯特朗登月、水门事件，电视开始以强硬的姿态关注着每一个足以改变历史进程的事件。针对电视对肯尼迪遇刺的报道以及其引起的社会影响，1963年的《新闻周刊》曾评论道：电视已经成为全美国人生活的核心，……从前它并不受重视，但现在却不可或缺。[①]之后，电视的娱乐功能加强，直至成为每个家庭的成员。

中国的电视同样经历了诞生、发展、全面影响社会生活的一个过程。作为中国电视事业的发源地和主力军，我们可以从中央电视台的发展史看到中国电视事业发展的一斑，中央电视台发展史分三个阶段：第一阶段，从1958年到1978年，是电视台初建期；第二个阶段，从1978年到1998年，

---

① 此处参考：李月刚，《电视70年简史：发明者被称为疯狂电视之父》，《南方都市报》，2010年3月27日。

是电视的稳定发展期,在这个时期,《东方时空》《焦点访谈》等一批有影响力的电视栏目横空出世,电视直播报道日渐成熟,电视文艺逐步复兴,中央电视台内容、技术、管理等方面齐头并进、平稳发展;第三个阶段,从1998年到2008年,中央电视台走上高速发展和全面繁荣之路,尤其是进入21世纪,中央电视台作为国家电视台的地位日益彰显,发展到19个频道,经营收入持续增长,成为中国传媒名副其实的旗舰传媒。[1]

但是,正如前文所述,经历过快速发展、曾经对广播报纸等传媒产生过巨大冲击、长期占据着主流传媒地位的电视,如今开始面临新传媒的巨大冲击——受众在流失在老龄化、市场份额被挤压、经营压力越来越大。但是,正如报纸的衰而不退一样,目前仍处于第一传媒的电视似乎在经历过最初"电视不行了""电视将消亡"的恐慌之后,开始了与互联网等新传媒的深度博弈。目前来看,电视与新传媒的这场深度博弈已经涉及双方的发展战略、内容产品、广告经营、人才队伍建设等各个方面。

首先,互联网等新传媒已经不满足自己作为新锐传媒所独有的受众迅速增长的优势,开始挑战传统传媒的内容优势,它通过加强原创自制内容,以及与传统传媒合作、吸引传统传媒优秀人才加盟等方式,吸取传统传媒在内容生产上的优势,打造"内容帝国",甚至力图成为"互联网电视台"。从世界范围来看,2014年,Netflix、亚马逊、雅虎等公司都加大了自制视频的投入,You Tube也投入近百万美元支持原创视频内容合作。[2] 国内来看,2014年,互联网界的三位"大佬"——百度、腾讯、阿里巴巴都大规模地开拓视频业务,百度旗下的爱奇艺,出资3.7亿美元并购了PPS视频业务,现在的爱奇艺加PPS,流量在国内无人能敌;腾讯于北京投资建设了一个大型演播室集群,总面积3000平米;而在阿里巴巴2014年的发展战略中,视

---

[1] 详见:赵化勇主编,《中央电视台发展史(1958~1997)》,中国广播电视出版社,2008年12月第1版。

[2] 傅琼、黄鹂、张月,《2015年世界电视媒体发展十大趋势》,《电视研究》,2015年第4期。

第五章
电视业的形势及应对策略

频业务是新业务中最为重头的。① 而在与传统传媒合作、借助传统传媒内容优势方面，我国互联网龙头之一的腾讯表现尤为典型。2012 年，腾讯入股财新传媒，其投资部新闻发言人叶帼贞表示："腾讯入股财新，是公司进行的战略投资"。其目的就是为了吸取财新作为平面传媒内容上的优势，加强自身网络传媒的内容质量和深度，从而获得更广泛的受众、特别是高端受众的认可。② 事实上，在 2006 年时，腾讯公司就与重庆当地报纸《重庆商报》联合，在当地推出大渝网，这是腾讯跟地方报纸联合办内容的"第一枪"，之后，腾讯又与广州的南方都市报社、上海的新闻晨报社、武汉的楚天都市报社、长沙的潇湘晨报社、沈阳的辽沈晚报社等传统传媒合作成立了大粤网、大申网、大楚网、大湘网、大辽网等。③

从竞争角度来看，互联网等新传媒与传统传媒的合作，无疑会提升其内容质量，补充自己在传媒市场竞争中的短板，与此同时，互联网与传统传媒合作的网站运作模式，大多是互联网企业负责平台运作，当地传媒负责经营，这样看似各自发挥各自的优势，但也导致传统传媒难以掌握互联网传媒的核心——技术，从而保持了互联网在与传统传媒竞争中的优势。

另外，这两年，互联网等新传媒也吸引了众多传统传媒的优秀人才加入，比如据笔者了解，2014 年以来，中央电视台等一些传统传媒的许多优秀记者编辑就纷纷加入腾讯、阿里巴巴、陌陌、360 等互联网企业，或从事内容制作，或进入中高管理层，而互联网看重的，正是他们优秀的专业能力和在传统传媒工作的成熟经验。

在互联网等新传媒借助传统传媒加强自身在传媒市场竞争力的同时，包括电视在内的传统传媒也开始主动出击，以更开放、更积极的态度拥抱新传媒、与新传媒深度融合。2015 年 9 月 7 日，BBC 向全世界宣布自己正在加

---

① 详见：梁刚建，《全媒体时代的电视发展趋势》，人民网，http://media.people.com.cn/n/2014/0714/c14677-25279733.html。
② 金圣荣编著，《马化腾：我的互联网哲学》，海天出版社（中国·深圳）2015 年版。
③ 详见：郭全中，《腾讯"内容帝国"初见雏形》，中国新闻出版网，http://www.chinaxwcb.com/2013-08/27/content_275910.htm。

速转型，而其中一项最重要的操作就是"拥抱移动"。BBC 总裁 Tony Hall 表示，接下来的十年，互联网和移动端业务将是 BBC 的主营业务，这一点几乎毋庸置疑。为此，BBC 将进一步发展移动业务，并打造更加个性化的新闻服务，为受众提供相关数据和背景，并配以音频、图像和文本，以多媒体形式满足用户的需求。① 具体来说，BBC 开始向深受年轻人欢迎的 Buzzfeed 和 Vice 等新传媒学习，发布了有关视频内容制作的新规范守则，在这份新规范中，记者被告知制作的视频要短，长度一般应控制在 1–1.5 分钟左右，记者在录制视频时应注意语气，"要像观众的好朋友那样去讲述新闻"，"不得使用术语或行话"，甚至建议记者，"有时，不妨悠闲地坐下来，身体前倾，这样能够营造出一种自然轻松的闲聊氛围"。总之，BBC 要与时俱进，紧跟现代人接触新闻的步伐。② 再来看美国电视传媒的情况，20 世纪 90 年代，美国有线电视新闻网（CNN）就推出了自己的新传媒——CNN.com，美国电视新闻上网，创办新传媒，这是头一份。接着，CNN 又连着打造了网络电视台以及手机电视等移动传媒业务，可谓在新传媒时代与时俱进。可以说，在新传媒发展方面，CNN 这一老牌传统电视传媒是做得比较好、在世界范围内都值得称道的。值得一提的是，CNN.com 和 CNN Mobile 内容产品的制作都是由电视节目制作人员来承担的。实际上，CNN 的电视记者和网站记者身份已不固定，电视记者可以变成网站记者给网站服务，网站记者也可以出镜进行电视报道。③

与 BBC、CNN 等国际电视传媒与新传媒的融合程度相较，国内电视传媒相对要差一些。许多电视传媒表面上开始重视新传媒的冲击，大部分也都推出了自己的微博微信客户端等新传媒平台，有些甚至组建了新传媒部，但是正如 2013 年一篇《假如腾讯也做电视》的文章所归纳的，传统电视所办新传媒的实际情况基本是：一是不入流的边缘化的新传媒部门——很多电

---

① 详见：《全媒派》，《BBC 总裁剧透五大转型信号，这次玩真的！》，2015 年 9 月 9 日。
② 详见：腾讯网，《BBC 要放下架子向 Buzzfeed 学习！》，http://news.qq.com/original/quanmeipai/bbcbuzzfeed.html。
③ 杜海清，《新闻巨擘 CNN 的市场制胜术》，《上海译报》，2002 年 5 月 23 日。

第五章
电视业的形势及应对策略

视台都是用"搂草顺带打兔子"的心态做新传媒；二是中看不中用的平台，传统电视都搭建自己的网络平台，结果这些平台完全不具备好的互联网平台所具有的用户体验，难以吸引用户。① 近两年，随着新传媒对传统传媒受众的分流以及在传媒市场的其他拓展，电视传媒与新传媒融合的力度也迅速加大。比如，2014年5月，湖南卫视强势推出自己旗下互联网视频供应平台"芒果TV"独播战略，联合快乐阳光公司（芒果传媒旗下全资子公司）宣布，湖南广电以后将不会把自己的节目提供给台外的互联网视频网站；2014年底起，凡用手机观看芒果TV内容的用户，网页只支持播出几分钟，若想观看完整版，均需下载芒果TV的手机APP，以此来吸引更多受众，特别是年轻受众下载芒果TV的手机APP②。湖南卫视的独播战略实际是传统电视传媒以自己的内容优势与新传媒竞争的典型案例——宁可放弃其他商业联网视频网站购买自己节目的天价，而要建成一个对外封闭、对内自给自足的互联网电视独立王国，这样，通过内容版权控制，与和自己争夺受众的直接对手——互联网商业视频网站竞争。③

再来看中国电视传媒的龙头中央电视台的情况，2015年，中央电视台新闻中心正式获批成立建制性的新传媒部，该部一成立即获得台里的政策、人事倾斜，迅速完成机构设立，与此同时，央视新闻的客户端、微博、微信等平台不断创新产品，比如央视新闻的微信公众号率先推出早间新闻节目《早啊！新闻来了》，之后又充分利用母台媒体资源，推出《新闻联播》的剧透帖《今晚联播看什么》。而从2016年中央电视台广告招标情况来看，央视的新传媒影响力在日益加强，此次招标结果显示，央视一系列新传媒广告资源吸引了众多企业竞投，"《央视影音》移动端、《财经频道》新传媒、《央视新闻》客户端、《助阵欧罗巴》互动项目，加上此前单独招标的春晚

---

① 详见：王明轩，《假如腾讯也做电视》，《南方电视学刊》2013年第1期。
② 详见：万镒、王勇、李怀苍，《移动媒体冲击下的湖南卫视应对策略》，《时代文学》2015年9月下半月。
③ 详见：熊炼、王勇，《湖南卫视与新媒体融合的策略》，《时代文学》2015年9月下半月。

互动项目，央视 2016 年新传媒广告产品招标预售总额估计超过 6 亿元"。①

综上所述，目前，传统电视传媒、特别是电视传媒业中的巨头，凭借自己的品牌与内容优势，互联网等新传媒中的佼佼者，则凭借自身的先进技术与平台优势，在受众与传媒市场进行着一场全面而深入的博弈，博弈的双方显然对各自的优势与劣势都很清楚，都希望扬长补短以在未来的传媒市场得以更好地生存和发展。

二、电视业的发展趋势

（一）关于电视未来走向的几种观点

从目前电视面临的境况来看，无论是从受众群体、传播影响力还是从广告收入来看，电视依然是传媒行业的主流，传统电视传媒所努力的是试图保住其"主流"地位。对于传统电视传媒与新传媒正在进行的博弈，最终谁胜谁负？抑或是双方战平握手言和？对此，传媒人在尝试，专家在预测。

1. 转型说

关于传统电视传媒的前途，不同的人从不同的视角提出了诸多设想和观点，其中，一些电视从业者倾向于电视转型说。早在几年前，传统电视传媒已经意识到来自互联网等新传媒的压力与冲击，"创新""转型"频频被提及，甚至提出了自身转型的具体战略。一些电视从业者由于感受到了来自新传媒的冲击与压力，同时又了解并自信电视本身在内容生产方面的专业优势，认为电视传媒应该适应时代发展，积极发展新传媒平台，让电视的内容优势在新传媒平台上继续发展，从而保持电视传媒的主流地位。

电视传媒转型说的背后，存在着这样的思想或认识基础。他们认为，在当前整个传媒业内新传媒所占比重日益提高的形势下，电视传媒在内容生产方面会更具优势，因为从目前看，随着全媒体技术往前继续发展，所有传媒的传播介质会逐渐趋于一致——都变成"全媒体"，并且无论是在哪一

---

① 新浪网，《全方位解读央视招标：2016 新媒体广告招标超 6 亿》，http://news.sina.com.cn/m/gb/2015-11-20/doc-ifxkwuwv3492861.shtml。

第五章
电视业的形势及应对策略

个传播终端上，流动的最主要的内容依然是图文、视频和音频。在这样的情况下，电视传媒在内容制作方面的优势将会愈发突显，有优势的传媒会将内容按受众与渠道的区别进行修改，然后在不同的渠道中推送，这样不仅能够实现更大范围对受众的覆盖，而且还能把内容输出到更多的传媒平台，获得更多的收益。持这种观点的人还认为，新传媒技术将带领电视进入大数据时代，未来随着数据机顶盒、智能电视的普及等，电视传媒的发展将获得更有力的支持。

在传统电视传媒转型说持有者看来，互联网等新传媒的一切优势对电视传媒来说是挑战更是机遇，只要为我所用，电视传媒依然可以引领视听传媒的发展。而相对于新传媒来说，传统电视传媒的优势依然明显：比如传播内容更具真实性和权威性，而互联网等新传媒上的信息由于发布者成分复杂、专业度不高等原因，往往整体上的真实度不高，所以在公信力上要差一些。而电视传媒的把关意识和社会责任意识，使得它在赢得受众信赖方面具有更大优势，特别是社会上发生了重大状况时，传统传媒就更是大众获取信息的首选渠道；其次，传统电视传媒的内容生产水平更高，传统电视传媒几十年来所积累的电视传播的专业人才、经验是目前新传媒还不具备的。另外，就目前我国的网络传输技术和覆盖情况来看，传统电视的覆盖率和便捷程度显然比互联网等新传媒更大更高，在画面清晰度、保真度上，它也比PC、手机等移动端上的视频更好。

这种观点承认电视要与互联网等新传媒融合发展，但在这种融合中，又倾向于以传统电视传媒为主，认为电视传媒是可以借由以互联网为代表的新传媒而转型发展、继续强势、继续"主流"的。

2. 颠覆说

与转型说不同，对于电视传媒未来的前途，有一些人所持的是颠覆说，这种观点认为，传统电视传媒终将被互联网等新传媒所取代，或者认为传统电视传媒"老大"的地位终将不保，在新传媒面前重蹈报纸等传媒的覆辙，沦为"等死"的传媒。而现存的电视传媒要想继续生存下去，必须首先转换"基因"，具备互联网的特性，才能适应新传媒所带来的挑战，即传统电视业终将被颠覆。这种观点产生的最根本的一个前提是，新传媒所带来的是全新的视听传播方式，传统电视传媒即便具有自身的优势，也看到了新传媒所带来的机遇，但如果不出现"基因"层面的转变，凭其旧有的体制与思维模式，互联网等新传媒的优势并不能为电视传媒所用，即传统电视传媒很难成功实现"转型"。

这种观点产生的背景首先是含移动互联网在内的互联网市场的迅猛发展。2013年，中关村在线的互联网消费调研中心（ZDC）进行的一项调查——《电视和网络视频 你会选择谁？》，就显示了网络视听新传媒对传统电视传媒的挤压。调查显示，近半数——45.4%的被调查者已基本不看电视节目，只有23%的被调查者称每日都看，21%的称经常看。调查的另外一个结果显示：如果被要求"二选一"，超过3/4的被调查者会倾向于观看网络视频，而不选择电视，而选择电视节目的调查者占比不足1/4，仅为23.7%。[1]

当然，互联网消费调研中心（ZDC）的这项调查是在互联网上进行的，被调查者全部都是网民，因此，它并不能完全代表目前电视受众的整体情况（《全球传媒蓝皮书：全球传媒发展报告（2015）》显示，直到2015年，从不同新闻平台的价值来看，电视在整体上仍是最具价值的新闻平台，在准确可靠等价值方面均超过了网络和社交传媒，而网络则居第二位[2]），但却仍然从一个侧面反映了互联网发展的趋势——使用网络的人越来越多，尤其是年轻人。被誉为"互联网女皇"的美国KPCB风险投资公司的互联网分析师玛丽·米克尔（Mary Meeker）这几年每年都会发布一份《互联网趋势报告》，她在2013年的报告中预言：因为移动新传媒的兴盛发达，人们的工作乃至生活都会有巨大的改变。在2015年发布的《互联网趋势报告》中，玛丽·米克尔指出，一场基于互联网而生的社会变革正在发生，报告显示：互联网用户数从1995年的3500万发展到2014年的28亿，智能手机用户也

---

[1] 中国商情网，《2013年中国电视与网络视频观看状况调查报告》，http://www.askci.com/news/201309/26/2610495533844.shtml。

[2] 中国社会科学网，《报告精读：全球传媒蓝皮书：全球传媒发展报告（2015）》，http://ex.cssn.cn/zk/zk_zkbg/201511/t20151123_2708539_4.shtml。

第五章
电视业的形势及应对策略

从 1995 年的 8000 万人增长到 2014 年的 52 亿人,换而言之,互联网渗透率从 20 年前的不足 1% 已增长至如今的 73%[①]。正是基于互联网的这种发展势头,人们自然会想到将来互联网会不会取代目前的很多行业,包括电视业。互联网上流行的一个帖子《将被互联网颠覆掉的 17 个传统行业》中,就有新闻业,它提出新闻业的前景是这样的:自媒体的话语权将逐渐上升,传统新闻传媒将不再"一言九鼎",而且它们也会向自媒体寻求相关信息来发布;同时,自媒体在运作中其盈利模式将日益成熟,而由此新闻业中将有越来越多的人离开去做自媒体。

同样是基于互联网和移动视频技术的发展,发表于钛媒体的一篇文章《电视生态已蚁穴溃堤,未来新生态五大预言》预测:互联网视频将来会取代无线、有线电视台以及付费频道公司的市场地位,成为人们收看视频节目的第一渠道。因为它具有的随时、随地、海量、互动、个性化等优势是后三者所不具备的,届时,互联网视频将依据其细分化的特点——针对细分受众提供针对性的内容服务,向用户收取费用。同时文章还预测,10 年后手持移动设备、多频互动技术等将大行其道,在移动终端上的互联网视频消费将成为人们消费视频的主流方式,现有的智能电视终端会逐渐消失。[②]总之,该文章认为,传统电视传媒前景黯淡,会被更有竞争力、给用户更好体验的互联网视频取代,而在十年后,在移动终端上消费互联网视频将成为主流方式。

以上就是有关传统电视传媒的颠覆说,即认为传统电视传媒要么消亡,要么第一地位不保。

3. 进一步的思考

对于以上两种观点,笔者认为,电视传媒未来的出路无疑是与新传媒融合、最终实现转型,但从目前实际来看,中国的大多数电视传媒恐怕很

[①] 搜狐网,《2015 互联网趋势报告 26 点干货内容都在这里了!》,http://it.sohu.com/20150528/n413981257.shtml。

[②] 详见:钛媒体,《电视生态已蚁穴溃堤,未来新生态五大预言》,http://www.tmtpost.com/79698.html。

难在短时间内完全与互联网等新传媒融合、实现彻底转型,因为电视传媒与互联网等新传媒平台在传播方式上有着本质的区别,只要传统电视传媒的电视视频业务仍然在电视传媒业中占据主导地位,电视传媒便难说转型,而与报纸相比,电视的地位依然要主流得多,加上传统电视传媒多年形成的传统思维,使其融合转型的动力和主动性也不足。但与此同时,电视传媒恐怕也很难被互联网等新传媒所"颠覆",一方面,同样是因为目前电视传媒在整个社会传播中的主流地位和影响力还不能被其他传媒所替代,尤其是我国的电视台,在传播信息的同时,承担着重要的国家的宣传报道任务,这就使得其在生存发展方面有相当的政策保护;另一方面,尽管互联网等新传媒的传播渠道与电视传媒有着本质区别,但作为传统传媒中最新的传媒,电视的产品内容并没有被互联网等新传媒超越,二者主要的传播内容都是视频产品,因此,与报纸、杂志、广播等其他传统传媒相比,电视传媒在内容上与新传媒的竞争力更强,而如果转型,电视与新传媒融合以转型发展在内容上也有天然的优势。

当然,也正是由于内容产品的相似度高,导致了电视传媒对来自新传媒的挤压比其他传统传媒反应更敏感一些,我们知道,广播出现后,报纸没有消亡,电视诞生后,广播也没有消亡,但这并不意味着,电视也将永生,因为报纸的文字产品与广播的音频产品、广播的音频产品与电视的音视频产品存在巨大差别,就像市场上同类产品的不同款式满足同类顾客的差异性需求一样,报纸、广播、电视在产品内容和传播方式上的差异,也满足了不同受众对传播的差异性需求,而电视内容产品与新传媒内容产品的高度重合,很有可能导致这样的结果:电视的内容及电视机构转向互联网等新传媒渠道得以"永生",但电视作为一种传播载体最终走向消亡。

基于以上分析,笔者更倾向于认为,未来能赢得市场的电视传媒,一定是与互联网等新传媒在技术上高度融合,同时又保持了自己专业传媒的内容优势,而如果实现不了技术方面的转型,那么,电视传媒很有可能要么退出市场、要么成为新传媒的内容供应者,从而失去"传媒"的功能。

第五章
电视业的形势及应对策略

（二）世界电视传媒发展趋势

要看电视传媒业发展的趋势，自然首先应该放眼那些发达国家的、国际一流的电视传媒机构，因为它们的发展方向无疑更能代表电视传媒业的未来。正如前文所言，目前国际知名电视传媒机构发展的一个共同特点便是：改变，拥抱新的传播方式。

1. 国际知名电视传媒机构普遍加强移动传播

从目前国际知名传媒机构向新传媒转型的情况看，移动传播和社交传播成为各传媒机构发展的主要方向。这首先是由于移动互联以及社交传播渠道的影响力日益显著。按照思科发布的《2014-2019年全球移动互联网发布趋势报告》，2019年，全球移动互联网终端将由2014年的74亿台发展到115亿台，而移动流量中，72%来自视频服务。如此巨大的市场，对于本就擅长视频节目生产的传统电视传媒来说，自然不容忽视。比如前文所说，BBC已经将"拥抱移动"作为其全面转型最重要的一项，而且从记者录制视频时的语气开始，全面打造适合移动传播的短视频；无独有偶，CNN也在2015年开启一系列视频移动服务，通过平板电脑和手机播出。而在2014年底，美国广播公司（ABC）新闻中心推出"实时流"计划，通过"LiveU"手机应用，记者可用智能手机对突发事件进行现场直播，并推送给用户。[①]从这些知名国际电视机构的发展方向看，移动端将成为电视传媒与新传媒融合转型进程中亟须发展的业务。

2. 内容依然是运作的核心，电视剧、真人秀、新闻成为电视屏幕"三巨头"

对于电视传媒而言，其面临着新传媒的巨大压力，应该注重技术方面的发展，迅速在新传媒时代跟上技术的要求，以避免被淘汰的命运。但是在向新传媒转型的过程中，内容仍是其最重要的保障，内容不好，收视率下降，收入必然下降，很可能就导致转型不成功，内容依然是所有电视传

---

① 详见：傅琼、黄鹏、张月，《2015年世界电视媒体发展十大趋势》，《电视研究》2015年第4期。

媒最核心的竞争点。从这个角度说，转型固然重要，但内容同样重要，可以说在当前时代，电视传媒的内容与转型同样重要。

而再具体地看，电视剧与娱乐真人秀节目仍是全球范围内最受观众喜爱的节目类型，在70多个国家的节目排名中，位于前列的42%都是情节类节目（其中电视剧占比超过60%），37%为娱乐节目。[①] 央视索福瑞对2014年中国电视市场所做的调查也显示，2014年荧屏重头戏依旧是电视剧、新闻以及综艺这三大巨头，其总收视量占到了所有节目收视量的56.5%[②]。事实上，从电视传媒的经营角度看，电视剧、综艺节目无疑是占据收视市场份额的重头，其中综艺节目是竞争最为激烈的板块，而新闻则是传媒机构专业化和品牌评判的重要标准，同样是各电视传媒的竞争重点所在。

3. 盈利模式转型，从依赖广告到多元化

《全球传媒蓝皮书：全球传媒发展报告（2015）》发布的数据显示，电视视频广告增长放缓，移动视频广告有好的增长，视频广告整合营销成为趋势，因此，传统电视传媒与新传媒的融合也体现在广告的融合方面，比如将电视节目的广告与新传媒的广告打包销售等。而从长远看，电视传媒盈利模式单靠单一广告经营的状态也必须改变。我们知道，传统传媒向新传媒转型的一个体现就是传媒角色的转型，传媒要把自己从一种传播介质转变为关系平台，将受众转变为用户。在这种情况下，单靠广告这种盈利模式显然不能适应传媒发展的需要。目前看，许多国际知名电视传媒在加强互联网形态服务的同时，也在盈利模式上进行着相应的转变，比如加强付费节目服务，另外将电视节目转化成适合网络形态的产品，在移动互联终端进行分销，在美国，CNN、NBC、FOX、探索频道、历史频道等传统电视机构，都会选取知识类、探险类、美食类等节目中具有较强娱乐性、可操作性和教育意义的内容，开发在线和移动终端游戏APP等。这些，都是电

[①] 详见：傅琼、黄鹂、张月，《2015年世界电视媒体发展十大趋势》，《电视研究》2015年第4期。

[②] 中国新闻网，《2014年电视收视市场报告出炉 收视减少》，http://www.chinanews.com/cul/2015/03-26/7159917.shtml。

第五章
电视业的形势及应对策略

视业追求盈利模式转型、实现多元化的表现,是整个电视业盈利模式转型应该学习借鉴的。

三、中国电视业的转型策略

无论是从电视传媒目前所处的境况出发,还是从电视传媒所呈现的未来趋势看,与新传媒融合实现转型,无疑是电视传媒发展的必由之路。那么,中国的传统电视传媒该如何与新传媒融合、怎样转型?下文将主要探讨这个问题。

(一)电视传媒该如何做内容

传统电视传媒之间的竞争要求电视传媒必须在内容上下功夫,尤其是新闻、综艺节目和电视剧方面,这一点很容易被理解。而从应对互联网等新传媒挤压的角度来说,做好内容同样是传统电视传媒转型发展的关键。

一般而言,无论是传统电视传媒还是互联网等新传媒,其市场和影响力的大小,都是由三个方面来决定的:内容、渠道和受众。其中,内容一直是传统传媒在新传媒面前引以为傲且自视为与新传媒竞争的最大法宝。正如前文所述:"内容为王"的理论在数字时代并没有过时。的确,互联网上的信息比传统传媒的报道更多、更新,技术越发达,互联网与现实社会的重合度也越高,它的信息也更丰富、更实时,互联网就像一个社会,包罗万象。但想想我们为什么需要报纸、广播、电视?除了传递信息,还需要观点、需要真相,这就是传统传媒的功能和立身之本,换句话说:传统传媒在互联网世界的生命力还是在于它的内容。

然而,互联网等新传媒的出现,在很大程度上改变了传媒的生态环境,电视不再是唯一的视听媒介,受众也不再甘于被动地接受传媒机构单向传送的信息。面对这样的环境变化,指望着靠内容立足未来传媒行业的传统电视传媒,必须顺应变化,创新内容生产。

1. 从受众需求出发,找准定位

如前文所述,电视的单向传播特性使传统电视传媒普遍存在"传播者本位"的思想，传播什么、怎么传播，往往从自身认识出发，缺乏对受众需求的充分了解。在传统电视时代，电视是视听传播的唯一传媒，信息由传媒单向流向受众。而在数字时代，互联网等新传媒技术的发展，使得受众不再单一地被动地接收信息，而是能将自己的意见或信息反馈给传统传媒并推动事件信息流的汇集和拓展，即受众逐渐参与到视频信息的生产环节。于是，"受众的终结"成为学者们讨论的一个话题，在传统传媒经营的话语中，无论是作为收听者、接受者或消费者、目标对象，受众角色总是被动的；而在新的传媒环境中，取而代之的可能是搜寻者（seeker）、咨询者（consultant）、浏览者（browser）、反馈者（respondent）、对话者（interlocutor）、交谈者（conversationalist）。① 也就是说，受众逐渐从传媒信息的接受者转变为信息的使用者，受众正在成为用户。

与此同时，新传媒的出现也改变着受众的阅听视习惯。凤凰卫视副总裁、凤凰网 CEO 刘爽认为，互联网会颠覆受众的收看习惯，他总结，新传媒的出现带来了"四浅时代"——浅文字、浅阅读、浅交流、浅思考。比如现在大家都不写字了，一个"害羞"的符号表情就把所有的内容都表达了；浅阅读，比如微博，长过 140 个字大家就不愿意看了；浅交流，没有手机的时代，打车过去，一看你不在家就走了，现在给你发个短信说我来看你了就看了；浅思考，大家拒绝一本正经讲道理。

对于传统传媒来说，面对生态环境的变化，不管你喜不喜欢，这就是趋势，你不能抗拒这个趋势，只能适应。怎么适应？其实已经有人蹚出了路子。这两年，在竞争激烈的电视综艺节目领域，收视兼口碑皆佳的好节目层出不穷，中央级传媒的，比如中央电视台的《挑战不可能》《了不起的挑战》，地方卫视频道的，比如湖南卫视的《快乐大本营》《我是歌手》《爸爸去哪儿》，浙江卫视的《中国好声音》《奔跑吧兄弟》等等，它们充分发挥电视的娱乐功能，成为电视传媒与新传媒竞争的有力武器。而分析这些成功的

---

① ［英］丹尼尔·麦奎尔著，刘燕南、李颖、杨振荣译，《受众研究》，中国人民大学出版社 2006 年版。

第五章
电视业的形势及应对策略

电视综艺节目,可以发现,这些节目大多都是复制国外传媒的模式,但都进行了本土化改造,以适应国内观众的收视习惯。而一些节目更是将受众放在了第一位,最大限度地提高受众对节目的参与程度,把自己变成一个大众狂欢的平台。比如中央电视台的《挑战不可能》,挑战选手均来自民间,还有《中国好声音》,所有参赛歌手都来自普通人,这些节目中的那些民间选手朴实无华、缺乏包装的形象,和观众更加接近,更容易在观众处产生"感同身受"的效果,从而牢牢吸引着受众。除了综艺节目,我们再来分析一档成功的纪录片节目《舌尖上的中国》,从收视来看,这档节目可以说是纪录片里的佼佼者,而它的成功,首先是"吃"这个选题就有了最大程度的受众基础,谁都会关心"吃"、谁都会对吃感兴趣,与此同时,它又充分发挥了电视传媒的声画优势,将美食、烹饪技术的美尽展无遗,让观众在接受纪录片所传达的关于美食的信息的同时,获得感官上的很大享受。

数字时代,面对"使用"信息的受众,一档电视栏目甚至一家电视传媒无法满足受众的所有需求,但是你必须从受众的需求出发制作节目,也许契合了受众一方面的需求,就可以成就一个栏目、一档节目、一家传媒,但如果无视受众的需求或者没有将受众需求放在重要位置,那么它很可能难逃被受众弃之不用的结果。因此,对一个电视栏目、一档节目或一家传统电视传媒来说,从受众需求出发,找准定位来进行内容生产,是其在未来传媒市场中争得一席之地的重要前提。

中央电视台《东方时空》栏目,是一个名牌电视栏目,而在栏目开创之时,初创人员却为了栏目定位苦苦探寻了很久。栏目主创人员对早间节目的设计最开始是"为您服务"的早间版,但考虑到这种定位的创新性不足,生活服务的栏目定位被否定,之后栏目创办者对栏目方向达成两点共识:首先是就开辟一个人物栏目和关注社会的现场报道达成了共识;其次是办一档服务性的生活栏目以增强观众的贴近性。最终确定了《东方时空》最开始的四个栏目:人物、音乐电视、生活服务和社会新闻。[1]

---

[1] 详见:孙玉胜,《十年》,生活·读书·新知三联书店2003年版。

十年来，虽然历经三次改版和多次微调，但《东方时空》始终坚持不渝地遵循着两个理念：一是"真诚面对观众"，这是栏目坚定不移的态度；另一个就是接近、再接近"电视新闻杂志"，这是栏目的目标定位。由《东方时空》的案例可以看出，一个栏目的定位并不是一件容易的事情，而对于栏目定位的坚持，则需要外部环境与内部条件共同努力，或许正是对栏目定位的摸索和坚持，才成就了《东方时空》在中国电视节目史上的地位。

在目前视频传媒众多、受众变得更加"挑食"也更有选择权的情况下，传统电视传媒及传统电视节目更应该找准自己的定位——一定要使自己能满足受众的需求，我能满足受众的什么需求？受众为什么选择我？这个问题如果解决不好，势必会影响传媒自身的发展。

2. 充分利用现有资源优势

分析目前传统电视传媒相较互联网等新传媒在内容生产方面的资源优势，其新闻内容生产方面的优势尤为突出，这主要体现在两个方面：一是人才的优势，二是新闻资源方面的优势。传统电视传媒经过几十年的发展，尤其是从20世纪90年代初开始，已逐渐占据传媒行业的强势地位，这让电视传媒这个行业吸引并积累了一大批优秀的人才，特别是在电视新闻报道方面，它可以说有着互联网等新传媒所不能比拟的人才和采编优势。以中央电视台为例，近些年来，随着该台经济与报道实力等的增强，它一直在全球扩展其报道网络，而其主要方式是建设记者站。到2010年底，该台在全球范围内已建成了7个区域中心记者站、43个记者站（在区域中心记者站之下），而在这些记者站工作的记者人数超过200人。这些记者站覆盖欧美、亚太、中东、俄罗斯、拉美、非洲等所有全球重点区域，由此中央电视台就拥有了一个相比发达国家毫不逊色的全球报道网络。[①] 总之，这些遍布全球的记者站为中央电视台搭建了广泛的新闻采集网络，基本上保证了世界上任何地方有重大或突发新闻发生时，中央电视台记者都可以赶到

---

① 详见：李毅，《从贴牌到品牌——中央电视台国际传播力质的跨越》，《电视研究》2011年第6期。

第五章
电视业的形势及应对策略

新闻现场，进行现场直播，发回一手新闻。

正是基于电视传媒如此强大的新闻采集力量，笔者认为，重大和突发事件的现场报道是传统电视传媒内容方面的核心竞争力之一。下面我们以中央电视台新闻频道为例，来分析大事件"现场直播报道"在电视新闻市场中的竞争优势。

中央电视台新闻频道自 2003 年创办以来，收视份额最高的一天出现在 2015 年的 9 月 3 日，这一天全频道收视份额高达 8.38%。这一天，是抗战胜利 70 周年纪念日，天安门广场举行了阅兵式，新闻频道当天从 7 点半开始推出直播特别节目《胜利日》，对即将举行的阅兵式进行预热，直播阅兵式之后，特别节目继续对阅兵活动进行了全方位的解读。新闻频道当天的收视分析显示：上午时段直播的特别节目《胜利日》和《抗战胜利 70 周年纪念大会》带动收视由 1.31% 提升至 4.48%，形成明显的收视高峰，随后《新闻 30 分》播出的"记者镜头记录受阅集结过程"带动收视提升至 4.52%，达到全天收视最高值。[1]

大事件、突发事件的现场直播对观众有汇聚作用已经是中央电视台新闻频道的一个规律。新闻频道的日常收视份额一般为百分之二点多，但每逢大事件或突发事件，新闻频道的收视份额往往都会超过 3%、甚至达到 4%。比如 2015 年这一年，上海踩踏事件、东方之星沉船事故、天津港"8·12"爆炸事故、巴黎枪击和爆炸事件、俄罗斯战机被土耳其击落事件等国内国际突发新闻事件发生当天甚至之后数天，均带动频道收视率大幅上升。

以上案例可以说明重大和突发事件"现场直播报道"对电视受众的汇聚力量，换句话说，传统电视传媒对重大和突发事件的现场直播报道是其重要的市场竞争力。首先，前文已经介绍，新闻类节目是目前对传统电视市场份额贡献最大的三大节目类型之一，近年来电视新闻的受众群体稳中有升，而电视新闻中的重大事件现场报道对受众具有特别的吸引力，具体来说，这些吸引力首先源自于"直播"本身的特性，其主要表现在：第一，及时。在

---
[1] 引自中央电视台资料。

所有电视表现形式中，现场直播无疑是最具时效性的手段，直播让新闻可以与事实的发生发展同步。第二，真实。直播报道呈现的是新闻现场的全部，记者看到的也是观众看到的，也就是说，直播报道所传递的信息是完整的，无剪辑的，这样的报道对信息的损耗最少。第三，悬念。这点在突发事件的报道中体现最明显，因为很多突发事件本身具有不确定性，直播往往也是新闻事实一步步清晰的过程，受众和记者同步接近、判断和分析新闻事实，比如突发事件的发布会直播，很多关于新闻事实的信息——伤亡人数、事件进展、事发原因、责任认定等等，都是在发布会上首次公布的，从受众的角度来看，发布会的直播相当于是这一个个悬念得以解开的过程，因此，这样的新闻报道当然更具收视吸引力。第四，受众参与程度更高。正是因为直播与新闻事实发生发展的同步性，在直播状态下，受众与报道者角色更接近，受众对事实的接收可以不受报道者选择的局限，对新闻事件的判断与分析也可以不受报道者的干扰，从这个意义上说，受众也是报道者，从新闻事实中得出什么样的判断与结论，往往由受众自己来完成。正是由于以上特性，使得有现场有过程的直播显然更具权威性，因为受众接收新闻的过程是直接的，而不是通过报道者转述的间接接收。[①]

另外，电视传媒在这类报道中还有一些比较优势，比如：电视画面的直观力量大于平面传媒、电视作为传统传媒其采集力量强过网络等新兴的信息传播平台，与此同时，电视作为传统的主流传媒，其专业性和权威性在新闻这一内容产品方面的竞争优势也尤其明显。比如据央视市场研究股份有限公司（CTR 市场研究）2007 年的调查显示，有 88.3% 的观众在发生重大事件时选择收看中央电视台节目，88.52% 的观众在同一事件有不同说法时相信中央电视台的说法[②]。而电视传媒的这一优势，在全球范围内都存在，而且至今依然没有改变。据《全球传媒蓝皮书：全球传媒发展报告（2015）》，从不同新闻平台的价值来看，电视在整体上仍是最具价值的新闻平台，在

[①] 此段相关观点参考：孙玉胜，《十年》，生活·读书·新知三联书店 2003 年版。
[②] 赵化勇主编，《中央电视台发展史（1998~2008）》，中国广播电视出版社 2008 年版。

第五章
电视业的形势及应对策略

准确可靠等价值方面均超过了网络和社交媒体,网络则居第二位。①

3. 着眼"影响力",提升节目品质

在当前传媒环境中,以互联网为基础的新传媒借助其技术优势对传统传媒包括电视"咄咄逼人",而此时电视在内容上还应怎么办才能把自己的内容做好,做得有竞争力?笔者认为,电视还应该着眼影响力来提升节目的品质。尤其相较于互联网这些新传媒,这也是电视的一个有效做好内容的举措。

电视传媒的"影响力",是指电视传媒传播的综合实力,它包括传媒的信誉度,也体现在收视率即观众的数量上。"影响力"已经成为传统电视传媒营销的核心竞争力,是广告主对电视传媒进行评估的核心指标。电视传媒的影响力很大程度上来自于电视内容的影响力,而电视传媒内容的影响力,归根结底来自于传媒内容的品质——只有高品质的节目才可以赢得信誉、汇聚受众。因此,电视传媒必须着力打造高品质节目以提升影响力。

本处笔者所讲的电视节目的影响力包含两个方面:一方面,指节目内容权威、可信、在社会发展方面具有促进或推动作用;另一方面,则是节目内容能在最大程度上满足受众的多种需求,从而能吸引受众、影响受众,要知道,不见得权威、可信、为受众所信服就能满足受众的所有需求了,受众对电视的需求,除了权威可信的信息、观点,还包括娱乐、放松等,而满足了受众的这些需求,确实也能使电视节目对他们具有影响力,比如湖南卫视。所以,电视传媒要使内容有影响力,也必须从以上两个方面着眼打造高品质的节目。

首先,电视内容有影响力须做到权威、可信、能促动社会改进。

在各类电视节目中,电视新闻类节目在这方面显然更具优势,因为新闻节目的真实性属性使其在凸显权威性、可信度方面具有天然优势,而新闻对于社会的"瞭望"功能、议程设置功能和舆论引导功能也使得其在影

---

① 中国社会科学网,《报告精读:全球传媒蓝皮书:全球传媒发展报告(2015)》,http://ex.cssn.cn/zk/zk_zkbg/201511/t20151123_2708539_4.shtml。

响和推动社会变革方面比综艺类等其他节目更具优势。我们看到，影响力巨大的国际一流电视传媒如 CNN、BBC 等无不是以新闻见长，国内电视传媒业的旗舰中央电视台更是提出了"新闻立台"的口号。因此，电视传媒提升影响力必须重视和加强新闻类节目的质量。而增强新闻节目的影响力，首先是选题。实践表明，对重大社会问题的深度报道是最容易对社会发展产生影响，从而提升节目的影响力的。我们还是以中央电视台新闻频道为例，2009 年，中央电视台新闻采编部曾经在内部评奖中设立过"推动社会进步奖"，就是奖励具有重大社会影响、在促进社会进步方面有积极作用的优秀报道，当年的《聚焦小升初择校难》就是获奖报道之一。之后，央视新闻频道始终没有间断在这方面的努力。这两年，新闻频道推出了一系列事关国计民生的独家调查报道，包括"城市停车收费乱象""变了味的第一口奶""产能过剩之痛""交通文明媒体行动"等等，这些报道的播出，不仅大大拉升了新闻频道的收视率，同时也成为互联网、微信、微博、手机客户端等新传媒转载的焦点新闻，成为一段时间内的社会热点话题，同时受到相关决策部门的重视，从而在一定程度上推动了所报道问题的解决。除了选题重大、切中社会时弊，电视新闻的影响力还来自于其报道的真实性和权威性，节目反映的问题要真实普遍，调查要全面客观，链条要完整清晰，另外还有一点，节目还要有建设性，报道的目的要是促进问题的解决而不能是一味地揭黑，这一点对于节目的影响力也至关重要。

其次，节目要有受众视角，即节目能满足受众需求，能吸引受众。

要知道，权威、可信、能促动社会改进的电视节目未必就有好的收视率，在互联网尤其是移动互联网日益发达的今天，电视节目"酒香也怕巷子深"，而最终节目和传媒影响力的形成还在于观众，高收视率才谈得上高影响力。当然，节目质量提高自然有助于提升收视率，而且要吸引观众、提升收视率，提高节目质量也是先决条件，但在互联网尤其是移动互联网日益发展的今天，电视节目不仅质量要高，还要通过多种手段，让其充分"到达"观众，从而实现其影响力。比如借助微信、微博等新传媒渠道传播电视节目，通过互联网扩大电视节目及其母传媒的影响力等，这一点本章稍后还有更详

第五章
电视业的形势及应对策略

细的论述。

上面提到的是节目应通过多种手段充分"到达"观众,下面我们还回到正题,谈谈电视节目怎样满足受众需求以吸引受众。满足受众,自然是有品质的节目,自然会有影响力。笔者认为,在当下电视传媒正与新传媒融合转型的过程中,电视传媒还应该借鉴互联网思维,从市场角度考虑如何制作播出能吸引观众、满足观众需求的节目。这点在综艺节目和电视剧方面表现尤为明显。这两年由于"一剧两星"以及"一晚两集"政策的实施,一部电视剧只能同时在两个上星频道播出,一晚上一部电视剧只能放两集,这在很大程度上改变了电视屏幕被一两部剧"刷屏"的情况,但由此带来的另外一个问题是,原来播三集、四集电视剧的时间被释放出来,而电视台普遍采取以综艺节目填补的方式,从而加剧了综艺节目的竞争程度。换句话说,综艺节目对电视收视率与影响力的作用越来越大。应该说,这两年,国内电视综艺节目取得了长足发展,前文我们已经分析过一些因为满足受众需求而取得成功的综艺节目的典型案例,比如中央电视台的《挑战不可能》,湖南卫视的《快乐大本营》《我是歌手》《爸爸去哪儿》,浙江卫视的《中国好声音》《奔跑吧兄弟》等等,它们有一个共同点就是将受众放在了第一位,包括对节目模式的本土化改造以适应国内观众收视习惯、最大限度满足观众参与节目的需求等。但从国内电视综艺节目的整体情况来看,全国几百家电视台,大家能随口说得出的节目恐怕不超过十个,而且就是这些知名的综艺节目也存在同质化的倾向,比如许多真人秀节目,普遍呈现大投资、大场面、大制作、全明星阵容,主打户外、游戏、竞技、体验,甚至有些情节设计都大同小异,少有创新,以至于大投资换不来大回报,有的节目甚至都拉不到冠名广告。

而随着电视综艺节目的发展,受众对这类节目的需求也越来越"挑剔":你有大明星、大制作还不够,还得有好的情节;你光搞笑不行,你还得有点"意义";你的节目稍有不合我意,我就换台,因为这样的节目不是你一家在播……因此,对于电视传媒的节目尤其是综艺节目来说,满足受众的需求还体现在对节目内容的不断创新:你可以购买和借鉴国外的版权和模式,但你必须将其本土化，以适应国内观众的收视习惯；你可以游戏可以将娱乐最大化，但你还得有正能量，因为，眼下的观众需要的不仅仅是娱乐，他们更需要被有精神的节目感动。

总之，有品质的电视节目必须要有受众视角，从节目的选题、制作、传播等各个环节考虑受众的需求，你满足受众需求的程度将决定你的品质，最终决定你的影响力。

第三，节目必须坚持社会效益优先。

电视节目的高品质体现在其内容的真实、权威、可信，体现在其对受众各种需求的满足，还体现在其内容传播过程中对社会效益的优先考虑，这也是电视传媒作为传统传媒的社会属性所决定的，是其责任，但同时也是提升电视传媒影响力、与新传媒竞争的一大优势，因为高品质的电视节目通常会产生高社会效益，而受众对电视传媒产生社会效益普遍存在期待和要求，注重社会效益的电视传媒和电视节目在汇聚受众方面更具优势，反之忽视甚至无视社会效益的传媒或节目，无论其怎样迎合受众的需求，终将被受众所弃。

坚持社会效益优先，对于新闻类电视节目来说，除了其内容真实、权威、可信以及对社会重大问题的关注和推动，同时要考虑节目传播的社会影响，因为新闻节目的传播效果除了其自身质量外，还有很多影响因素比如播出时机、播出频率等。举个例子，比如对暴力恐怖事件的报道，要考虑节目播出会不会如恐怖分子所愿加剧社会的恐慌，因此，这类报道在保证受众的知情权的同时，必须确保不能引起社会的恐慌。还有对很多社会问题，电视新闻节目既要从解决问题的角度予以关注，同时又必须考虑公开报道可能产生的社会影响，新闻报道必须以带来正面的社会效益为前提条件。

坚持社会效益优先，对于电视综艺类节目来说，主要应该体现在内容在社会文明导向方面的积极作用。比如我们前文所说的那些成功的综艺节目，除了娱乐、游戏，其可以说普遍蕴含着合作、感动、激励等正能量的内容元素。电视剧亦是如此。

因此，无论是什么类型的节目，电视节目的制作播出必须首先考虑其

第五章
电视业的形势及应对策略

社会效益，要预估其可能产生的社会影响，确保节目对社会发展有积极向上的导向作用。

总之，对当下竞争环境中的电视传媒来说，要做好内容，一定要注重品质，要着眼影响力的打造去注重品质，这是在当下环境中，基于电视传媒自身的资源条件等所决定的。

4.尽可能满足受众的选择权和参与权

在满足受众参与权方面，综艺类电视节目相对来说容易一些，目前看也做得更好一些，而对于新闻类节目来说，可操作性相对难一些，但在电视传媒融合转型过程中，新闻节目依然要努力满足受众的选择权与参与权。

如前文所述，今天，信息发布不再是传媒工作者的"专业"，受众也不再是被动的信息接受者，受众开始对信息进行选择性接受，同时通过反馈意见甚至直接发布信息来参与信息的生产。对于传统电视传媒来说，当每一个人都成为潜在的信息发布者的时候，其自身的产品生产就要考虑受众的参与权，一方面，尊重了受众的参与权，将更容易赢得受众的选择权，因为受众对于自己参与制作播出的电视节目必然会多一份关注。与此同时，当信息发布成为一种人人都能用的"通用技能"的时候，专业传媒机构所拥有的记者必然在发现事实方面处于一定"劣势"——记者接近事实的速度和便捷性远远不及"无处不在"的普通百姓，换句话说，传统传媒必须借助于受众来收集信息，然后再发布信息。

从另一方面看，普通人的信息发现又给了专业传统传媒以作为的空间。因为普通人的信息发布往往是碎片化的、表象化的，对于事实的背景及横向关联一般也难以兼顾，或者说无力解释。我们常常看到的互联网的信息多是如此，有现象没原因、有主张无论据。传统专业传媒恰恰可以运用自己的专业特长，将碎片化的信息连缀在一起，从而还原和解释事实真相，这往往成为传统传媒新闻报道可以着力去做的"第二落点"。比如目前许多传媒都有"真相调查"一类的节目，就是针对互联网上有影响的传言，进行二次采访报道，还原事实真相。实践表明，这类节目由于选题来自受众，所以往往在收视方面有较好的表现。

传统电视节目满足受众的参与权，还表现在让人们在节目中有更多的表达和主张。比如中央电视台新闻频道近年来频频推出的各种主题的"海采"报道，就是为某一社会热点话题给普通人以表达的平台，里面的某些观点和话语可能有争议，但它却是社会群体不同主张、不同情绪的表现，因为是社会群体的普遍表达，其在社会生活当中的影响和意义也会随之提升。

5. 加强新闻节目与社交传媒的融合

社交传媒指允许人们撰写、分享、评价、讨论、相互沟通的网站和技术，在社会化传媒上，大批网民自发贡献、提供新闻资讯。国外许多传统传媒在新闻报道中都十分重视与社交传媒的融合。比如 2013 年普利策新闻奖的突发性新闻报道奖获奖作品——《丹佛邮报》关于当地电影院枪击案的报道中，就充分利用了 Facebook、Twitter 等社交传媒。早在 2009 年，美联社社交传媒主管劳伦·麦克劳夫在接受美国权威传媒研究机构波恩特研究中心人员专访时就说道，社交传媒在美联社新闻信息采集中已经处于不可替代的位置。美联社记者灵活地运用社交网建立信息源、控制信息流，他们在 Twitter 上有群账号，在 Youtube 上设有频道。在一次听证会的报道中，美联社还通过博客和 @AP_Courtside 账号直接与公众对话，并链接来自美联社的相关多媒体新闻，提问与解答并举，与受众分享信息平台，让受众有如身临听证会现场。劳伦·麦克劳夫还介绍，美联社在纽约的"社交网络中心"是美联社全球范围内的主要信息交汇点，日常高效协调各项资源，力争本社提供的新闻能在所有传媒的头条占有竞争优势。

就国内的传媒而言，中央电视台的新闻报道中也每每使用央视新闻微博、微信平台上的内容，比如在 2013 年的芦山地震报道中播出微信报平安和寻亲的内容，另外，"两会"期间央视新闻频道《新闻 30 分》栏目还推出"微博看两会"板块，通过微博征集、听取民声、民意，在电视屏幕上呈现，实现了传统主流传媒与社交传媒的互动新模式。除此之外，更多的传统传媒将社交传媒当作获取新闻线索的重要平台，据了解，国内许多传统传媒已经设有专门的工作岗位，利用手机及其他工具 24 小时跟踪微博、微信等

第五章
电视业的形势及应对策略

社交传媒的信息，并向采编部提供报道线索和报道角度。

由此可见，国内传媒业已经对社交传媒的运用有所重视，但是，就目前的程度看还远远不够，还远远没有达到融合的程度。其实，传统传媒不仅可以将社交传媒当作新闻报道的线索来源，更可以将其作为平台，实现与受众的互动，从而影响和吸引受众。

（二）电视传媒经营模式的改变

1.广告经营模式的改变

传统传媒的盈利来源，主要有两种，也就是传媒的两次销售：传媒的第一次销售是内容销售，或者说是载体销售，比如报纸、杂志等印刷传媒都有定价，电视传媒的第一次销售是指观众在有线电视基本业务付费之外为节目或频道额外支付的费用；传媒第二次销售的是读者或观众，也就是发行量或收视率，具体说是与发行量或收视率直接相关的广告资源。从传媒发展史看，印刷传媒最开始的盈利模式主要是靠第一次售卖，之后发展为第一次售卖与第二次售卖同时存在，而电视传媒最主要的盈利模式就是第二次销售。尤其是在国内，说到电视的经营，很多人想到的就是广告经营，有的人甚至认为电视的收入就等同于广告收入，当然，电视传媒的收入不止广告一个渠道，但长期以来直至目前，大多数电视传媒的主要收入来源依然是广告，广告是电视传媒的经济命脉，这是不争的事实。前文已经论述，在与新传媒融合转型过程中，单靠广告这种单一的盈利来源已经不能适应电视传媒发展的需要，电视传媒必须探索与发展适合的多种盈利模式，包括广告经营方式的转变。

首先来说电视的广告经营。如前文所述，在电视传媒自身市场竞争日益激烈、同时面临新传媒冲击的状况下，电视传媒在广告市场的竞争也更加激烈，大多数传媒机构大多数节目的广告时段已经进入买方市场，除了少数传媒的个别黄金时段，广告主对广告时段的自由选择度更高了。在这种情况下，电视传媒唯有加强广告经营，才能确保经济命脉不衰。首先，电视传媒不应将广告再当作一次性售卖行为——销售完就完了，而是应该视为全程服务。也就是说,电视传媒向广告主出售的不仅仅是几分钟、几秒钟的时段,也不单单是这几分钟、几秒钟的收视率,而是对广告主投放广告期间全程、全方位的服务,包括售前向广告主提供所售广告时段的收视率、节目美誉度报告,广告投放时段的组合建议、广告与整体营销的统筹策划等,另外,还要加上广告投放期间对广告的维护与推动,广告投放之后的效果走访、用户维护等,总之,电视传媒应该借鉴新传媒的思维,将广告客户视为电视广告时段的"用户",重视用户体验,因为,在同样的传播效果下,唯有好的使用体验才能留住用户。其次,电视传媒的广告经营应该加强广告时段收视率之外的价值营销。尤其是电视传媒与新传媒在广告市场竞争中,应该充分利用传统传媒在内容方面的优势,强调节目的专业性、权威性对广告宣传的正向作用,比如中央电视台新闻联播前5分钟广告"黄金时段"之所以一直紧俏热销,是因为广告主在看重该时段收视率的同时,还很看重该时段所属节目的品牌和社会影响力对产品形象塑造的正向作用。

2. 付费业务的加强与拓展

与广告经营相比,内容经营是目前国内电视传媒比较薄弱的环节,正因为薄弱,这一块也成为电视经营极具潜力、值得深挖的一块宝藏。这里所说的内容经营主要是指电视传媒的第一次售卖,即内容售卖,具体说一个是一般电视节目的售卖,一个便是付费频道的运作。国外电视传媒的盈利模式中,大多是广告收入与内容销售收入并存的,比如国外电视传媒许多节目生产的目的不仅仅是满足自己频道播出,而且往往是为了直接销售,另外,像在美国等电视传媒较发达的国家,频道专业化已是发展趋势,基于有线技术、频道专业化和受众市场细分下的付费电视已经成为电视传媒主流盈利模式,付费业务成为电视传媒的重要收入来源。但在我国,专业付费频道的经营却很艰难,近年来,尽管随着数字电视用户规模持续壮大,付费频道的用户增长了一些,但绝对量仍然不大,据相关数据,绝大多数频道达到大约2万用户时就进入平台期,要想再上升有很大难度,同时,要保住这些用户也是得费尽功夫。总体而言,我国数字电视的用户这几年随着国家政策推动以及其他方面的原因确实增长不少,但付费频道订户却

第五章
电视业的形势及应对策略

没有相应地增加。分析用户对付费电视频道热情不高的原因，大致有以下几个方面：一是中国的观众免费看电视的习惯根深蒂固，改变过程缓慢；二是我国目前还有大量的免费频道，这让目前的电视观众感觉需求满足得已经不错，由此增加了付费电视推广的难度；三是现有的付费频道节目水平尚有问题，其销售模式也难说合理，由此对观众的吸引力不够；四是用户消费水平与付费电视的价格之间存在差距，付费电视定价高，大多数电视用户承受力不足；五是互联网等新传媒与付费频道在专业化与分众领域存在严重竞争，而在内容的丰富性和互动能力等方面，新传媒远超专业电视频道[1]。而就付费频道的整体经营困局看，除了在吸引受众方面存在不利因素，政策方面的限制也是很重要的一个原因，比如，现有政策规定付费频道不可以开展广告业务，这就把付费频道的盈利模式限定成用户订购费这一种，而在美国、西班牙等国家，付费的有线频道都是"双重收费模式"，即专业的电视频道可以靠用户的订购费和广告收入双重盈利。

综上所述，付费频道的发展有赖于政策环境的完善，即政策解禁以容许付费频道开展广告业务，同时付费频道的发展还需要行业市场的进一步成熟，比如说在"质"和"量"两方面的成熟——能提供高品质的节目和大量的专业频道，因为付费意味着选择，只有有足够多的、质量上乘、满足不同受众不同需求的专业频道可供选择，观众才愿意在有线电视基本业务付费以外额外为内容付费，而这样也才可能一定程度改变观众免费看电视的习惯，培养付费电视的受众市场。

尽管目前看，我国付费电视前路艰难，但是，放眼全球电视传媒业的发展，付费频道应是其主要趋势，因此，国内电视传媒能否在付费业务方面取得进一步的拓展，直接关系到我国电视传媒业的未来走向。

3. "电视+"盈利新模式的探索

互联网等新传媒给电视传媒带来巨大的冲击，却也给电视发展带来新

---

[1] 此段参考：高志敏、许毅，《付费电视频道营销思路探讨》，《中国有线电视》2007年第9/10期；许毅、肖君山、何超，《付费电视频道运营模式初探》，《中国数字电视》2007年12月号。

的机会。面对来势凶猛的移动互联网，一些电视传媒因势利导，在电视的运营中加入互联网的元素，找到了新的盈利模式，有人称之为用"电视+"拥抱"互联网+"。

比如"电视+电商"正在成为电视与互联网融合的一种新模式，其基本操作模式是"边看边买"。这种模式起始于中央电视台的纪录片《舌尖上的中国》。2014年初，央视《舌尖上的中国2》开播，中央电视台与电商平台天猫、美食社区豆果网进行了授权合作，豆果网开辟了整合传播体验社区，同步更新节目中的300多种食材及官方菜谱，观众在观看节目的同时可以通过电脑、手机参与互动，了解节目中食材的营养成分等，与此同时，天猫食品同步上线了100多款食材，观众可以边看节目边购买节目中的这些食材。[①] 根据天猫食品公布的数据：第一集结束的周末，累计有540多万人次登陆了天猫食品的《舌尖上的中国》独家合作页面，而大部分的吃货们往往是一边盯着电视机，一边掏出手机"按图索骥"，疯狂下单。[②] 淘宝数据显示，观众的购买潮与"舌尖"的播放几乎同步。这一利好让这种"电视+电商"的边看边买模式迅速发展开来，2015年，东方卫视播出的两部电视剧《女神的新衣》和《何以笙箫默》，都采用了这种模式，东方卫视和天猫合作，使得电视观众在观看电视剧的同时，可以通过互联网在天猫上买到明星身上的服饰，实现"边看边买"。另外像旅游卫视的《鲁豫的礼物》《超级代言人》以及湖南卫视的《爸爸去哪儿》等也都采取了这种模式。

"电视+电商"边看边买的模式，也被业内人士称为F2O（Focus to Online）模式或T2O（TV to Online）模式，它实际上是电视直接对接销售，由此极大地提高了电视传媒的平台价值，但它的实现是有条件的，第一，采取边看边买模式的电视节目内容必须是高收视率的，毕竟只有有人看才可能有人买，如果节目收视效果不佳，电商恐怕也很难愿意被电视"+"；第二，

---

① 央视创意微信公众号，《2016，TV还能+什么》，2015年12月21日。
② 新浪网，《"舌尖2"热播200多万人手机天猫上边看边买》，http://tech.sina.com.cn/i/2014-04-25/18089345413.shtml。

第五章
电视业的形势及应对策略

边看边买模式有别于传统的电视购物节目,它的"看"与"买"是在两个平台运行的,两者互生互存而又相互独立,比如节目不能因为迎合电商平台而变成软广告。当然,对电视传媒来说,这种模式是不是一种新的长效盈利模式,也还需要进一步的检验,但它至少是符合电视传媒融合转型的大趋势的,值得进一步重视与发展。总之,电视传媒应该在与新传媒的融合中创新出更多的盈利模式。

(三) 制播如何分离

制播分离的提法最早源于英国的电台、电视台的节目委托制作制度,在制播分离出现之前,电台、电视台对节目而言是"独制独播"——自己制作、自己播出,后来鉴于现实形势,要将某些节目交由台外的制作主体制作,然后向这些制作主体购买以用于自己播出,于是从"独制独播"变成了"双制独播"——在制的方面不是自己独制,而是台外制作主体也可以制了。在制播分离之前,电视传媒既制又播,而在制播分离体制之下,电视传媒把部分节目(一般是非核心节目)交给台外制作主体,自己减掉了这部分"工作量",而把工作重心一部分转到了对节目的选择、审查与编排、播出上。可以说,制播分离顺应了节目生产专业化、集约化的要求,意味着节目大规模的社会化生产,这样可以降低节目生产成本,同时也有利于形成竞争,从而提高节目的质量。因此,制播分离成为电视产业发展的方向。

对于传统电视传媒来说,制播分离的目的有两点:更低的成本、更高质量的节目。电视传媒与专业节目制作主体的制播交换也应该是在这两个条件下进行,即电视传媒与制作公司应该建立一种交换关系,其最终目的是以更小的成本让观众看到更丰富、更高质量的节目。从理论上说,在制播分离模式之下,电视传媒与专业制作主体资源互补,本是双赢模式,但现实中,我们看到,尽管政策规定文艺、体育、科技等方面节目都可以在制播分离中交由台外制作主体制作,台外制作主体确实也做了不少,但是除了电视剧,专业制作主体制作的其他节目被电视台购买的量很小,与此同时,制播分离改革目前也仅是在部分电视台的部分栏目中实施,实施比例并不是特别大，主要是在一些电视传媒业的发达地区——电视传媒业不发达地区之所以难实施，因为它们实力弱、无力购买一定价格的节目，实施了也白搭。于是，我国的电视节目市场出现了"双重饥饿"现象：一方面，众多电视台（如没实施制播分离的电视台）的众多栏目急需高质量的节目，形成频道、栏目对节目的"饥饿"；另一方面，大量的节目制作公司生产出很多质量不高、难以畅销的节目，又表现出对播出平台、播出时间的"饥饿"，制播交换存在比较严重的障碍。

中央电视台副台长孙玉胜曾经分析过这种制播交换障碍，他认为，除了政策因素及制作公司本身存在的信誉、节目价值取向等因素外，最重要的原因在于制播双方盈利模式的趋同，他说，在绝大部分节目制作公司向电视台销售的专题片或专栏性节目中，都有贴片广告（即在节目开始前、结束后出现的广告），而这意味着，制作公司与电视传媒的盈利模式一模一样——都靠广告获取收入，而这样双方其实是存在竞争关系的——电视台播你的节目，就必然播你节目中带的广告，而播你的广告，电视台的广告就不能播、也就得不到广告收入。所以在这场竞争中，优势显然不会在制片公司一方——电视台不可能把黄金频道和黄金时段完全交给社会节目制作公司的节目——即买你的节目在这些时段播放，而且，它也不大可能把广告吸附能力强的节目形式交付予制作公司，从而制作公司只能拿到一些不好的节目形式以及价值不高的时段。从而，制播交换就存在比较严重的障碍。孙玉胜因此认为，付费电视的发展，或许一定程度上能疏解制播交换过程的障碍，因为一些专业频道可以凭借订户费用而直接购买制作公司制作的专业性较强的节目，从而制作公司也可以不必为了广告而全部挤在制作大众化节目这一根独木桥上，这样，制播交换障碍就能一定程度上得到疏解[①]。

那么在电视传媒与专业节目制作公司盈利模式趋同的情况下，该怎样发挥制播分离的优势呢？从一些成功案例可以看出，相较于你负责制作、

---

① 详见：孙玉胜，《十年》，生活·读书·新知三联书店 2003 年版。

第五章
电视业的形势及应对策略

我负责播出的模式，制播双方联手制作节目，更有利于实现平台与内容的双赢。即专业节目制作公司和电视传媒在制播相对分离的基础上，对节目共同投入、共担风险、共享利润。比如《中国好声音》就是浙江卫视和专业的节目制作公司灿星制作合作推出的节目。在这一合作中，星空华文（灿星制作母公司）与浙江卫视采用投资分成的商业模式：双方共同买下节目版权，出资比例各占一半，权益共享；采取"投资分成"，制播双方就"共同投资、联合制作、风险共担、利益共享"达成共识；双方各自投入优势资源，共同制作节目播出。① 这种合作最大的优势是，降低了制作方的风险，同时降低了播出方的成本，基本实现了制、播双赢。

在目前情况下，制播双方联手的模式，首先有赖于播出方即电视传媒理念的转变，电视传媒要有与制作公司风险共担、利益共享的视野；其次电视传媒要有实力，因为参与版权购买、投资合作、承担风险都是需要经济实力的。因此，尽管目前制播分离尚有诸多障碍，但对于良好的制作公司、有市场前途的节目，有实力的电视传媒应当本着互利双赢的原则，开展多种形式的合作，从而达到以最小成本获得高质量节目的目的。

（四）传统电视传媒怎样与新传媒融合

1. 用互联网思维打造真正的新传媒平台

目前，大多数电视传媒已经建立了自己的网站、微信、微博、客户端等新传媒，有些电视传媒早在 20 年前互联网初兴的时候，就已经建立了自己的网站，但到今天，电视传媒的新传媒影响力远不及互联网等新传媒。甚至差距越来越大。一个根本的原因就在于电视传媒大多在以传统传媒思维做新传媒，说白了，传统电视传媒大多把新传媒当作一个内容传播渠道，随着门户网站、微博、微信、移动客户端等数字技术的演进，传媒人也将自己的内容依次迁移，不断扩建新平台进行全媒体传播，他们以为这样就

---

① 详见：胡颖娟，《电视台联手制作公司，内容平台互利共赢》，《新闻研究导刊》2015 年第 6 卷第 18 期。

是在做新传媒了，就是在融合转型了，殊不知，真正有竞争力的新传媒首先是一个基于技术功能的用户服务平台，然后才是内容推送平台。举个例子来看看什么叫"用户服务平台"，美国最具影响力的新闻博客网站——赫芬顿邮报，它为受众提供新闻信息的主要方式就是24小时新闻聚合，但赫芬顿邮报本质上并不是传媒，而是一个聚拢其他传媒内容的平台，即它不生产内容（现在虽然也开始生产一些，但仍不算主流业务），而是聚拢其他传媒的内容在自己的平台上，然后来自己平台浏览的用户就获得了它的服务，而它吸引用户的优势在于它有一个"实时流量分析系统"，该系统能分析出目前的网络热点信息，然后该平台将这些信息向用户提供，由于它的信息确实"新鲜热辣"，所以就吸引了不少的用户。总之，正是凭借这样的运作模式，赫芬顿邮报在满足用户信息需求方面独树一帜，从而也在互联网传媒领域脱颖而出。另外还有 Buzzfeed、今日头条等，无一不是靠钻研信息聚合、分发的种种算法应用、不断强化平台的用户服务功能从而获得成功的。①

显然，与上面这些新传媒一比，电视传媒还是在用传统传媒的思维在做新传媒，只是借助新传媒来传播内容，而打造真正的新传媒需要的是互联网思维，什么是互联网思维？"互联网思维的核心是用户思维，一切以用户为依归"，②有竞争力的新传媒是在全力经营用户关系平台，它不只是将自己的信息传播给用户，而且给用户提供信息需求方面的全方位服务，包括信息获得、信息发布、信息互动等等。因此，从这个意义上说，国内许多传统传媒此前只是凭借内容优势进入了新传媒领域，而其实并未进行真正的新传媒运作。而今后，如果传统传媒仍视新传媒为新的传播渠道，而不去建立基于用户关系的新传媒平台，那么它在新传媒市场竞争中必死无疑，因为当平台相对稳固时，那些原本不是传媒出身的新传媒一定会转向内容，从而建立自己的内容优势。其实正如前文所述，许多互联网企业已经在通

---

① 详见：黎斌，《传统媒体应如何重构自己的新媒体平台》，《传媒》2015 第 8 期。
② 金圣荣编著，《马化腾：我的互联网哲学》，海天出版社（中国·深圳）2015 年版。

第五章
电视业的形势及应对策略

过各种方式打造自己的"内容帝国"。所以,传统传媒一定要警觉。

因此,电视传媒如果不甘心在将来沦为仅仅是内容提供商的地位,就得转换思维,用互联网思维构建真正的新传媒。

2. 重视关系建设,最大限度提升用户体验

我们说,真正的新传媒,竞争的不是内容,而是平台的整体服务。比如受众不会在乎一条新闻是谁首发的,而是更在乎我怎样能获得这条信息,尽管你是首发、你权威,但我打开你的网站、登录你的客户端,半天找不到想看的信息,或者说打开信息的速度太慢,我可能就转到其他网站上了,反正在数字时代,一条信息不出几分钟,几乎会出现在所有传媒上。也就是说,对于新传媒平台来说,更重要的是你能不能让受众便捷舒适地获取信息,也就是通常所说的"用户体验"如何。

所谓的用户体验,英文为 user experience,简称 UE,即用户消费产品时的感觉,包括对产品的功能、便捷程度、视觉、品牌等的感受,是一种纯主观的事物。对于新传媒来说,用户体验除了取决于内容产品获取是否便捷舒适,还取决于两方面的因素,一是传媒的品牌是否被广泛认可,二是传媒是否能够提供互动与表达的平台。而对于电视传媒来说,受众对其品牌的认可情况往往影响对其新传媒的体验,比如某些传统传媒在受众心目中形成了刻板、空洞、高高在上的印象,那么它的新传媒可能受众也不愿意接近。总之,用户体验越好,用户对网站等新传媒的依赖性就会越强。

3. 用足母媒体资源,在新传媒竞争中保持内容优势

在将新传媒建成用户关系平台的前提下,电视传媒自然应该充分利用母媒体的资源优势,将母媒体的内容产品变为自己的竞争优势。当前情况下,电视传媒的视频节目是新传媒竞争的绝对优势资源。比如中央电视台的新传媒应该将央视本身所独有的新闻资讯、体育比赛以及影视剧等转化为自身的内容优势。但传统传媒的新传媒不能仅仅依赖这些内容,它既然是新传媒,就应该具备新传媒的特征,要成为用户选择信息、同时参与内容生产的平台。比如在凤凰网的流量构成中,其母媒体凤凰卫视的贡献不到10%,其他都是对别的渠道的内容的整合,包括网友生成的内容。

在利用母媒体资源方面，电视传媒的新传媒还应特别关注母媒体的直播资源。我们知道电视传媒的核心竞争力之一是现场直播，而商业互联网企业在采访权以及报道能力等方面都无法与传统电视传媒相比。在这种情况下，传统电视传媒的新传媒可以探索更合理、更有效的突发新闻报道模式，提升自身在新传媒竞争中的能力。

对于新闻内容，传统传媒的新传媒还应该注重对信息的整合与解释。传统传媒的新传媒与商业化的新传媒的最大不同之处，就是其有背后的母媒体，因此，它往往具有传媒的理念、传媒的情怀。凤凰卫视副总裁、凤凰网CEO刘爽说，凤凰网的成功做法之一便是真正用传媒的情怀和理念去加工、筛选、整理内容。这跟其他门户网站不同，门户网站信奉的往往是用技术驱动来整合海量信息，而在口水无穷多的网络时代，人们显然需要有效、有价值的信息，因此，对海量信息进行专业的整合和解释对新传媒来说同样具有很大的价值，传统传媒的新传媒在这方面显然更具优势。

这里值得注意的一点是，对于新传媒传播，传统传媒往往有这样一种想法，认为我在内容提供方面比商业化的新传媒有着得天独厚的优势，我有专业素质，有优秀采编人才，有严格的把关人制度，有独家的内容，而且都是真实可靠的，而这正是商业化的新传媒所短缺的，电视传媒还会说，我还拥有强大的视频资源，于是乎，传统传媒的新传媒便完全依赖母媒体的内容，甚至是简单地将母媒体的内容平移到网站、微信、微博及客户端上。然而，前面已经说过，新传媒是基于技术支持的用户关系平台，无论其母媒体在传统传媒领域多么出色，一家传媒的单一的信息传播都无法经营这样的平台，因此，对于母媒体的内容优势，新传媒平台只能利用，不能依赖。

4. 开展组合营销，在盈利模式上与新传媒融合

传统传媒要转型新传媒，除了内容转型，还有盈利模式的转型，两者缺一不可。如前文所述，目前电视传媒与互联网等新传媒已经进入深度博弈，电视传媒普遍搭建了自己的新传媒平台，但这些新传媒平台又普遍被当作电视传媒内容的一个新的传播渠道，被视为电视与新传媒争夺观

第五章
电视业的形势及应对策略

众的一个新平台,在此定位下,许多电视传媒的新传媒并没有更多的盈利任务,即便一些有盈利能力或有盈利动机的新传媒,也大多沿用电视传媒最重要的盈利模式——广告收入,也就是说,大多数电视传媒的新传媒提供的内容是免费的,其收入来源主要是靠广告。从眼前看,电视传媒面临观众流失的巨大压力,通过新传媒平台的免费服务,充分发挥电视传媒的内容优势,确乎能够为电视留住一些观众,也会为电视增加一些广告收入。但从长远看,这种单一的盈利模式显然不利于、甚至会阻碍电视传媒的转型发展。

这是因为,首先,电视传媒的新传媒,也是新传媒,它必须遵循新传媒的经营模式、找到适合新传媒的盈利模式。我们说,新传媒不只是一个简单的传播渠道,而是一个用户关系平台,因此,电视传媒与新传媒的融合进程中,要打破传统传媒主要靠广告收入的盈利模式,要基于新传媒平台的服务来盈利。如此一来,新传媒的盈利模式将不一而足:以内容取胜的新传媒,可能依然延续传统传媒靠广告盈利的模式,也可以通过内容售卖、即付费节目、付费信息等方式来盈利,因为相较于电视传媒而言,新传媒更有优势将专业信息进行整合向小众进行分销;而有些新传媒,则可以凭提供服务来盈利,比如上海报业集团在2015年推出新传媒《界面》,它将被集团打造成一个互联网金融信息服务平台,为个人、机构投资者提供金融资讯,其产品形态多样,包括网站、客户端、微信、微博、定制信息以及推送信息等,包括新传媒所能提供的许多主流形态。而同时,它还要建设专业的线上交易平台与财富管理终端。其未来战略目标则是整合信息提供、交易服务、投资者关系等方面,形成更宽广的业务结构。[①] 可以看到,在《界面》的定位里,有着比较清晰的商业目标,而这清晰的商业目标显然会为其带来相对丰富的盈利模式——广告盈利模式和服务盈利模式(如信息提供、交易服务)等。

---

① 详见:新媒体观察网,雷全林,《浙商传媒雷全林:传统媒体转型新媒体的盈利模式分析》,http://www.xmtnews.com/p/1363。

综上所述，新传媒的盈利模式除了广告之外，还应该有付费内容的盈利模式以及服务模式。而单一的广告盈利模式，一是在当前环境下会比较困难，二是不利于未来用户市场的培养——如前文所述，付费电视之所以发展缓慢，一个很重要的原因便是公共免费频道过多、观众免费看电视的习惯改变缓慢，同样地，如果电视传媒迫于眼前压力，其新传媒一味进行免费服务以获取受众从而最终获取广告收入，则对于未来用户市场的培养来说，无异于是饮鸩止渴。

总之，电视传媒的融合转型，首先是建立基于用户服务的新传媒平台，在此基础上，再创新盈利模式，从而实现传媒的持续发展。

（五）关于中国电视传媒转型发展的进一步思考

综上所述，目前中国电视传媒正处于与新传媒融合、转型发展的时期，但总体来看，融合转型的声音不小效果不大。从政策层面看，国家在鼓励传统传媒与新传媒融合以实现转型发展，而几乎所有的电视传媒也都在融合、都在转型，但电视传媒在新传媒领域的影响力和竞争力还远不如一些商业网站。目前，大多数电视传媒主要的业务、经营模式还是传统的电视模式，它们也有自己的客户端、微信、微博等新传媒，但这些新传媒大多是其母传媒内容的传播渠道，而不是真正基于用户关系的传媒平台，因此，这些电视传媒与新传媒融合主要体现在利用新传媒扩大传播面及影响，并没有真正地转型；相比较，个别电视传媒的转型要深入一些，它们不再满足于在传统节目中引入新传媒的元素，或是搭建简单的传播渠道，而是全面涉足互联网、移动互联等领域，与新传媒深度融合，利用自己的内容优势搭建独立的"电视互联网新传媒"。比如中央电视台、湖南卫视、凤凰卫视在这一方面就做得比较成功，它们分别建设了CNTV、"芒果TV"、凤凰视频，在圈内影响力都比较大；还有一些电视传媒的转型选择了与互联网企业的合作，电视传媒出内容、互联网公司出技术，强强联手打造新传媒，其典型是与电商阿里巴巴联手的东方卫视，双方确定在内容产品、天猫东方卫视旗舰店、技术及硬件开发、游戏开发五个方面展开

第五章

电视业的形势及应对策略

深度合作①。

以上电视传媒与新传媒融合的三种模式其实也代表了目前电视传媒转型发展的模式,对于第一种作为电视传媒内容传播新渠道的新传媒,相较于基于用户服务的新传媒,其市场竞争力十分有限,而随着新传媒的进一步发展、电视传媒的日渐式微,选择这种模式的电视传媒的出路或许有两种:一是成为新传媒的内容提供商;二是随着电视传媒的衰落而最终被市场淘汰。第二种即电视传媒独立发展的新传媒平台相对具有更强的市场竞争力,但电视传媒能否借此转型、实现更好的发展,关键还在于其新传媒平台的经营是否符合互联网时代的理念与规则,而这对于传统传媒来说,不仅要有经济实力,更重要的是要有技术实力,因此,这种转型模式一般只是少数有实力的电视传媒可以选择的道路。而对于第三种传统传媒与互联网企业联手办新传媒的模式,可以双赢,不失为电视传媒快速而高效的转型模式,电视传媒可以多多实践。

---

① 此段参考:孙宁,《传统电视媒体新媒体转型的四种模式》,《视听界》2014年第4期。

06 第六章
新旧交融中的互联网内容聚合平台

何谓"内容聚合平台"
内容聚合平台：新传媒还是旧传媒？
新旧交融的市场格局
盈利模式：二次售卖还是自营？
门户类内容聚合平台：营销圈地或退出
群博式内容聚合平台：基于社群"小而美"
个性化内容分发平台：优势与挑战

TRANSITION AND CHOICE
Media Industry at the Crossroads

中国互联网络信息中心（以下称 CNNIC）于 2015 年 7 月 23 日发布的第 36 次《中国互联网络发展状况统计报告》中，根据具体职能的不同，将互联网应用分为信息获取、商务交易、交流沟通和网络娱乐四大类别。其中，"网络新闻"首次被作为信息获取类的一个重要应用被单列出来，并以 83.1% 的使用率仅次于即时通信，一举拿下所有互联网应用类别中的第二位。与此形成鲜明对比的，是传统传媒不断流失的受众（详见第一章报纸）。而"内容聚合平台"作为网络新闻的主要载体[①]，是如何在不断变动的传播环境中产生及发展的，当前又面临怎样的市场格局，具备哪些优势和不足，面临怎样的机遇和威胁，未来可能的发展方向又在哪里，这些问题都是本章所要探讨的。

一、何谓"内容聚合平台"

（一）内容聚合平台的内涵

所谓"内容聚合平台"，事实上是在互联网出现以后，相对于"传统传

---

① 内容聚合平台是网络新闻的主要载体，一般来说网络新闻也是内容聚合平台的主要内容。当然，实践中，也有的内容聚合平台并不承载网络新闻。本章主要聚焦于与网络新闻相关的内容聚合平台。

第六章
新旧交融中的互联网内容聚合平台

媒"而提出的概念。报纸、广播和电视等传统传媒,致力于生产内容,以内容吸引尽量多的目标受众;而内容聚合平台,则是以"聚合内容"为主要特点,依托其搭建的互联网平台,以技术聚合其他传媒生产的内容。在内容聚合平台出现伊始,这里的"其他传媒"主要指传统传媒;而随着Web2.0的兴起以及社交网络的出现,"其他传媒"的外延随之拓展到了同样生产内容的自媒体等。

换言之,"内容聚合平台"不生产内容,只是各种已有内容的聚集平台。通俗地讲,如果把内容聚合平台比作一个农贸市场,那么传统传媒等生产的内容就是充斥在这个市场里的"农产品";在这一市场中,农产品被重新"打包""组合"和"摆放",最终被消费者购买和"享用"。

(二)内容聚合平台的类别

内容聚合平台从不同的角度可以分成不同的类别,本处笔者结合研究需要,仅从内容的组织方式对其进行分类。

从内容的组织方式看,目前主流的内容聚合平台有门户类、群博式和个性化分发式三种。

一是以腾讯网、新浪网、搜狐网和网易网等为代表的门户网站,它们是最早出现、也是广为人知的内容聚合平台。门户网站简单讲即指以为用户提供各类信息为宗旨,并将信息进行归类等整理以便于获取的网站,它将各种信息整合到不同的频道(常见的比如新闻、财经、社会、科技和娱乐等),便利了受众搜索和获取自己感兴趣的内容。但是,从整体上说,门户网站对受众兴趣的把握还是粗线条的。一方面,门户网站只对受众的兴趣进行大致的划分,尽管其搜索功能能够进一步细化和方便受众的获取,但还是很难满足受众的需求,尤其是精准满足每个用户的需求;另一方面,门户网站对不同内容的分类主要依靠网站编辑的主观判断,这又使得分类的准确性得依靠编辑个人的水平,而实践中编辑的水平是不一致的,有些难说很高,这就使得本就不够精细的分类更显模糊。

第二种主流的内容聚合平台是以美国《赫芬顿邮报》、国内的微信公众号和知乎问答社区等为代表的群博式聚合平台。与门户类聚合平台不同，群博式聚合平台所聚合的内容，主要是"博客"上的各种内容（含新闻），而非局限于传统传媒的新闻报道等。确切地说，群博式聚合平台是具有"博客"性质的内容聚合平台。美国的《赫芬顿邮报》、国内的微信公众号和知乎，都是典型的群博式内容聚合平台，三者都打通了社交与内容之间的通道，将从博客（此处的博客，包括自媒体博客，也包括传统传媒博客）聚合而来的内容，以评论、分享和点赞等社交互动方式传达出去，依托受众个人的"朋友圈"让内容以更鲜活的方式触及更广泛的人群，这与博客的传播特点相似。

而同时，这三者相互之间也存在比较明显的差异。相较而言，《赫芬顿邮报》更像是一家"传统"传媒，尽管它首页上新闻的排序会根据受众的阅读和点击情况调整，但编辑事实上通过对内容的编排、整合，实施着对"内容"的决定权，即编辑决定"将什么样的内容放在这一平台中"；尽管《赫芬顿邮报》在2008年美国总统大选时，通过off the bus项目向网站的读者发布采访任务，广泛发动读者对总统大选进行报道，但其"采访任务"是由《赫芬顿邮报》的编辑所决定的，编辑决定"什么样的信息需要被采集"。总体而言，《赫芬顿邮报》的角色还是一个传统的"传者"，即它负责发布内容，对内容把关。

与《赫芬顿邮报》相比，微信公众号的内容主动权更大程度上掌握在"受众"手中。这里用"用户"一词替代"受众"，更为贴切。微信用户基于个人旨趣，选择感兴趣的公众号进行订阅和阅读，体现的是用户对自身兴趣的把握能力；微信公众号并不对内容的重要程度排序，也没有设置"编辑"一职来对博客上的内容进行剪裁和整合。因此，作为内容聚合平台的微信公众号，并不具备"传者"的职能，而更多地起一种联结个人用户与"订阅号"内容的桥梁作用。

在本章，知乎问答社区也被划归为群博式内容聚合平台一类。与《赫芬顿邮报》和微信公众号不同，知乎问答社区的"社交"性质更强。内容的聚合不是依靠编辑或用户个人，而是基于一个微型社区，这个微型社区

第六章
新旧交融中的互联网内容聚合平台

的核心是"一个具体的提问",基于对这一提问的兴趣,分散的个体自主而又互相联系地将自己的见解、知识等转换为内容,并主动将内容聚合到这一提问之下。

目前主流的内容聚合平台还有第三种,即以今日头条和一点资讯等为代表的个性化内容分发平台。个性化内容分发平台与其他两类内容聚合平台的区别,主要体现在三点:第一,个性化内容分发平台不仅聚合内容,还分发内容。被聚合而来的内容,不是依靠用户的主动搜索而被消费,而是被平台主动推送到用户的网页或客户端上。第二,个性化内容分发平台对内容的"把关",依靠的是基于大数据的机器算法,而非人力。在其产品简介中,今日头条号称其通过一套技术算法和用户的一个社交网站账户,计算出用户的个人兴趣从而对其进行针对性推送;而用户在阅读过程中所呈现出的使用习惯(比如相关话题点击次数、评论、转发、停留时间、阅读比例等),也将进一步帮助今日头条分析该用户的兴趣爱好,理解其阅读行为,以为该用户推荐喜欢的新闻资讯内容,做到越用越懂你,甚至做到"比用户自己更懂自己"。第三,也是最重要的一点,个性化内容分发平台聚焦于用户个体的"兴趣",真正实现了"个性化"定制新闻。总之,今日头条强调、注重用户的个性化体验,提出"你关心的,才是头条"。[1]一点资讯则把自己定位为"一款为兴趣而生、有机融合搜索和个性化推荐技术的兴趣引擎,通过提供个性化的自定义频道、并以顶尖算法不断学习用户偏好,帮助用户从浩瀚的新闻资讯中抽身而出,每天只读一点你关心的新闻即可"。[2]

(三)内容聚合平台产生的原因

细究内容聚合平台产生的原因,应该说有三条。

第一,内容聚合平台之所以会产生,从本质上说,是由互联网互相联通、开放和共享的特征决定的。互联网要实现人与人、物与物和人与物的互联互

---

[1] 详见今日头条官网。
[2] 一点资讯,《我们弄了这么一款产品》,http://www.yidianzixun.com/home?page=joinus。

通，最基本的一项要求就是信息的互通与共享。内容聚合平台的出现，适应了互联网信息共享的内在要求，在便利了互联网的使用者获取信息、节约了互联网使用者在获取信息上所花费的时间与精力的同时，也打破了地域和行政体制的限制，促进了信息在全社会的自由流动，具备十分正面的社会效益。以新浪等门户网站的出现为例，在门户网站出现之前，受众要获取信息，只能依靠报纸、广播和电视等传统传媒。一方面，受众的选择在地域上受到了限制——可供选择的传媒范围局限于当地和几家全国性传媒中，由此受众可获得的信息量也有限；另一方面，一家传媒的版面或时长有限，可承载的内容就有限，为获取所需信息，受众可能需要参考多家传媒的报道，也就是说，受众获取信息可能会花费更高的时间、精力乃至财力。门户网站一方面聚合各家传媒的报道，由于基本没有版面的限制，很大程度上丰富了受众可接触到的信息；另一方面门户网站通过对信息的编辑、整合和分类，加上提供站内搜索功能，从而也便捷了受众的信息获取。

第二，非新闻单位网站不具备采访报道权、不能登载时政等事务的原创内容而只能转载正式新闻单位的报道的政策规定，实际上也对内容聚合平台的产生和发展起了助推作用。2000年11月7日，国务院新闻办和当时的信息产业部联合发布《互联网站从事登载新闻业务管理暂行规定》，要求："非新闻单位依法建立的综合性互联网站，经批准可以从事登载中央新闻单位、中央国家机关各部门新闻单位以及省、自治区、直辖市直属新闻单位发布的新闻的业务，但不得登载自行采写的新闻和其他来源的新闻"。[①] 这一政策，一方面规定了非新闻单位网站"原创"非法，另一方面也给以"转载"为主营业务的内容聚合平台的发展提供了空间。由此内容聚合平台慢慢发展起来。

第三，知识产权保护机制的缺失，也给内容聚合平台的产生和发展提供了现实可能性。内容聚合平台是否能够无偿使用传统传媒所生产的内容，

---

① 人民网，《互联网站从事登载新闻业务管理暂行规定》，http://www.people.com.cn/GB/channel5/28/20001106/302314.html。

第六章
新旧交融中的互联网内容聚合平台

这个问题自其诞生起就一直是传媒学业两界乃至整个社会议论的焦点。但是从已有实践看，尽管打包式的版权合约也有成功案例，但长期以来传统传媒生产的内容被无偿、低偿使用是不争的事实。对于传统传媒知识产权保护的缺失，为内容聚合平台的发展节省了大笔开支。随着自媒体的加入，这一情况有望得到改善。目前已有内容聚合平台开始试水"利益共享"模式。如：2015年9月，今日头条宣布，为吸引更多的自媒体人加入其创作平台"头条号"，其已经开始对这些内容生产者提供"重金补贴"和"大数据分发服务"。具体来说，今日头条将在未来一年内推出"千人万元计划"和"百群万元计划"，扶持10000个头条号和100个传媒群，确保其中1000个头条号创作者单月至少1万元保底收入和100个传媒群单月2万元的保底收入。此外，入选"百群万元计划"的头条号，还可以在内容分发上具备优先于普通账号的某些功能，比如给自己的粉丝定向推送Push弹窗、上到头条客户端的导航频道等。[①]

二、内容聚合平台：新传媒还是旧传媒？

内容聚合平台是新传媒还是旧传媒？传媒的新旧，只是相对而言。新传媒与旧传媒不好说太有优劣之分，只是发展逻辑与侧重不同。因此，之所以要搞清楚这一问题，并不是为了让内容聚合平台走新传媒之路，也不是为了给秉持旧传媒理想的内容聚合平台正名，而只是为了厘清内容聚合平台的本质属性，以方便区分不同性质的内容聚合平台，进而对其发展路径和市场运作决策做出正确的判断，为不同性质的内容聚合平台的发展提供参考。

（一）模糊化的新旧边界

关于新传媒的定义，学界和业界的说法很多，但"互动"和"数字"这

[①] 商业价值，《今日头条想成为最大的创作平台，用"重金补贴"吸引作者入驻》，http://mp.weixin.qq.com/s?_biz=MTA2MTMwNjYwMQ==&mid=210729814&idx=2&sn=aa4c924f12ee416507879d77241cb574&scene=1&srcid=0915uW7dMTL95KJFgvqecn4t#rd。

两个基本特征是普遍公认的。廖祥忠（2008）把"新媒体"理解为"以数字传媒为核心的新媒体"——是一种通过数字化、交互性的固定或移动的多传媒终端向用户提供信息和服务的传播形态。[①] 匡文波（2012）则认为与传统传媒相比，新传媒具有即时、开放、个性、分众、信息量大、检索便捷、融合性等特征，但其本质特征是数字化与互动。[②]

国内目前内容聚合平台市场竞争激烈，在 1000 多家内容聚合平台中，仅有腾讯新闻、今日头条、网易新闻和搜狐新闻这 4 个平台领跑市场，其他绝大部分平台很难被用户发现、安装和使用。而在进一步研究这 4 个寡头的市场决策时我们发现，寡头之间的互相影响和借鉴，正在模糊门户类、群博式和个性化分发式内容聚合平台三者的边界。换言之，内容聚合平台市场中，新传媒与旧传媒的边界正在模糊。

（二）内容聚合平台的"新""旧"之分

因此，在新旧交融的市场格局下，对于内容聚合平台到底是新传媒还是旧传媒这一问题，再不能做出简单武断的回答，而是要在细致考察其市场决策后，依据一定的标准或原则，才能做出判断。笔者基于"互动"和"数字"这两大新传媒特征，结合内容聚合平台市场的实际情况，区分内容聚合平台"新""旧"的原则概括如下边表 6-1 所列。当一个内容聚合平台同时满足以下三项标准时，就可被划归为"新传媒"类别，纳入"新传媒"研究的对象。

表 6-1　内容聚合平台的"新""旧"之分

原　则	旧传媒	新传媒
理念	内容；受众	产品；用户
产品/内容	大众化的同质内容共享	基于大数据的个性化推荐
传受者关系	"广播"	互播

---

① 廖祥忠，《何为新媒体？》，《现代传播》2008 年第 5 期。
② 匡文波，《到底什么是新媒体》，《新闻与写作》2012 年第 7 期。

第六章
新旧交融中的互联网内容聚合平台

1. 理念的改变：由内容到产品，由受众到用户

"内容"和"受众"，是两个与旧传媒相联系的概念。所谓"内容"，是指传媒所收集、加工和传播的信息，这里的信息不仅仅包括新闻，也包括非新近发生的其他资讯。所谓"受众"，是指信息的接收者，如读者、听众和观众。在旧传媒时代，或者说传统大众传媒时代，"内容"的生产由大众传媒所垄断，而"受众"一般只能一味接收，虽说有一点反馈，如通过热线电话、上门造访等，但总体而言主动性弱。正是由于大众传媒对内容生产实行垄断，并掌握了传播的主动权，所以，受众与大众传媒的地位是不平等的。在我国，大众传媒经常强调"新闻专业主义"、传媒的"社会责任"和传媒的"个性"，却很少把自身定位为一个纯粹的信息提供者或面向消费者的信息服务者。

"产品"和"用户"，分别与"内容"和"受众"相对应，是两个与新传媒相联系的概念。这里所谓的"产品"，是指市场中用于交换的劳动产品，具有一定的使用价值和交换价值。使用价值是指这种"产品"能够满足人们某种需要的属性。所谓"用户"，则是指"产品"的消费者。与"受众"相比，"用户"是信息产品的主动的消费者，而非被动的信息内容接收者。"受众"强调传者个性，而"用户"则强调产品的效用。[①]"内容"和"受众"更强调传者的主动性，而"产品"和"用户"则注重信息消费者的需求。

以搜狐新闻移动客户端为例，在 2012 年诞生之初，搜狐新闻移动客户端只是搜狐新闻 PC 端网页版的"手机版"，其内容搜集、加工和整合的权力，集中在搜狐新闻的编辑手中，千千万万的受众在搜狐新闻客户端上阅读相同的信息、接收相同的内容。每一个单独的、作为个人的受众，其兴趣和需求都被人为地同质化了。搜狐新闻的编辑依靠经验和点击量，人为地将丰富多样、千差万别的受众兴趣"合并同类项"，从"受众的共同兴趣"出发，决定所需聚合的内容和内容的排放顺序。在这种情况下，编辑决定内容，

---

① 林晖，《从"新闻人"到"产品经理"，从"受众中心"到"用户驱动"：网络时代的媒体转型与"大众新闻"危机——兼谈财经新闻教育改革》，《新闻大学》2015 年第 2 期。

而受众被动地接收内容。尽管搜狐新闻也有确定的目标受众，也尝试更好地迎合受众的阅读需求，但"同质化"的内容和受众被动接收内容的运作方式，事实上已经相对忽略了受众作为个体的兴趣和需求，也实际上人为限制了新闻阅读"市场"的规模。

2014年1月和11月，搜狐新闻移动客户端相继推出4.0版本和5.0版本，通过开发"混合智能推荐"系统，把"个体兴趣"的把握作为核心优势，追求个性化阅读，体现了由"内容"到"产品"、由"受众"到"用户"的理念转变。由此，通过对"产品"的技术改造，以及对"用户"需求的关注与满足，搜狐新闻移动客户端完成了由旧传媒向新传媒的转型。

2. 产品/内容的改变：由大众化共享到基于大数据的个性化推荐

理念的改变，必然导致产品/内容的改变。国内内容聚合平台运营理念的改变，其实是技术和市场倒逼的结果。产品/内容的改变首先发生在内容聚合市场的新进入者今日头条上。事实上，今日头条的创始人张一鸣一直强调，今日头条不是一家传媒，而是一家技术公司，只是带有传媒属性。虽然今日头条不承认自己是一家传媒，但是其创办之初就瞄准的目标市场，确实是"网络新闻"。在今日头条的产品介绍中，它认为自身改变了用户获取信息的方式，很大程度上实现了用户在互联网的信息洪流中能关注到自己感兴趣的内容。可以说，作为一家技术公司或者互联网公司，今日头条习惯性地以"人的需求"和"人的眼光"看问题，创造性地打破了内容聚合平台市场中大众共享同质内容的状态，率先满足了用户的"个性化"需求。

之所以说个性化推荐是新传媒的特征，是因为个性化推荐关注了"人"的兴趣，通过对用户个人的社交信息和使用习惯等的分析，实现了用户与内容聚合平台的"互动互通"。这种"互动互通"体现在个性化推荐生成的两个过程中。一方面，数据挖掘技术和社交网络的发展，使得通过分析用户的社交账户信息，精准地分析和把握用户的个人兴趣成为可能。这种交互的产品生成模式，将个人从"受众"这一群体概念中解放出来，成为一个个需求各异的用户。另一方面，内容聚合平台依靠信息匹配技术，向用户进行低成本而高效的推荐，而且，通过记录用户的使用数据，它又在不

第六章
新旧交融中的互联网内容聚合平台

断的实时数据互动中进一步优化其对用户兴趣的把握。

个性化推荐的这种"互动互通",反过来又促使旧传媒对市场的理解加深,也改变了旧传媒所面临的市场环境及其市场决策。即,内容聚合平台市场从简单的"销售"走向了"市场营销"。"营销之父"科特勒认为,市场营销的第一步,就是要理解市场和顾客的需要与欲望。这种理解,是产品为顾客创造价值的基础。事实上,个性化推荐在内容聚合平台市场上开辟了一个崭新的细分市场,这个细分市场的目标受众,是那些追逐个性化阅读的用户,而非简单地通过传媒观察周围环境的用户。今日头条的成功,正是源于其对用户不断变动的需求的把握的成功。搜狐新闻移动客户端的"个性化阅读"转型,也体现了搜狐新闻对其旧传媒定位的反思。

3. 传受者关系的改变:由"广播"到互播

由"广播"到互播,是新传媒区别于旧传媒的重要特征之一。而传受者关系的改变,主要体现在内容生产和内容传播两个方面。

从内容生产来看,新传媒打破了传统传媒对内容生产的垄断。目前,自媒体已成为内容生产的主力之一,可以说它激活了人类的内容创造能力,将内容生产从传统的传媒机构的"垄断"中解放出来。

从内容传播来看,新传媒的传播是多向、网状的。在旧传媒形态中,传者与受者之间的传播是单向或双向的,由传者决定哪些信息值得被采集、加工和传播,受者被动接收传者所传递的信息,并在某些情况下做出反馈。反馈的形式,一般是发表评论、网站投票,或是通过读者来信、观众热线以及上门造访等。而新传媒则借助人与人之间的"社群"与"圈子",通过在"朋友圈"的点赞、评论和转发,实现多向而互相勾连的网状传播。

(三)内容聚合平台中的"新传媒"与"旧传媒"

明确了内容聚合平台的"新""旧"之分后,结合前文(第一部分)梳理内容聚合平台类别时对各类别的定义可知如下。

门户类内容聚合平台基本是旧传媒。这是因为,在该类内容聚合平台上,网站编辑在传播中占主导地位,进行内容生产、主动对受众进行传播;

不同的受众接收同样的内容，其社交信息和使用习惯并未被看作是决定内容生产的关键依据；其传播仍旧是一种"广播"，受众与传媒之间、受众与受众之间的互动程度很低。

绝大多数群博式内容聚合平台（比如《赫芬顿邮报》和微信公众号）是旧传媒。尽管群博式内容聚合平台所聚合的内容不仅包括了传统传媒的博客，也包括了自媒体博客，但是其与受众的关系仍旧是传统意义上的传者和受者，仍旧采用"广播"的方式，传递同质的内容。受众虽然可以"订阅"自身关注的公众号或话题，也可以在一定程度上影响编辑对内容的选取，但该平台关注的重点仍不在于"用户个人"的"数据"与"互动"。

而个性化内容分发式聚合平台和问答类群博式内容聚合平台（比如知乎问答社区）则属于新传媒范畴。它们聚焦于"用户"的个人需求，依赖数据挖掘技术以及用户社群内部的互动等，进行平等、多向和网状的传播。

表 6-2 内容聚合平台中的"新传媒"与"旧传媒"

内容聚合平台的类别	传媒类别	举例说明
门户类内容聚合平台	旧传媒	腾讯新闻、网易新闻
群博式内容聚合平台	旧传媒	《赫芬顿邮报》、微信公众号
	新传媒	知乎问答社区
个性化内容分发式聚合平台	新传媒	今日头条、一点资讯

三、新旧交融的市场格局

当前的内容聚合平台的市场格局，可以用"新旧交融"这四个字来概括，即门户类、群博式和个性化内容分发式内容聚合平台的界限正在模糊。尽管"网络新闻"的市场规模在不断扩大，但作为"网络新闻"的主要载体，内容聚合平台之间的竞争却异常激烈。从整体上说，移动端内容聚合平台已压倒 PC 端内容聚合平台，成为用户阅读新闻的首选渠道；大量同质化的内容聚合平台之间的竞争，以及内容聚合平台与更多的商务交易、交流沟通和网络娱乐类应用的竞争，都加剧了内容聚合平台到达用户的难度；腾讯

第六章
新旧交融中的互联网内容聚合平台

新闻、今日头条、网易新闻和搜狐新闻,已成为内容聚合平台市场中的四大寡头,而寡头之间的相互影响,又促使内容聚合平台市场中的这些寡头在内容、社交和技术方面更加全面。

(一)整体增长中的"网络新闻"市场

在 CNNIC 发布的第 36 次《中国互联网络发展状况统计报告》中,"网络新闻"首次作为信息获取类的一个重要应用被单列出来,并以 83.1% 的使用率仅次于即时通信,排在所有互联网应用类别中的第二位。这从一个侧面说明,"网络新闻"已经成为互联网中不可忽视的一项基本应用。

总体而言,"网络新闻"在互联网应用中的市场份额在不断增长,其增长速度远高于同期互联网总体的网民增长速度。据 CNNIC 发布的《中国互联网络发展状况统计报告》,到 2015 年 6 月,我国网络新闻用户数量为 5.55 亿,与 2014 年末相比扩大了 3572 万。网民中阅读"网络新闻"的(即"网络新闻"用户)占 83.1%,与 2014 年末相比提高了 3%。而同期我国网民规模为 6.68 亿,半年共计新增网民 1894 万人,增长率为 2.9%。由此可见,无论是从绝对数量上看,还是从比率上看,我国"网络新闻"用户的增长都要高于整体网民的增长,由此其体现了良好的发展势头。

在移动互联网中,"网络新闻"同样发展迅猛。截至 2015 年 6 月,我国手机网民规模达 5.94 亿,较 2014 年末增加了 3679 万人。其中,阅读网络新闻的人数量为 4.6 亿,比 2014 年末多了 4420 万人,折合百分比为多了 10.6%。手机网络新闻用户在手机网民中占比为 77.4%,相比 2014 年末增长了 2.8 个百分点。[①] 据速途研究院于 2015 年 11 月 19 日发布的《2015 年 Q3 移动客户端报告》显示,进入 2014 年以来,我国手机使用者移动新闻客户端的使用率开始快速增加,2014 年第三季度使用率为 56.8%,到 2015 年同期,

---

① 中国互联网络信息中心(CNNIC),《中国互联网络发展状况统计报告》(第 36 次),http://www.cnnic.cn/gywm/xwzx/rdxw/2015/201507/t20150723_52626.htm。

则已是 64.5%，提升速度很快。①

随着"网络新闻"市场的不断增长和移动互联网的逐渐普及，作为"网络新闻"的主要载体，内容聚合平台（特别是基于移动端的内容聚合平台）也呈现井喷式发展。它的井喷式发展，首先得益于整个互联网新闻内容来源的增多，随着自媒体加入内容生产，传统传媒对内容生产的行政性垄断被进一步打破，每个人都可以发声和生产内容，从而被内容聚合平台整合；其次也基于技术的进步，比如像今日头条、一点资讯这样的高科技互联网公司，它们依托采集到的用户数据和机器算法，计算用户的阅读兴趣，进而对其进行个性化的内容推荐，这在简化用户信息获取流程、降低用户信息获取成本的同时，也大大提升了用户对内容聚合平台的体验；此外，移动端内容聚合平台的出现和普及，很大程度上充分发掘了用户的闲散时间、增加了用户对内容的接触时间，相比于传统的 PC 端内容聚合平台，新兴的它与用户的接近性更好，更能激发用户的使用。

（二）移动端压倒 PC 端，成为用户看新闻的渠道首选

PC 端网页式内容聚合平台的出现，要早于移动端 APP 应用式内容聚合平台。在移动端 APP 应用式内容聚合平台出现之前，在新闻资讯市场中，PC 端网页式内容聚合平台与传统传媒是主要竞争者，在这种将近 20 年的互相竞争中，PC 端网页式内容聚合平台逐渐由单纯的内容聚合者，转型为专业的传媒。这种"专业"，体现在 PC 端网页式内容聚合平台的专题报道、深度报道等内容中，也体现在组织架构、编辑团队的组建中。由于 PC 端网页式内容聚合平台本身即具备传输速度快、内容资源丰富、检索能力强等优势，因此，在与传统传媒的竞争中，后者式微，PC 端网页式内容聚合平台优势渐显。

移动端 APP 应用式内容聚合平台出现后，颠覆了传统传媒和 PC 端网页式内容聚合平台的二元新闻资讯市场；目前移动端 APP 应用式内容聚合平

---

① 速途研究院，《2015 年 Q3 移动新闻客户端报告》，http://www.sootoo.com/content/658055.shtml。

第六章
新旧交融中的互联网内容聚合平台

台压倒 PC 端网页式内容聚合平台,已成为用户看新闻的渠道首选。据企鹅智酷 2015 年 11 月 12 日发布的《2015 中国新媒体报告:亿万人"众媒时代来了"》,其中一项基于 12502 名对象的关于"获取新闻渠道"的调查显示,选择新闻客户端作为首选渠道的移动用户占比为 54.9%,远高于 PC 端新闻网站的 16.9%。

移动端 APP 应用式内容聚合平台之所以能够颠覆新闻资讯市场,主要得益于移动互联网的发展和智能手机的普及,以及由此带来的人们生活方式的改变。

首先,用户随身携带的智能手机,为移动端 APP 应用式内容聚合平台提供了必要而便利的硬件设备。用户获取新闻资讯,不需要再去专程购买报纸、打开广播或找一台电视,而只需打开随身携带的智能手机(更通常的情况是,新闻资讯会主动被推送到用户的手机上提示用户阅读),即可阅览或搜索其所需内容。

其次,移动端 APP 应用式内容聚合平台充分利用了用户的闲散时间,也提高了用户的信息获取效率。挤地铁时、等、乘公交时,银行等待时,睡觉前……这些时间,就是此处所指的"闲散时间"。这些闲散时间的特征在于分布较散,且较短。在智能手机和移动互联网出现后,这些闲散时间变为可被利用的时间,这是因为,移动端 APP 应用式内容聚合平台所提供的新闻资讯,也往往具备短小精练的特征。两者的这种"契合",拓展了用户接触新闻资讯的时间,也提高了用户的信息获取效率。

另外,由于新闻资讯的需求已被移动端 APP 应用式内容聚合平台所满足,用户使用 PC 端网页式内容聚合平台的需求就会相应下降。举个例子,在 2015 年 11 月 26 日下午 3 点零 4 分,一点资讯的使用者已经从弹送给他的消息提示中,获悉"俄罗斯直升机再被击落"这一新闻,由于信息消费是一次性的,因此他不太可能再上新浪网或搜狐网去搜索和阅读这一条消息。

最后,传统的 PC 端网页式内容聚合平台,也在利用自己累积的品牌优势和忠实用户,开发移动端 APP 应用式内容聚合平台,加入移动端新闻资讯市场的竞争。传统的 PC 端网页式内容聚合平台,比如新浪网、搜狐网和网易网,都在发展其移动端平台,并且由于它们前期在 PC 端积累了大量用户,其移动端的下载量仍然能排进前十。①

需要指出的是,PC 端网页式内容聚合平台在某些方面仍旧具备优势。企鹅智酷 2015 年 11 月 12 日发布的《2015 中国新媒体报告:亿万人"众媒时代来了"》显示,新闻资讯类视频绝大部分(74%)用户仍是在 PC 端。可见 PC 端网页式内容聚合平台并非毫无优势。

(三)竞争激烈:僧多粥少,同质化严重

尽管"网络新闻"在互联网应用中的市场份额在不断增长,但我国新闻资讯市场仍旧面临供严重大于求、竞争非常激烈的局面,在某些细分市场中甚至达到了"非生即死"的程度。总之,内容聚合平台的同质化,一方面加剧了市场竞争,另一方面也反向影响着用户的使用体验和使用习惯,进而从根本上限制了其用户和市场的进一步扩大。

从市场供给来看,目前新闻资讯类客户端数量过多、同质化严重。据统计,截至 2015 年 11 月前后,国内新闻资讯类客户端的总量已经达到 1300 个,②其中内容聚合平台类客户端有 1234 个,占比达 94.92%;复旦大学新闻学院教授张涛甫认为,目前新闻客户端同质化严重,大多数新闻客户端的产生是源于盲目的跟风起哄。新闻资讯类客户端同质化严重,一方面是出于相似的产品定位,即主要满足用户及时掌握热门新闻的需求;另一方面是囿于新闻内容来源的重合性太高,相当于是同样的产品,被冠以不同的产品名称。总之,大量同质化的新闻资讯类客户端的存在,加剧了网络新闻资讯市场的竞争。

另一方面,用户智能手机上安装的新闻类应用数量有限。据企鹅智酷 2015 年 11 月 12 日发布的《2015 中国新媒体报告:亿万人"众媒时代来了"》,

---

① 据 Trustdata 于 2015 年 11 月发布的《2015 年 Q3 中国移动互联网行业发展分析报告》。
② 上海观察,《复旦学者:警惕新闻客户端泡沫》,http://www.shobserver.com/news/detail?id=7692。

第六章
新旧交融中的互联网内容聚合平台

安装 5 个及以上新闻阅读类应用的用户在各年龄群体中都很少，绝大多数人手机上的新闻阅读类应用不超过 4 个。新闻 APP 在年轻人群体中呈现"非生即死"的竞争局面，近三分之二（64%）的 19 岁及以下用户只安装一个新闻类应用。不同年龄群体新闻阅读类应用的安装数量如图 6-1 所示。也就是说，面对新闻资讯市场中的 1234 个内容聚合平台，只有少数几个会被用户注意到，其他同质化的新闻内容平台很容易被忽视。

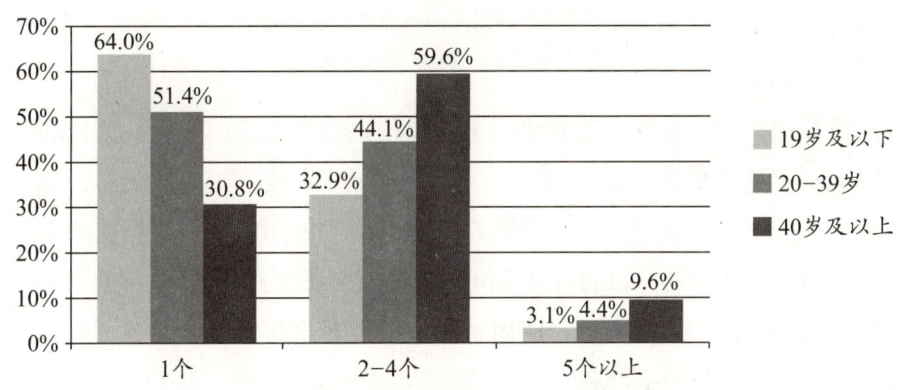

图 6-1 绝大多数人手机上的新闻阅读类应用不超过 4 个
（图表来源：腾讯企鹅智酷）

然而，即使少数内容聚合平台通过了用户的筛选、并被安装到了智能手机上，也并不意味着就能够被用户使用，这是因为，用户每天打开的应用数量是有限的。据 TrustData 发布的《2015 年 Q3 中国移动互联网行业发展分析报告》，超过四分之一（26.4%）的移动互联网用户，每天打开的应用数量不超过 5 个，近六成（58.5%）的用户每天打开的应用数在 10 个以内，而每天打开 20 个以上应用的用户仅占 4.7%（如图 6-2）。因此，这些被安装的移动端内容聚合平台要想一定程度上触及用户，需要至少被列入用户每日使用的 20 个应用的列表中。

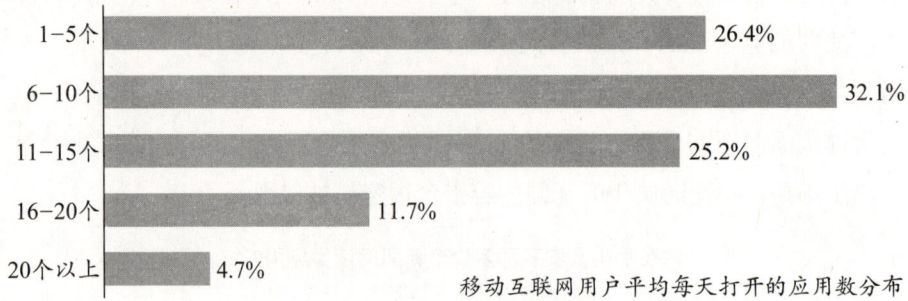

图6-2 移动互联网用户每日应用使用情况
（图表来源：trustdata 信诺数据）

实际上，当少数内容聚合平台被作为信息获取类应用安装到用户的手机上之后，这些应用就需要与用户手机上其他三大类别（商务交易、交流沟通和娱乐）的应用竞争，争夺用户的注意力和使用时间。就目前的市场格局而言，内容聚合式平台在竞争中并不占优。据 TrustData 发布的《2015年 Q3 中国移动互联网行业发展分析报告》，以月度覆盖率为标准，前二十位移动应用中，仅有腾讯新闻一个新闻资讯类应用入榜，以 13.9% 的月度覆盖率排名第 16 位，远低于微信 83.1% 的月度覆盖率。（如图 6-3 所示。）需要指出的是，腾讯新闻之所以能够入榜，与微信、QQ、腾讯视频等腾讯公司旗下产品对其的推广和捆绑也不无关系。而在排名第 21 到 40 位的移动应用中，今日头条以 6.6% 的月度覆盖率位列第 31 位。在 1234 个内容聚合式平台中，仅有腾讯新闻和今日头条这两个进入了移动应用月度覆盖率前 40 位。

由此可见，内容聚合平台从被用户看见、到被用户安装、再到被用户使用，每一个阶段都处于激烈的竞争之中。而从目前的情况来看，仅有依托整体推广优势的腾讯新闻和依靠先进的技术算法的今日头条，能够在竞争中脱颖而出。

第六章
新旧交融中的互联网内容聚合平台

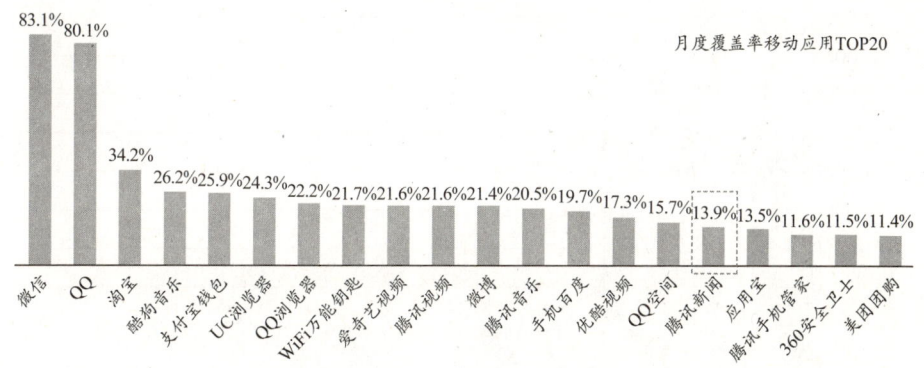

图 6-3　移动应用的前二十位（以月度覆盖率为标准）
（图表来源：trustdata 信诺数据）

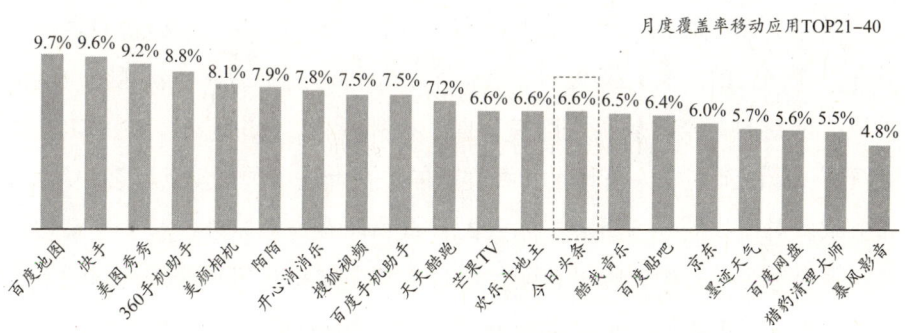

图 6-4　移动应用的 21-40 位（以月度覆盖率为标准）
（图表来源：trustdata 信诺数据）

（四）移动新闻客户端市场的寡头垄断现状

　　在目前的内容聚合平台的移动新闻客户端市场中，已经出现了腾讯新闻、今日头条、网易新闻和搜狐新闻这四大寡头，市场上的其他客户端所占份额很小。以上四个内容聚合平台客户端占据了绝大部分的市场份额，并开始在市场决策上互相影响。其中，腾讯新闻和今日头条是当之无愧的市场领跑者。

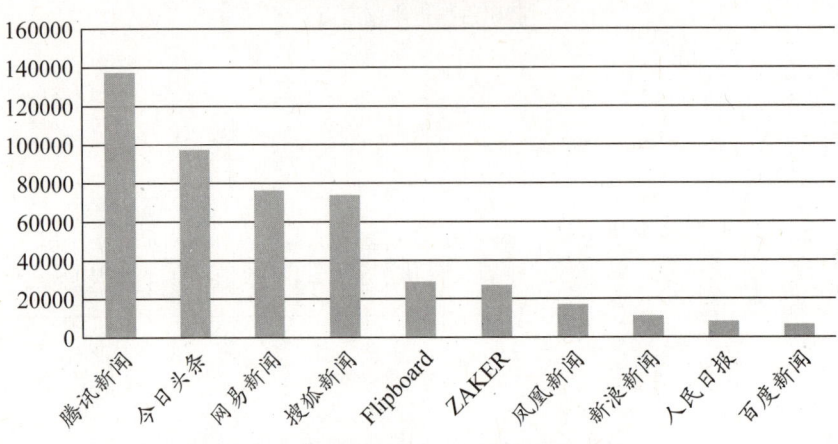

图 6-5　下载量排名前十的移动新闻客户端
（图表来源：速途研究院）

据速途研究院 2015 年 11 月 19 日发布的《2015 年 Q3 移动新闻客户端报告》，截至 2015 年 9 月 30 日，我国下载量排名前十的移动新闻客户端依次是腾讯新闻、今日头条、网易新闻、搜狐新闻、Flipboard、ZAKER、凤凰新闻、新浪新闻、人民日报和百度新闻。在上述十种移动新闻客户端中，其下载量对比如图 6-5 所示。除人民日报新闻客户端以外，其余 9 家均为内容聚合平台。其中，腾讯新闻、今日头条、网易新闻和搜狐新闻的下载量要远高于其他平台。而 TrustData 发布的《2015 年 Q3 中国移动互联网行业发展分析报告》也得出了相似的结论。在移动新闻应用月度覆盖率和用户使用总时长这两个方面，腾讯新闻、今日头条、网易新闻和搜狐新闻也均处于领先的前四位。

在分析内容聚合平台在互联网环境下所面临的激烈竞争时，上文已经提到，腾讯新闻和今日头条是目前运营最为有效的两家；同时，这两者也是在所有 1234 家新闻资讯应用中，能够与其他三大类别（商务交易、交流沟通和网络娱乐）应用在同一量级进行比较的仅有的两个应用，腾讯新闻和今日头条，可谓当之无愧的市场领跑者。据 TrustData 发布的《2015 年 Q3 中国移动互联网行业发展分析报告》，腾讯新闻以 13% 的月度覆盖率领跑移

第六章
新旧交融中的互联网内容聚合平台

动新闻市场,而今日头条则在用户使用时长方面以 0.04% 的微弱优势超越腾讯新闻,排名第一,如图 6-6。

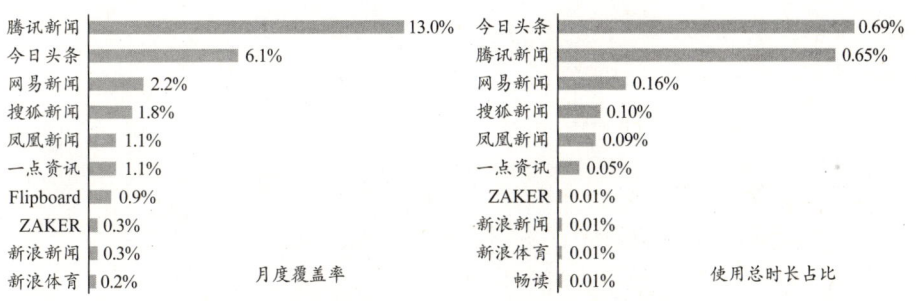

图 6-6 月度覆盖率及使用总时长前十大移动新闻客户端
(图表来源:trustdata 信诺数据)

腾讯新闻、网易新闻和搜狐新闻作为老牌的门户类内容聚合平台,其目前的优势地位很大程度上依赖于它们在 PC 端多年积累的品牌和用户。此外,作为腾讯公司旗下的内容聚合平台,腾讯新闻目前的优势地位,也得益于腾讯公司旗下微信、QQ 和腾讯视频等高覆盖率应用的捆绑和推荐。作为新兴的个性化内容分发平台,今日头条依靠数据挖掘和智能机器算法,发展迅猛。据今日头条官网介绍,截至 2015 年 11 月 20 日,今日头条的下载量超过 4000 万次,用户量过 3.3 亿,占领 AppStore 新闻类榜首 24 个月,每天用户总在线时长超过 7.2 亿分钟,每天社交平台分享量达 1000 万次,是增长最快的新闻类 APP。

腾讯新闻在推广渠道上具备优势,今日头条则在 DAU(日活跃用户数量)和用户平均每日使用时长上优势渐显。今日头条的 DAU 呈增长态势,增速大于腾讯新闻。据 TrustData 发布的《2015 年 Q3 中国移动互联网行业发展分析报告》,自 2015 年 1 月起,今日头条的 DAU 基本呈上升趋势,正在逐步缩小与腾讯新闻的距离。截至 2015 年 9 月 30 日,今日头条 DAU 已超过腾讯新闻的一半,用户平均每日使用时长则是腾讯新闻的两倍,达到 40.5

分钟。

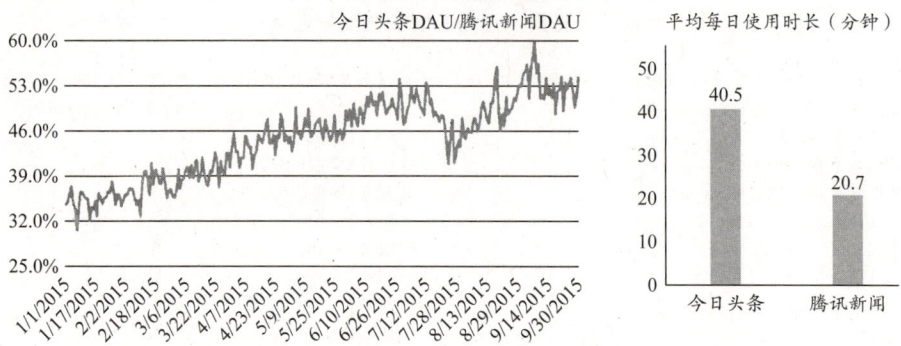

图 6-7　今日头条与腾讯新闻的 DAU 及平均每日使用时长对比
（图表来源：trustdata 信诺数据）

尽管目前门户类内容聚合平台在四个寡头中占据三位，但在群博式内容聚合平台和个性化内容分发平台的冲击下，门户类内容聚合平台在满足和激发用户需求方面存在短板，面临转型。据速途研究院 2015 年 11 月 19 日发布的《2015 年 Q3 移动新闻客户端报告》，在用户给出的移动新闻客户端评分中，排名前十位的依次是今日头条、搜狐新闻、Flipboard、ZAKER、一点资讯、网易新闻、央视新闻、凤凰新闻、百度新闻和腾讯新闻。（如图 6-8 所示）其中，除央视新闻外，其余 9 家均为内容聚合式平台。目前居于寡头地位的腾讯新闻、网易新闻和搜狐新闻，分别居于第十位、第六位和第二位；个性化内容分发平台今日头条以 9.1 分（满分 10 分）的高分居于首位，体现出较高的用户满意度，而其跟随者一点资讯，也以 8.3 分排名第五；群博式内容聚合平台 Flipboard 和 ZAKER，分列第三位和第四位。简而言之，个性化内容分发平台和群博式内容聚合平台优良的用户体验，可能会在未来一段时间内改变内容聚合平台的市场格局。

第六章
新旧交融中的互联网内容聚合平台

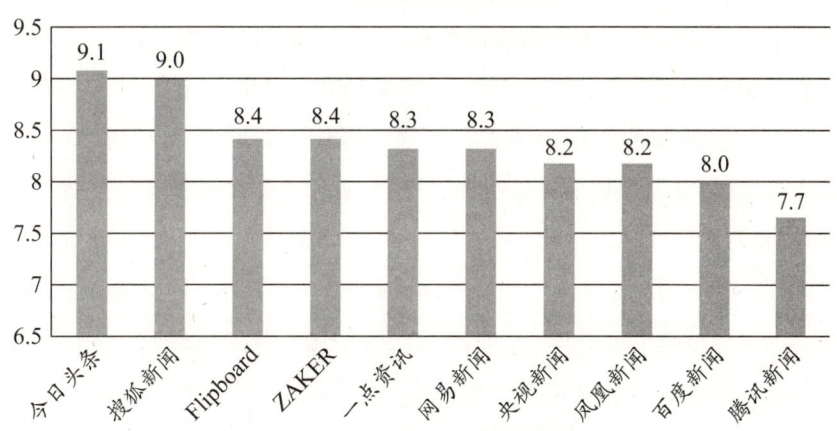

图 6-8　移动新闻客户端评分排行
（图表来源：速途研究院）

（五）新旧交融：内容、社交与技术的互补

当前，门户类、群博式和个性化内容分发式内容聚合平台之间的界限有趋于模糊的迹象。寡头垄断市场的一个显著特征，就是寡头之间的互相影响和互相依存。如果市场中主体很多，一个主体的决策可能影响不到所有其他方，但寡头市场中只有几方，一个主体的决策很难不对其他方造成影响，同理，它也很容易被其他方影响。这一规律同样适用于内容聚合平台市场，当下，内容聚合平台市场内的寡头在激烈的竞争中，相互影响的程度越来越深。

内容、社交与技术的互补，是目前市场领跑者相互影响的结果；而这种战略取向，也使得内容聚合平台市场总体上呈现出一种新旧交融的局面，门户类、群博式和个性化内容分发式内容聚合平台之间的界限正在模糊。通过比较图 6-5 和图 6-8 可以发现，今日头条和搜狐新闻这两个内容聚合平台，无论在下载量上，还是在用户满意度上，都领跑整个内容聚合平台市场。今日头条和搜狐新闻，从内容聚合平台的类别上来说，分属技术驱动的个性化内容分发类和先发的传统门户类，具有完全不同的平台发展路径，却有类似的发展思路。以数据挖掘和智能机器算法发家的今日头条，正向群博式内容聚合平台靠拢——以技术为支撑，尝试向内容拓展；而依托 PC 端长年积累的品牌和忠实用户的搜狐新闻，则在尝试拥抱技术。

值得注意的是，目前内容聚合平台市场在"社交"上的投入有限。以今日头条和搜狐新闻为例，两者在加强与微信、微博和 QQ 等社交平台的合作（合作的方式包括使用这些社交平台的账户登录内容聚合平台，由社交平台提供用户和其好友的历史信息，将用户对内容的转发、点赞和评论同步于社交平台等）的同时，也在尝试构建基于自己应用本身的社交群体。但是，由于目前微信、微博和 QQ 等社交平台用户覆盖率很大，因此与这些社交平台合作相对来说收效会更大。而由此看，今日头条和搜狐新闻在"社交"方面虽有动作，但就目前而言并没将其作为战略重点，从实践看其成果也确实有限。

1. 今日头条：由技术走向内容

今日头条创办人张一鸣认为，今日头条不是一家传媒公司，而是一家具有传媒属性的技术公司。[①] 今日头条之所以把自己定位为一家"技术公司"，是因为其本身是一款基于数据挖掘的推荐引擎产品。今日头条要实现个性化内容分发，在技术上需要三个步骤：首先，它通过对资讯在社交网站以及其他成千上万个网站上的传播情况的数据挖掘，智能地分析出每时每刻最热门的资讯；其次，它通过分析用户的社交账号和以往的阅读习惯，迅速了解用户的阅读兴趣；最后，今日头条将热门资讯与用户兴趣进行匹配，最终实现对用户的个性化内容推送。

就在公众还在关注今日头条与传统传媒之间的版权争议时，今日头条已不再满足于从传统传媒处抓取内容。2014 年初，今日头条开创自媒体平台"头条号"，旨在"将头条号打造成中文世界最大的创作平台"，由此追随内容创作群体向自媒体迁移。张一鸣认为，传统传媒的内容生产能力被高估了，而新传媒创造内容的能力则往往被低估。据他介绍，目前在今日

---

① 新浪科技，《创始人张一鸣说：今日头条不是一家媒体公司，而是一家技术公司》，http://www.qdaily.com/articles/9019.html。

第六章
新旧交融中的互联网内容聚合平台

头条的平台上,"头条号"上自媒体的内容在展示和浏览的所有内容中占比已经超过 70%。自今日头条推出"头条号"以来,已经有超过 35000 个内容创作者入驻。其中,政府和各类机构超过 9000 家,签约的传统传媒超过 1000 家,其余的都是自媒体,且数量还在上升。[①]

开创"头条号",是今日头条向自创内容拓展的重要一步。因此,现在的今日头条,已经不完全是个性化的内容分发式聚合平台了,而更像是群博式内容聚合平台和个性化内容分发式平台的结合体。前文在介绍内容聚合式平台的类别时,曾提到过微信公众号。微信公众号是典型的群博式内容聚合平台。与头条号一样,微信公众号也为自媒体和小微团队提供了一个展示和传播自己所生产内容的平台,它丰富了内容聚合平台的内容资源,满足了用户多样化的内容需求。与头条号不同的是,微信公众号是一个纯粹的群博式内容聚合平台,它是由用户个人主动进行订阅,其平台本身并不为用户提供排序或推荐。而"头条号"则依据数据和算法,会针对用户的个人兴趣直接向用户推送"头条"。如表 6-3 所示,微信公众号和头条号,分别为微信和今日头条贡献了数以亿计的流量。

表 6-3 微信公众号与头条号的流量贡献

平台名称	小微团队数量	贡献 PV[②]
微信公众号	近 200 万(增长率超过 80%)(原创认证超过 4 万家)	近 10 亿公众号内点击
今日头条-"头条号"	3.5 万(增长率超过 800%)	近 4 亿

(图表来源:腾讯企鹅智酷)

2. 搜狐新闻:旧模式拥抱新技术

搜狐新闻发端于 PC 端网页,并在创办 16 年以来积累了大量忠实用户

[①] 钛媒体,《错过了微信公号 不能再错过头条号?》,http://tech.sina.com.cn/i/2015-09-01/doc-ifxhkafa9524114.shtml?_t=t。

[②] PV,即 Page View,指页面浏览量。

和较好的口碑。在搜狐公司的产品介绍中，搜狐网被称作"中国最大的互联网传媒平台"和"中国网民获取资讯的首选网络平台"。目前，搜狐网仍旧是搜狐公司重要的网页端内容聚合平台，为用户提供24小时不间断的全面的资讯服务。在与传统传媒和其他门户类网页端内容聚合平台十几年的竞争中，搜狐网从一个相对粗放的内容收集、加工和分类网站，逐步升级为一个富有影响力与公信力的"传媒"。搜狐网旗下的新闻财经中心、资讯中心、体育中心、搜狐IT，也已成为广受欢迎的品牌。[1]

搜狐新闻客户端[2]具备先发优势。2012年，搜狐董事局主席兼CEO张朝阳提出搜狐集中精力做新闻客户端。[3]一直到2014年上半年，其新闻客户端一直都是国内移动内容聚合平台的领跑者。搜狐新闻客户端投入市场之初，是一款为用户提供"实时新闻"阅读的应用，其产品定位与网页版的搜狐网差不多，不过凭借其信息量大以及内容的专业性等优势，其在刚刚投入市场的两年，用户数量屡创新高。据搜狐官网介绍，截至2013年4月24日，搜狐公司旗下移动互联网产品搜狐新闻客户端已有超过一亿使用者，在全国排名第一。到当年5月底，搜狐新闻客户端装机量达2.1亿，是当时中国最大的移动内容聚合平台；其入驻传媒和自媒体总数已达1.5万以上，每天新增加的激活用户数为30万–50万左右，相当于每一秒钟3.77个。[4]

可以说，搜狐新闻客户端是国内移动端内容聚合平台的开创者，在短时间内也取得了辉煌的成就。但是，搜狐新闻客户端在短期内的增长，主要依托的是其在PC端积累的忠实用户、良好的口碑和优质丰富的内容资源，但其对移动互联网的解读与认知还不够深入。因此，在面对更强调满足用户"个性化"需求的今日头条的竞争时，搜狐新闻就显得后劲不足。今日头条第一个版本于2012年8月上线，初步获得市场认可后于2014年6月获得C轮1亿美元的融资，之后其发展更为迅猛，截至2015年11月，今日

---

[1] 搜狐官网，产品与服务，http: //corp.sohu.com/sohumatrix/。
[2] 指移动终端上的。新闻客户端能在PC上也能在移动终端上应用，此处指后者。
[3] 好搜百科，搜狐新闻客户端，http: //baike.haosou.com/doc/6030308-6243309.html。
[4] 搜狐官网，产品与服务，http: //corp.sohu.com/sohumatrix/。

第六章
新旧交融中的互联网内容聚合平台

头条累计用户量已达 3.3 亿,每日活跃用户达 3000 万。今日头条在内容聚合平台市场的成功,突出了数据挖掘和机器算法等"技术"要素的重要性,因为正是这些技术,使得推测、甚至把握用户阅读兴趣成为可能。

压力之下,搜狐选择拥抱"技术"。2014 年 1 月,搜狐新闻客户端 4.0 版开启精准信息流模式,至此它也与今日头条一样,利用大数据技术分析并向用户提供按其喜好聚拢的内容,[①] 由此也走上了满足用户"个性化"阅读需求的道路。2014 年 11 月,搜狐新闻客户端 5.0 版发布,该版本又多了编辑推荐和用户订阅的考量,以期能够更精准地把握用户的阅读兴趣,提升用户的阅读体验。从搜狐新闻客户端目前的用户下载量和使用满意度看,其对"技术"的尝试是比较成功的。

四、盈利模式:二次售卖还是自营?

作为信息资讯类互联网应用,内容聚合平台与传统传媒一样,面临盈利模式的创新问题。与传统传媒相比,互联网环境下,尤其是在移动互联网场景中,内容聚合平台与用户的即时互动,使得内容聚合平台更容易与用户实现畅通的对话,也掌握了更直接而准确的用户数据,与用户的生活和消费场景更加贴近。那么,在这种环境下,内容聚合平台是走二次售卖的老路,还是自营直接创造商业价值?这是内容聚合平台发展中不可回避的问题。

从目前市场实践来看,在内容聚合平台市场中,无论是传统的门户类,还是群博式和新兴的个性化内容分发平台,广告仍旧是占据绝对主导地位的盈利模式。同时,商业垂直化和移动互联网为重点的商业模式的探索,正在尝试重构内容聚合平台的盈利模式。

以新浪网为例,据新浪发布的《2015 年第二季度财务报告》(未经审计),新浪 2015 年第二季度的广告(网络广告)营业收入为 1.763 亿美元,非广

---

① 中国网,《搜狐新闻客户端 5.0 版发布 开启新闻"个性时代"》,http://www.china.com.cn/news/2014-11/19/content_34092467.htm。

告营业收入 3730 万美元，前者占总营业收入的 82.54%。同时，由于其商业垂直化的门户新业务目前尚处于早期阶段，利润贡献有限，新浪 2015 年第二季度非广告业务毛利率为 54%，较上年同期下降 13%。[①]

（一）二次售卖：广告与流量导引

加拿大著名传播学者麦克卢汉曾提出，传媒所获得的最大经济回报来自"第二次售卖"，而这次售卖看似是传媒的广告资源——版面与时段等，其实是聚拢在版面与时段上的受众的关注。而在互联网环境中，"二次售卖"主要有广告、导引流量和移动场景推送三种形式。

广告，是传媒业传统的两大盈利来源之一。所谓"广告"，具体指向传媒付费、能够给传媒带来经济收益的所有广告，含有商业广告与非商业广告。[②] 因此在传统传媒时代，"二次售卖"主要体现为报纸版面广告、广播口播广告和电视播放广告（包括植入广告）等。而对于产生于互联网时代的内容聚合平台而言，这种文字、语音和视频形式的广告，仍旧是其主要的营收来源。

在互联网环境下，除了网页版面和播放等类似于传统传媒的广告模式外，间接为其他网站导引流量也是"二次售卖"的重要方式。这主要得益于互联网的"链接"功能，通过与其他网页链接，传媒可以将自身的用户注意力导入到其他网页上。目前京东商城与腾讯公司旗下 QQ 和微信展开合作，即采用 QQ 和微信的用户流量导入京东商城页面的模式；新浪微博与阿里巴巴的合作，也是新浪微博将用户流量导入阿里巴巴、将流量通过"二次售卖"的方式间接转化为商业价值的尝试。在内容聚合平台市场中，这种流量引导也很普遍。以今日头条为例，在 2015 年 12 月 1 日的今日头条页面上，今日头条的"商城"类别中，共设有今日特卖、今日电影和淘宝特卖三个频道。

[①] 新浪官网，《新浪发布 2015 年第二季度财报》，http://tech.sina.com.cn/i/2015-08-19/doc-ifxfxzzn7577525.shtml。

[②] 张辉锋，《传媒经济学：理论历史与实务》，人民日报出版社 2015 年第 3 版。

第六章
新旧交融中的互联网内容聚合平台

今日特卖与亚马逊、京东商城相链接，今日电影直接将用户导向微信电影频道，淘宝特卖则直接链接到淘宝。通过上述三个频道，今日头条成功地将其用户流量导入到不同的在线商城中，借助这些在线商城，间接实现了由用户到价值的转化。

此外，移动场景推送也是二次售卖的一种形式。与移动互联网环境相适应，基于用户移动生活场景的商业模式也正处于探索之中。移动场景的推送，旨在实现用户地理位置信息与该地理位置的商业生态信息的匹配，是商业广告的另一种形式。目前，这一模式在大众点评等生活服务类 APP 中应用比较成熟，在内容聚合平台上的应用还是一种设想。

（二）自营：自负盈亏

所谓"自营"，是指内容聚合平台直接利用用户的"注意力"资源进行商业经营，不用借助其他机构实现由用户到价值的转化。游戏和自建在线商城，是典型的"自营"行为。自营的好处在于可以完整享受经营所得，而不局限于其他机构支付的"广告费"；但相应地，内容聚合平台也要自负盈亏，承担自营业务亏损的风险。

在新浪、搜狐、网易和腾讯四大门户中，网易和搜狐的"自营"业务最为成功。网易的主营是网络游戏业务，据统计，截至 2013 年，其含自主开发在内的大型游戏就有 16 种。从 2009 年到 2013 年，网易游戏板块营收达到其营业总额的 87%，广告业务则为 10%。[①] 而搜狐旗下的游戏子公司畅游游戏，已经在 2012 年第四季度以 1.735 亿美元营收进入网络游戏行业前三。而上文提及的今日头条，在巩固与腾讯、阿里巴巴商城的合作的同时，也打出了要自建商城的口号。

在"自负盈亏"的同时，尽管内容聚合平台通过"自营"在盈利模式上取得了突破，但也常常面临质疑——这样致力于"自营"的内容聚合平台，还是一家传媒吗？像网易就更多地被称作是一个游戏运营商，而非传

---
① 张辉锋，《传媒经济学：理论历史与实务》，人民日报出版社 2015 年第 3 版。

媒。显然，作为游戏运营商和作为传媒，其主体所需遵循的规范有很大差异。与单纯的广告或导引流量相比，"自营"所需面临的商业利益更为直接和巨大，就这一点而言，内容聚合平台要如何保持传媒的独立性与操守，这是必须关注和解决的问题。

（三）"二次售卖"还是"自营"？

通过对"二次售卖"和"自营"两种盈利模式的分析可知：第一，"二次售卖"的优势在于操作门槛低、收入有保障。但同时，"二次售卖"也有不可忽视的缺点。一方面，"二次售卖"的顺利进行，需仰赖其他机构即广告主等；而且随着内容聚合平台和其他互联网应用的增多，内容聚合平台在议价能力上将日益处于弱势地位，从长远看这种模式可依赖度低。另一方面，内容聚合平台的"二次售卖"，取得的回报事实上是"广告费"或"推广费"，其数额占整个营收的比例不会很大，其虽一般不存在亏损的风险，但收入却也有限。第二，"自营"的优势在于取得的收入可能数额巨大，从而为内容聚合平台的发展积累大量资金。但同时，"自营"的门槛较高。首先，"自营"对于内容聚合平台经营管理人员的要求较高，需要内容聚合平台承担可能的亏损。"自营"不仅要立足于具体某个内容聚合平台的客户群体以及该平台的自身特点，还要对其他行业的运营模式、行业特征非常了解，同时还要具备专业的管理能力。其次，"自营"还需投入大量的初始资金和后期资金。就内容聚合平台的经营规模而言，使用自有资金开展"自营"不大现实，因此"自营"一般还需解决对外融资的问题。此外，"自营"模式对传媒的独立性也提出了更大的挑战。

五、门户类内容聚合平台：营销圈地或退出

目前看，门户类内容聚合平台已进入了产品成熟期或衰退期。每个产品都有其生命周期，按时间来划分，产品的生命周期可以分为产品开发期、介绍期、成长期、成熟期和衰退期5个不同的阶段。其中，产品进入成熟期，是指该产品已经被市场上的绝大多数消费者接受和购买，从而造成消费饱

第六章
新旧交融中的互联网内容聚合平台

和与销售增长相对放缓的现象。在产品的成熟期，产品的利润一般会出现下滑，因为在面临激烈的市场竞争和相对饱和的市场时，公司往往需要提高营销费用以求得消费者的认可。产品进入衰退期，则意味着该产品面临转型或升级，以应对销售和利润的不断下降。异常激烈的市场竞争、高度同质化的产品和不断下降的广告收入，标志着门户类内容聚合平台目前进入了成熟期或衰退期。

需要明确的是，产品进入成熟期或衰退期，并不是说该产品就必然走向衰亡。在实践中，匡威等品牌就曾通过促销活动和重新定位，更新了产品特性，重回成长阶段。因此，对于门户类内容聚合平台而言，一方面，进入成熟期或衰退期是遵循市场的客观规律的结果，是不以人的意志为转移的；另一方面，进入成熟期或衰退期后，也不意味着在市场竞争中的必然失败，仍旧可以采取一定的措施来改善产品的处境。

另外，对于进入成熟期的产品和进入衰退期的产品，可以采取的市场决策是有差异的。进入成熟期的产品的相应策略是调整市场、改进产品，以及调整市场营销组合。而进入衰退期的产品，企业需要决定是否维持、收获或放弃它们。因此，在讨论门户类内容聚合平台未来的市场策略时，我们必须对成熟期和衰退期加以区分。

（一）优势：口碑与用户

在进入成熟期或衰退期之前，门户类内容聚合平台首先经历了产品开发期、介绍期和成长期。进入成长期的产品，其销售、市场认可度和利润均出现大幅上升。在这一时期，消费者的正向口碑是其产品被广泛认可的重要因素。

与其他类别的内容聚合平台相比，门户类内容聚合平台具备先发优势。这种先发优势来源于PC端和移动端两个方面。

一方面，诞生于20世纪末的新浪网、搜狐网和网易网等PC端内容聚合平台，创造性地打破了传统传媒垄断下信息的地域性限制，通过编辑、加工、分类及搜索等功能，简化了受众的信息获取，从而从传统传媒处分流了大量受众。而十几年来，传统传媒对 PC 端内容聚合平台专业性的诟病，以及两者的版权纠纷，反过来促使 PC 端内容聚合平台打造出专业的新闻编辑团队，并不断完善与传统传媒的版权合作。换言之，在与传统传媒长达十几年的竞争中，PC 端内容聚合平台不仅积累了大量忠实受众、培养了网民从门户网站获取新闻信息的习惯，还成为专业度堪比传统传媒的传媒类型，收获了良好的口碑。

另一方面，移动端市场上，门户类内容聚合平台也是首批进入者。移动新闻客户端这一产品形态，由门户类内容聚合平台开创。尽管从传媒形态上来说，门户类移动端仍属于旧传媒范畴，缺乏对用户"个人"的关注、对数据的挖掘和对用户社交关系的调动，但其率先开发了受众在移动中的闲散时间，满足了受众在闲暇时获取简短、大量和即时新闻信息的需求。前文（第三部分）分析内容聚合平台的市场格局时，就已经提到用户智能手机上安装和打开的应用软件和新闻类应用数量非常有限，如据企鹅智酷 2015 年 11 月 12 日发布的《2015 中国新媒体报告：亿万人"众媒时代来了"》，绝大多数人手机上的新闻阅读类应用不超过 4 个。据 TrustData 发布的《2015 年 Q3 中国移动互联网行业发展分析报告》，超过四分之一（26.4%）的移动互联网用户，每天打开的应用数量不超过 5 个，近六成（58.5%）的用户每天打开的应用数在 10 个以内，而每天打开 20 个以上应用的用户仅占 4.7%。而据相关资料证明，在这些有限的使用里，门户类内容聚合平台的新闻客户端还占有可观比例，所以可以说，门户类内容聚合平台依靠其先发优势，抢占了用户智能手机上有限的空间，积累了一批用户。

（二）移动端门户类内容聚合平台[①]——成熟期：营销策略探求

目前，移动端门户类内容聚合平台正在由成长期进入成熟期。一般来说，产品的销售增长在达到某一峰值时就会放缓，进入成熟期。而销售增长的变缓会导致市场竞争的更为激烈。面对激烈的竞争，市场中的参与者

[①] 此处指移动端上的 APP 应用，不指移动端上的网页。

第六章
新旧交融中的互联网内容聚合平台

只能降低产品价格、增加广告等促销投入、增加研发预算，以冀扩大自己的市场份额。由于投入增大、利润减少，一些较弱的竞争者不得不退出竞争。最后，行业内只剩下一些地位稳定的竞争者。[①] 目前，移动端门户类聚合平台市场已出现腾讯新闻、网易新闻和搜狐新闻三大寡头，凤凰新闻和搜狐新闻的市场份额虽与三大寡头差距很大，但相对于其他移动门户，份额也比较可观（详见图6-5下载量排名前十的移动新闻客户端）。

进入成熟期后，由于产品差异很小，要想获得持续的成功，最关键的就是"营销圈地"。所谓"营销圈地"，是指市场参与者通过使用各种市场营销手段，扩大其市场份额，通过高市场份额而非高定价获得高收益。"营销圈地"在内容聚合平台市场上的作用更加明显。因为内容聚合平台所提供的内容，本身就是免费的。前文（第四部分）在分析内容聚合平台的盈利模式时得出结论，内容聚合平台要获得收益，一定是依靠对其用户注意力的"二次售卖"或"自营"。因此，较高的市场份额，意味着更多的用户和用户注意力，也就意味着更高的收益。

"营销圈地"要求产品不断发展以满足消费者不断变化的需求，以获得持续的成功。在成熟期，想要依靠一成不变的产品获得市场认可很难。对于移动端门户类内容聚合平台而言，调整市场、改进产品，调整市场营销组合，都是可行的"圈地"手段。

1. 调整市场：寻找新用户 + 深化当前用户使用

所谓调整市场，在本处是指企业通过寻找新的使用者和现有使用者的新的细分市场，以尽力增加现有产品的消费数量。对于移动端门户类内容聚合平台而言，寻找现有使用者的新的细分市场比较困难。这是因为，实际上在进入移动端时代前，门户类内容聚合平台已经历了十几年的PC端发展期，而长期的发展和彼此之间的竞争，已经使得PC端门户类内容聚合平台对可能的细分市场（比如满足某些细分市场群体内容需求的新闻频道，

---

① 菲利普·科特勒、加里·阿姆斯特朗著，楼尊译，《市场营销：原理与实践》，中国人民大学出版社2015年版。

或为用户提供邮箱、游戏等服务）的挖掘非常深入，因此，在移动端内容聚合平台问世时，PC端门户类内容聚合平台已经覆盖了很多细分市场，所以移动端内容聚合平台的发掘空间已不大。

相较而言，寻找新的使用者的可能性更大。尽管目前移动端的安装空间已很有限、已有智能手机上可供安装内容聚合平台的空间已趋饱和，但非智能手机的使用者将是移动端门户类内容聚合平台的潜在使用者。这是因为，非智能手机的使用者中，有很大一部分是潜在的智能手机购买者。目前，非智能手机的使用者正在转化为智能手机使用者，这一趋势，从我国手机网民的规模及其增长势头可见一斑（参见图6-9 中国手机网民规模及其占网民比例）。据CNNIC发布的第36次《中国互联网络发展状况统计报告》，到2015年年中，中国手机上网者数量为5.94亿，较2014年12月增加了3679万人。①

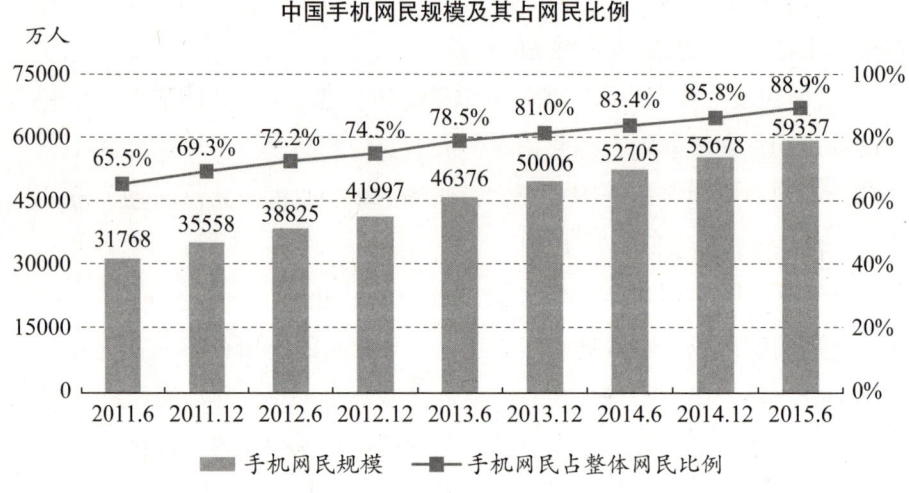

图6-9 中国手机网民规模及其占网民比例

---

① 中国互联网络信息中心（CNNIC），《中国互联网络发展状况统计报告》（第36次），http://www.cnnic.cn/gywm/xwzx/rdxw/2015/201507/t20150723_52626.htm。

第六章
新旧交融中的互联网内容聚合平台

此外,增加当前用户的使用量,也是移动端门户类内容聚合平台可行的方案之一。移动端门户类内容聚合平台可以通过精心设计的营销活动,使得用户认为自身需要掌握更多的关于外部世界的信息,从而更多地使用移动端门户类内容聚合平台。如何刺激当前用户的更深层次的需求,让用户发现产品的新价值,以增加使用量,是当前移动端门户类内容聚合平台经营管理者在调整市场时需要重点解决的问题。

2. 改进产品

所谓改进产品,是指改变产品特点,如质量、特征、风格、包装以及技术平台等,来留住当前使用者或吸引新顾客。这在移动端门户类内容聚合平台上比较常见,相对来说难度也不是很大。表6-4展示了目前国内五大移动端门户类内容聚合平台(腾讯新闻、网易新闻、搜狐新闻、凤凰新闻和新浪新闻)截至2015年12月2日的APP应用版本更新情况。

表6-4 五大移动端门户类内容聚合平台的最近更新情况一览

移动端门户名称	APP版本	更新日期	改进方面	具体内容
腾讯新闻	4.8.5版	2015年11月25日	质量	新增"新闻无限刷"功能
网易新闻	5.4.2版	2015年12月1日	风格与包装	有态度人物盛典活动全面开启的相关内容
搜狐新闻	5.3.0版	2015年9月25日	质量与包装	股票频道增加自选股功能;重新设计收藏夹功能;新增提醒订阅更新功能;全新搜索引擎功能(模糊查询、联想搜索等一系列方法);性能及体验优化(比如在阅读带视频的新闻时,可以选择全屏或小窗口播放视频);私信功能上线,加强用户与文章作者的互动
凤凰新闻	4.4.9版	2015年11月16日	质量与技术	修改技术bug(问题);优化用户体验

续表

移动端门户名称	APP版本	更新日期	改进方面	具体内容
新浪新闻	4.9.0 版	2015 年 11 月 12 日	质量	新增"懒人"功能；优化汽车频道、星座频道版块设置和社交分享功能；新增栏目《晚安大明星》、《星座靠谱儿》、《囧知》

值得注意的是，在改进产品时，移动端门户类内容聚合平台存在效仿其他主要竞争对手的情况。一方面，这种效仿可以提升行业整体的用户体验，长远来看有利于移动端门户类内容聚合平台的发展；另一方面，对于某个移动端门户类内容聚合平台有效的改进，并不一定适用于其他移动端门户类内容聚合平台。因此，移动端门户类内容聚合平台在改进产品的过程中，还是要立足自身用户的需求形成独特而具备差异的风格，不能盲目跟风。

3. 调整市场营销组合

所谓调整市场营销组合，是指通过调整营销组合的一个或几个要素来提高销售。市场营销组合，即所谓的营销"4P"，Product 产品、Price 价格、Promotion 促销和 Place 渠道四个方面。调整市场营销组合通常的方式有：向消费者提供新的或改进的产品或服务（Product）、降低价格以吸引新的使用者或竞争者的消费者（Price）、推出更好的广告形式或采取激进的其他促销手段（Promotion）、进入新的营销渠道（Place）。

对于移动端门户类内容聚合平台而言，降低价格以吸引新的使用者或竞争者的消费者并不实际，因为移动端门户类内容聚合平台的内容本身就是免费的，价格为零，没有下降空间。同时，这也从侧面说明，在移动端门户类内容聚合平台市场，成熟期内进行"内容收费"是不明智的改革方向。除非该移动端门户类内容聚合平台所提供的内容具备高度不可替代性（即该内容只能从本平台获得而不能从其他平台获得），那么某一移动端门户类内容聚合平台的收费，在竞争中必将导致其受众的流失以及最终的整体失败。

第六章
新旧交融中的互联网内容聚合平台

从产品出发向消费者提供新的或改进的服务,是目前移动端门户类内容聚合平台的操作重点(前面"改进产品"已详述)。目前对于产品的改进,集中于质量、包装、风格和技术这些方面,对于"产品特征"的关注不够多,所以在差异化方面仍有改进空间。

社交网络和大数据技术为广告运动或促销活动的开展提供了高效而低成本的辅助。一条能触发用户共鸣的新闻,可能会引起用户在其社交群体内的自主转发与评论,使得该移动端门户类内容聚合平台"名声大噪";大数据技术可以帮助移动端门户类内容聚合平台精准定位目标受众,对其定向推送广告或促销活动信息。对营销渠道的把握,对于移动端内容聚合平台尤为重要,对于其中的移动端门户类内容聚合平台也是如此。由于在智能终端上应用软件的安装空间有限,同时用户需要安装的移动端内容聚合平台也非常有限(大多数人手机上的新闻阅读类应用不超过4个[①]),因此智能终端硬件制造商(比如手机和平板电脑的制造商)就成为最为重要的营销渠道。这是因为,智能终端在被销售之前,其制造商往往要随机安装一些应用APP,只要能够被保证随机安装,该移动端门户类内容聚合平台就具备了优先接触到用户的渠道优势。因此,巩固与加强与智能终端制造商的合作,应纳入成熟期内移动端门户类内容聚合平台的战略考量。

(三)PC 端门户类内容聚合平台——衰退期:营销策略探求

面对移动端门户类内容聚合平台的冲击,PC 端门户类内容聚合平台可能距离衰退期更近。一般来说,销售衰退是衰退期最重要的特征。技术进步、消费者需求的改变和市场竞争的加剧,是销售衰退最常见的原因。PC 端门户类内容聚合平台的衰退,一个直接原因就是移动互联网技术的发展。由于新闻类信息的消费往往是一次性的,因此随着智能移动终端(智能手机、平板电脑和其他设备)的普及、免费无线网络的覆盖范围扩大和通讯流量

---

① 199IT 互联网数据中心,《2015 中国新媒体报告:亿万人"众媒时代"来了》,http://www.199it.com/archives/404372.html?from=timeline。

费用的下降，随身而又快捷的移动端门户类内容聚合平台对传统的 PC 端门户类内容聚合平台造成了剧烈冲击，让其迅速走向衰落。

经营一种衰退的产品对企业来说代价很大，这不仅是在利润上，其实还有很多其他看不见的消耗，比如，它可能会使企业付出更多的管理成本——企业往往得经常变动价格等，而且，它还消耗着广告和销售队伍的更大精力，而如果将这些多付出的时间和精力用于"健康"产品的话，可能更加有利。而且一种产品的失败又很容易引起消费者对企业及其另外产品的不安。而更大的问题是，继续经营衰退的产品会延误寻找替代品的工作，使其产品链结构失去平衡，从而既使当前收入减少，也使企业前景不妙。基于这些原因，企业必须识别处于衰退阶段的产品，决定是否维持、收获或放弃它们。①

对于 PC 端门户类内容聚合平台的管理者而言，维持其产品，是可能的方案之一。管理者通过对该产品进行重新定位或者更新升级，可以使产品重回成长期。新浪网，目前采取的就是"维持"策略。据新浪 2014 年第四季度财务报告，面对持续下滑的门户网站广告收入，新浪仍在加大对新浪门户网站的投入，试图开辟门户新业务，以发掘新的细分市场和细分客户需求，以重新提振新浪网的用户量和营业收入（主要是广告收入）。而据新浪 2015 年第二季度财务报告，新浪网的门户新业务的投资已粗具成效。

PC 端门户类内容聚合平台的管理者也可以决定"收获"其产品剩余的盈利，也任由该产品走向衰亡。"收获"，是指公司在继续经营该产品的同时，削减甚或终止为该产品的持续发展投入资金。这种策略，在短期内由于成本的下降，可以增加企业的利润。但是，这种利润的增加一定是短期的，由于缺乏必要的投入，被"收获"的产品将走上末路。但同时，被节省的各种开支，又可以被投入到公司的其他产品线上，比如移动端门户类内容聚合平台的开发和推广上。

---

① 菲利普·科特勒、加里·阿姆斯特朗著，楼尊译，《市场营销：原理与实践》，中国人民大学出版社 2015 年版。

第六章
新旧交融中的互联网内容聚合平台

放弃，也是 PC 端门户类内容聚合平台的管理者可以选择的战略之一。面对进入衰退期的产品，管理者也可以直接选择放弃该产品。具体来说，管理者可以将该产品出卖给其他公司，或者直接关停产品线。PC 端门户类内容聚合平台要彻底退出市场，有两方面的问题需要解决：一是资产的评估问题。PC 端门户类内容聚合平台可供出卖的核心资产，是其编辑团队和已积累的网站用户，如何对可能流失的人力资源和正在流失的用户资源进行定价，是一个难点。二是交易的对象。PC 端门户类内容聚合平台的这些资源，可以卖给谁，谁有需求也有能力接盘，这也是必须解决的问题。

六、群博式内容聚合平台：基于社群"小而美"

相对于门户类内容聚合平台和个性化内容分发平台，群博式内容聚合平台这一类别所包含的产品形态更加多样，所聚合内容也不局限于"新闻资讯"，面对的挑战也更多元。这是因为，群博式内容聚合平台，实质上是具有"博客"性质的内容聚合平台，需要依靠具备相同志趣的个人所组成的社群，来进行内容的聚合和传播。群博式内容聚合平台不是一种"大众传播"传媒，而是"小众"的社群分享平台。

（一）核心优势：基于社群"小而美"

群博式内容聚合平台所聚合的内容，来自于互联网用户的各种形态的"博客"。这些博客在物质形态上包括文字、图片和音视频，在内容类别上则涵盖新闻资讯、专业知识、意见表达和用户互动等。社交网络方便了人与人之间的沟通和交流，不仅使得现实中的人际关系更加紧密，同时也催生了互联网空间中的"虚拟社区"。虚拟社区是互联网平台上的社区，人们在其中进行交流、发生联系。而在这种网络空间中的交流与联系，又会因兴趣等相同或相似而形成一个个更小的社群。因此，群博式内容聚合平台，并不是无差别地聚合互联网上所有博客的内容或者聚合与当前最热门话题相关的博客，而是基于用户所属社群，从用户的兴趣出发，来聚合相关博客内容。这是不同类别群博式内容聚合平台产品的共同点，也是群博式内容聚合平台相较于门户类和内容分发式平台的核心优势。换言之，不同的群博式内容聚合平台产品拥有不同的目标客户群，其内容不是旨在服务于"大众"，而是服务于具有某一种或某几种共同兴趣的社群，具备"小而美"的特点。美国《赫芬顿邮报》的受众普遍对政治话题较感兴趣，并且渴望积极参与到政治活动中；微信公众号则依托微信这一即时通讯工具，与用户线下的社群关系紧密相连；知乎问答社区则提出"与世界分享你的知识、经验和见解"，服务于热衷寻找答案、分享知识的用户。

但是，不同的群博式内容聚合平台产品，可能采取不同的方式来"辨认"本产品所服务社群的共同兴趣、目标和需求。美国《赫芬顿邮报》的编辑掌握较大的权力，同时辅之以用户点击量来作为判断依据；微信公众号则几乎完全依靠用户个人主观、主动的"关注"行为，公众号平台几无举措；知乎问答社区则是以某个用户的"一个具体的提问"为核心，吸引分散的个体自主而又互相联系地将自己的见解、知识和经验转换为内容，主动将内容聚合到这一提问之下。

（二）外部压力：模糊的内容边界

在与门户类和个性化分发式平台的竞争中，群博式内容聚合平台在内容来源的独特性上面临挑战。在群博式内容聚合平台诞生之初，博客内容还没受到门户类内容聚合平台的充分重视，传统传媒仍旧是门户类内容聚合平台的主要内容来源。因此，群博式内容聚合平台在内容来源上区别于门户类内容聚合平台，它关注互联网上的原创内容，而非传统传媒报道，在内容来源上具备独特性。

但是，随着群博式内容聚合平台的兴起和各种内容聚合平台之间竞争的加剧，群博式内容聚合平台在内容来源上的独特性已被侵蚀。这种侵蚀来自两个方面。一方面，在群博式内容聚合平台的启发下，门户类内容聚合平台对于"博客"愈加重视，除了对传统传媒所生产内容的聚合，还开始与分散于互联网的"小微原创者"进行合作，将其内容的聚合向各种形态的"博客"倾斜；另一方面，新兴的个性化内容分发平台，在产品设计上

第六章
新旧交融中的互联网内容聚合平台

只是基于用户个人兴趣对用户进行内容的分发，对于所聚合内容的来源也并无特殊限制，这样其分发的内容中也有些与群博式的内容相同；还有就是，由于互联网时代内容的复制成本很低，传统传媒时代的作者"独家授权"模式，虽然理论上能够保证群博式内容聚合平台内容来源的独特性，但实施难度也相对较大。

所谓黏性，是指留住消费者以及使消费者返回的能力，有黏性即指消费者的忠诚度高。群博式内容聚合平台的内容来源独特性被侵蚀，会造成其对消费者的黏性下降，这一方面会带来用户的流失，另一方面也会降低用户对该产品的"到访率"。简而言之，内容的独特性降低后，用户尽可以从其他内容聚合平台处方便地获取该内容，而并不一定要依赖该群博式内容聚合平台。

群博式内容聚合平台在内容来源上独特性的被侵蚀，导致其对消费者黏性的下降，也使整个内容聚合平台市场的内容边界趋于模糊。

（三）内在困局：针对"基于社群"的优势与找准自身市场

个性化分发式平台的出现，降低了用户参与社群的需求，对群博式内容聚合平台的"互动性"提出了新的要求。这是因为，个性化内容分发平台对用户个人兴趣的把握正是通过对其社交习惯等社群信息的测算，这种测算对用户志趣的覆盖既全面又便捷。以今日头条为例，今日头条要实现个性化内容分发，在技术上需要三个步骤：首先，它通过对资讯在社交网站以及其他成千上万个网站上传播情况的数据挖掘，智能地分析出每时每刻最热门的资讯；其次，它通过分析用户的社交账号和用户以往的阅读习惯，迅速解读用户的阅读兴趣；最后，今日头条将热门资讯与用户的兴趣进行匹配，最终实现对用户进行个性化的推送。这种针对需求的个性化推送内容，就满足了以往用户在参与群博式内容聚合平台时进行互动才会获得满足的需求。由此，群博式内容聚合平台就面临冲击。

因此，局限于"内容分享"的群博式内容聚合平台，已不能满足当前的竞争需要。对其而言，首先要认清自身的核心优势在于"基于社群"，要针对社群多开发市场空间，同时也要努力增强用户对社群的黏性，比如深化社群体验，通过设置话题和举办活动等，加强社群内用户之间线上、线下的联系；其次，要找准自身产品的目标细分市场，不盲目追求覆盖范围的广阔。

七、个性化内容分发平台：优势与挑战

个性化内容分发平台的出现，是典型的技术驱动下产品的革新和新细分市场的开拓。今日头条的成功，解决了用户饱受不相关信息"骚扰"的苦恼，提高了用户获取与自身相关信息的效率，为内容聚合平台市场开辟了一个崭新的细分市场——个性化内容分发平台市场。截至 2015 年 11 月 20 日，今日头条的下载量超过 4000 万次，用户量过 3.3 亿，占领 AppStore 新闻类榜首 24 个月，每天用户总在线时长超过 7.2 亿分钟，每天社交平台分享量达 1000 万次，是发展最快的新闻类 APP。

（一）优势：新产品、新市场

之所以说个性化内容分发平台是在内容聚合平台市场内开辟了一个崭新的细分市场，是因为个性化内容分发平台与门户类或群博式平台满足的是受众不同的需求，相互之间并不存在很强的替代性。与个性化内容聚合平台满足用户获取与自己更相关信息的需求不同，门户类内容聚合平台的用户希望获知外部世界的热点新闻以"监测外部环境"，而群博式内容聚合平台的用户则看重社群成员之间的认同，由此获得心理满足。

在这个崭新的细分市场内，个性化内容分发平台正由介绍期进入成长期。介绍期是产品生命周期的第二个阶段。产品开发成功后，甫一进入市场，就进入了它的介绍期。介绍期是指新产品刚进入市场的时期，这时消费者对其并不熟悉，所以销售量不大。在这一时期，由于新产品要打开销路需要大量推广和分销经费，企业几乎没有利润。成长期是指产品被市场迅速接受，并且利润大幅增长的时期。此时，受利润的吸引，新的竞争者也会进入市场。此时培育市场依旧是企业的目标，只是企业还必须面对竞争。在成长阶段，

第六章
新旧交融中的互联网内容聚合平台

企业面临高市场份额与高利润之间的取舍——通过在产品改进、促销和分销上投入大量资金,企业可能获得市场主导地位,但是,这样便放弃了现有利润的最大化,只能期望在下一阶段得到补偿。[①]

目前,个性化内容分发平台兼具介绍期与成长期的特点。首先,今日头条被市场广泛接受。由图6-5和图6-8可知,今日头条是目前下载量排名第二的移动新闻客户端,也是目前客户满意度最高的产品。其次,随着今日头条的成功,个性化内容分发平台市场内不断涌入新的竞争者。目前,除今日头条外,类似定位的一点资讯也加入战局,同时,传统的门户类内容聚合平台搜狐新闻也开始转型,提倡机器算法驱动的"兴趣阅读"。第三,尽管个性化内容分发平台已经在移动新闻客户端市场取得了巨大的成功,但它们仍旧把抢占市场份额作为第一要义,并没有实现盈利。以今日头条为例。尽管截至2015年4月,今日头条的公司估值已达5亿美元左右,其创始人张一鸣在2015年7月接受《芭莎男士》采访时表示,"盈亏平衡甚至赚钱,随时可以实现,不过这并不是我们想要的。现阶段增长更重要,我希望把赚到的钱有效地花出去,利润不是我们要平衡的因素"。[②]

(二)挑战

1. 技术带来新的同质化

数据挖掘和机器算法,是内容分发式平台计算用户个人兴趣的两项关键技术。今日头条问世时,面临的市场环境比较单一。门户类内容聚合平台一统天下,各门户的创新一般集中在内容的质量、整体风格和内容的呈现方式上,并未涉及技术层面;对于受众兴趣的把握,也基于编辑的经验和内容的点击量,而不是通过精确的科学计算;在运营理念上,往往将受众看作是可被出售的"商品",以刺激受众点击为目标,而不是将受众放在"顾

[①] 菲利普·科特勒、加里·阿姆斯特朗著,楼尊译,《市场营销:原理与实践》,中国人民大学出版社2015年版。

[②] 芭莎男士,《头条君的理性蜕变》,http://toutiao.com/a4745680240/。

客"的位置上，即并没有对受众的"服务意识"。因此，今日头条问世后，无论从技术上，还是从运营理念上，对于内容聚合平台市场以及身处其中的受众，都带来巨大的冲击，并据此取得了瞩目的成就。

但是，如前文所述，个性化内容分发平台进入成长期后，市场内不断涌入新的竞争者。目前，今日头条、一点资讯和改版后的搜狐新闻，不论在技术运用上，还是在产品定位上，都极其相似。如表 6-5 所示，三者区别并不大。随着门户类内容聚合平台进入衰退期，可以预见将有更多的追随者加入个性化内容分发平台市场。如果说门户类内容聚合平台的同质化来自于相同的内容及内容来源，那么个性化内容分发平台市场的同质化将来自于数据挖掘和机器算法技术的运用。也就是说，从目前的情况看，技术的优势只是暂时的，当技术被普遍运用后，个性化内容分发平台将面临巨大的挑战。

表 6-5 不同个性化内容分发平台产品的相似定位

产品名称	产品定位（据其产品介绍等）
今日头条	基于大数据技术的内容产品推荐引擎
一点资讯	"一款为兴趣而生的新闻资讯 APP。团队致力于为用户提供私人定制的精准新闻资讯，以提供个性化的自定义频道、并伴以顶尖算法不断学习用户偏好的方式重新定义新闻客户端，帮助用户在日益爆发的信息洪流中快速捕捉最核心最需要的资讯"[①]
搜狐新闻	结合了编辑推荐以及用户订阅两种功能的混合智能推荐系统

2. 社交传媒的依附品

在目前的模式中，个性化内容分发平台对用户个人兴趣的判断，很大程度上来自于微博、微信和 QQ 等社交平台。首先，个性化内容分发平台首次对用户个人兴趣进行推算时，主要依据就是社交平台所提供的数据。在用户首次使用个性化内容分发平台时，一般会被要求选择一个社交账户进

---

① 一点资讯官网，《关于我们》，http://download.yidianzixun.com/。

第六章
新旧交融中的互联网内容聚合平台

行登录。用户使用社交账户登录后,个性化内容分发平台的后台就会分析用户以往的社交信息,快速对用户的兴趣进行推算。其次,在用户使用过程中,社交平台所提供的数据仍旧是个性化内容分发平台不断更新、完善用户个人兴趣分析时所必需的数据。这是因为,一方面,用户的兴趣是随时间不断变化的;另一方面,短时间内用户的个人兴趣可能并不能完整而真实地展现在社交平台上,数据采集时间越长,获得完整、准确数据的可能性就越大。

而且,个性化内容分发平台内容的平台外转发和传播以扩大自身影响等行为,仍旧主要依靠微博、微信和QQ等社交平台。总之,个性化内容分发平台对社交传媒的依附性很强。

依附于社交传媒,一方面是出于成本考虑。由于社交平台拥有大量的用户数据,因此,通过与社交平台合作,个性化内容分发平台能够快速而高效地获得用以计算用户个人兴趣的原始数据。从社交平台获取数据,要远比自建社交平台的成本低廉。另一方面这也是无奈之选,目前社交平台市场上,微博、微信和QQ的市场地位不可撼动,从产品定位上看,个性化内容聚合平台与社交平台合作好处要大过竞争。

但是,这种依附是有风险的。2015年11月19日发生的"微信封杀今日头条"事件即为个性化内容分发平台敲响了警钟。2015年11月19日早上,很多微信用户称在微信平台上进入不了今日头条了。正常情况下在微信上点击该网站链接,或者能直接打开,或者转跳到下载页面,提示用户下载。而此次微信平台屏蔽了今日头条的下载页面,用户打开今日头条的链接后,直接被告知无法打开该应用。[①] 总之,一旦微博、微信和QQ等社交平台或其母公司与个性化内容分发平台发生龃龉,或前者决心开发自己的个性化内容分发平台,则后者必将大受影响。

---

① 科技讯,《微信封杀今日头条 看入口争夺大战如何应对》,http://www.kejixun.com/article/201511/137301.html。

07 第七章
电视剧营销

当前电视剧营销的主要模式
卫视自制剧营销
网络自制剧
影视制作基地
结语

TRANSITION AND CHOICE
Media Industry at the Crossroads

在本章中，笔者将聚焦电视剧①营销领域，对其基本情况和当下较为热点的操作进行分析，以使读者对该领域有个相对全面而深入的认识。需要说明的是，本章所讨论的电视剧"营销"，属于狭义的营销，主要指的促销，即宣传推广方式，而不包含生产、定价、渠道选择等内容。

在本章中，笔者将在开篇"电视剧营销模式"部分首先对当下几种主要的电视剧营销模式进行分析，其中包括整合营销传播模式、社会化媒体营销模式、台网互动营销模式。通过这一部分内容，读者可以对当下市场中主要的电视剧营销模式有个基本的了解。在第二部分，笔者重点关注了卫视自制剧营销这一热点，这是当下各卫视非常青睐的电视剧营销模式，在卫视运营和电视剧市场中都是一个非常重要的部分。在"网络自制剧"部分，笔者对网络剧、网络自制剧、网络定制剧进行了梳理，并对网络自制剧的基本内容、重要作用进行了分析。在当下传媒环境中，互联网等新传媒的地位日益重要，对网络自制剧的分析也是顺应传媒发展趋势的要求，因而，笔者也单设了"网络自制剧"这一部分，并且希望通过"卫视自制剧营销"和"网络自制剧"这两部分的对比，使读者能更好把握传统传媒、互联网等新传媒对电视剧进行营销的特点。在"影视制作基地"部分，笔者对我

---

① 本章的电视剧也包含在互联网上播出的剧。

第七章
电视剧营销

国的影视制作基地的基本情况、优势、功能等进行了分析。影视制作基地是电视剧制作之处,是很多电视剧作品的起点,因而其发展也影响着电视剧的营销,读者能够对影视制作基地有所了解,也可以更全面地认知电视剧产业的运作。

一、当前电视剧营销的主要模式

随着电视剧产业市场化运作程度的加深,电视剧营销模式逐渐清晰、成熟,同时,也呈现出与时俱进、顺应传媒业发展趋势的特点。而电视剧营销对于电视剧在电视台播放的收视率和在视频网站播放的点击率的提升都具有重要的、越来越无法替代的作用。其中,值得说明的一点是,当下的"电视剧营销",不仅所选择的传媒越出了电视传媒这一传统播放平台本身——它已是借助全媒体播放平台营销,同时,其营销范畴也早已越出"电视台"这一传统机构的边界,也包括视频网站等网络视频播出平台。因此,笔者希望在本节中对电视剧营销模式进行系统的梳理、分析,从而为电视剧营销实践提供决策参考。需要说明的是,在这一部分,笔者对当前电视剧营销的主要模式进行介绍,侧重点则主要在于电视剧的宣传策略、推广方式、售卖模式方面。

(一)整合营销传播模式

整合营销传播理论,是美国营销学大师唐·E.舒尔茨提出的,其核心思想是通过整合企业、机构内外部的所有资源,调动一切积极因素,用一个声音说话(speak in one voice),实现企业、机构统一的传播目标。具体到实施电视剧的营销层面,整合营销传播活动的所有组成部分(广告、销售、包装、公关以及内外部传播等)都应围绕一个与电视剧相关的中心点,比如,一句口号、一个角色、一位明星、一个事件、一个情节、一个话题或一个剧情宣传片等,同时,整合营销传播活动的所有组成部分要具有相同的、一致的设计,在理念识别、行为识别和视觉识别上都要有一致性,实现真正意义上的整合,最终才能协力打造出电视剧的知名度、美誉度。

整合营销传播不仅要在电视剧的细节、局部等微观的层面进行，更要在整体的层面、以系统的思路对电视剧以及电视剧的外部各部分加以整合。同时，整合营销传播应分步骤实现，应在围绕电视剧进行整合的基础上进行与电视剧相关的其他部分的整合，如对较为重要的卫视、地面频道、视频网站予以关注，进行更大范围的营销传播拓展。

但是，整合营销传播虽然自20世纪90年代提出以来便得到学界、业界的广泛关注和讨论，却直至20多年后的今天，在电视剧营销领域仍更多地停留在理论研究的层面上，很难应用于实际的活动中。而在已有的电视剧整合营销传播案例中，也少有真正意义上的整合营销传播，每每是在实施过程中大打折扣。比如，一些卫视频道，如北京卫视、安徽卫视、江苏卫视、湖南卫视等，都对播出的电视剧进行过有意识的整合营销传播，如对播出的电视剧内容的编排，电视剧与卫视其他综艺类、访谈类节目配合等方面进行一些设计——如在电视剧播出前后，邀请相关电视剧的演员做嘉宾参与节目、与观众面对面接触、讲述台前幕后的故事，最终借助各大名牌综艺、访谈节目的影响力吸引受众关注电视剧。同时，一些卫视，如湖南卫视、安徽卫视等，也曾积极拓展微博等社会化媒体上的话题讨论、进行明星微博互动等，借助话题效应、明星效应，为电视剧增加知名度和美誉度。但是，这些做法在内容方面并未做到整合营销传播最为核心的要求——用一个声音说话（speak in one voice），虽实现了营销渠道的整合，实则只是进行了形式上的统一，实际非常零碎、零散，缺乏中心点，更没有在一系列的宣传推广活动中体现出整体感，所以并非真正意义上的整合营销传播。

当然，整合营销传播在实施中的效果不佳，也与其自身的相关特点有关系，比如，整合营销传播的事前分析调查过程较烦琐、工作量较大、持续时间一般较长、对数据库依赖较大、一切营销活动皆需要"事出有因"等。对于电视剧的制作方和播出方而言，资金的压力、迅速盈利的期望等，使得他们希望进行电视剧营销时能够以最低的成本获取最大的经济效益、以最小的投入获得最高的回报，所以整合营销传播较为烦琐、细致、需要精耕细作的特点往往会令电视剧营销策划人员失去耐心，往往只是一般性地"应付",所以呈现出的营销模式,也容易流于形式,而不具备整合营销传播的真义。

(二)社会化媒体营销模式

2015年7月,CNNIC推出的《中国互联网络发展状况统计报告》中称:到2015年中,全国网民数量为6.68亿,其中手机上网者为5.94亿,较2014年底多了3679万人,① 而且其在网民中占比达到88.9%,高于去年底的3.1个百分点。② 在互联网覆盖范围提升、网民规模增大的同时,互联网对受众个人、电视传媒的影响也日益深化,越来越多的受众正在从传统的电视传媒转移至互联网、社会化媒体。传媒业的注意力经济和影响力经济的本质,使得电视剧在营销过程中不得不关注社会化媒体,努力运用社会化媒体积聚注意力和影响力。

在这样的传媒大局和发展趋势下,电视传媒需要主动融合、融入互联网发展的浪潮中,而电视剧的营销也不得不使用互联网思维,运用融合媒体展开宣传推广。其中,社会化媒体,尤其是微博,对于电视剧营销效果的达成非常有作用,所以,运用微博等社会化媒体进行宣传已经成为目前电视剧行业普遍采用的、至关重要的营销方式。而且,在互联网、移动互联网与社会化媒体大发展的形势下,电视剧的评价指标也已经发生了变化。收视率曾一度是衡量电视剧是否成功的重要标准,而在传媒融合、社交媒体崛起的当下环境中,电视剧的质量评价体系除了收视率以外,还增加了视频点击量、微博话题讨论量、用户关注度、微信公众号订阅量等多项指标。③ 在实践中,许多电视剧都设立了官方微博、微信账号,并与电视剧的导演、编剧、演员等的个人微博账号实行关联,进行频繁互动,由此建构

---

① 《第36次中国互联网络发展状况统计报告》,http://www.cnnic.cn/hlwfzyj/hlwxzbg/hlwtjbg/201507/t20150722_52624.htm。

② 《第36次中国互联网络发展状况统计报告》,http://www.cnnic.cn/hlwfzyj/hlwxzbg/hlwtjbg/201507/t20150722_52624.htm。

③ 吕慧杰,《湖南卫视的全媒体营销策略研究》,《西部广播电视》2014年第17期。

起一张社会化媒体的网络，进行社会化媒体营销，有的电视剧甚至将宣传重心转移至微博阵地。目前，电视剧的微博营销，是社交媒体营销方面运作得最为成熟的，也是最便于观察分析的，下面笔者对其展开具体分析。

微博营销是指以微博为渠道，利用其物理技术特性以及在实际运作中积累的资源进行营销，最终实现推广、宣传、提升知名度及美誉度等效果。由于微博的物理技术特性，微博营销具有发布便捷、传播速度快、功能丰富多元、交互程度强以及带有"温度感"和生活化等特点。而电视剧微博营销，指的是在微博平台上宣传推广电视剧，在实践中，这包括专门为电视剧建设官方微博进行宣传，也包括剧的制片方、发行方等借助微博进行宣传。按时间流程划分，电视剧微博营销可以分为播出前的宣传造势、播出过程中的集中宣传和播出结束后的收尾宣传三个部分。

如前所述，在电视剧播出前，电视剧制作方、发行方、播出方等一般会设立电视剧官方微博账号，并与电视剧的主创人员等的个人微博账号互相"关注"，从而"织"起一张在微博上的关系网络，合力宣传电视剧。而在微博的内容方面，常常会进行电视剧播出时间和频道的预告（有些还会进行精确的倒计时等），对电视剧的基本剧情和导演、编剧、主演等主创人员的基本情况进行介绍，有些还会将拍摄花絮、幕后纪实以及采访主创人员的文字、图片、视频等进行发布，并推介各传媒对该电视剧的报道，从而吸引微博用户等关注，以为该剧积聚知名度、美誉度与粉丝。以 2015 年 11 月 30 日正式开播的电视剧《芈月传》为例，该剧于开播近一年前的 2014 年 12 月 29 日就在新浪微博注册了官方账号，公布了第一条微博资讯——"由乐视旗下花儿影视公司出品，@郑晓龙导演执导，孙俪 @turbosun@ 刘涛 tamia @ 马苏 @ 方中信 alex @ 黄轩的微博 @ 高云翔 @ 蒋欣等主演的大型古装传奇巨制 #芈月传#官微正式开博啦！官微君将及时更新《芈月传》的相关信息，请大家密切关注呦！"[①] 并配上一张《芈月传》的海报。此后，通过不断更新，该微博还发布了开机、拍摄进度、剪辑情况、拍摄过程中的状况、拍摄趣事、

---

① 《芈月传》官微，http://weibo.com/u/5452486353。

第七章
电视剧营销

明星状态等微博文字，并配以丰富的《芈月传》海报、演员图片等。《芈月传》官方微博的不断更新，使得许多微博用户在《芈月传》拍摄、制作的过程中，就已然对该剧颇为关注，成为该剧的粉丝，从而为该剧最终聚拢观众做出了贡献。

而在电视剧播出过程中，电视剧制作方、播出方等会组织线上、线下的活动，以进一步促进营销效果的达成。就线上活动而言，主要是与网民互动、对评论进行管理以及设计话题与活动等。与网民互动，可借机进一步宣传电视剧，也可回答提问等从而使网民对该剧了解更多，最终对留住已有观众、吸引更多的人成为观众有利。就网上评论而言，网民的评论有正面有负面，正面的有助于吸引人观看，负面的往往会导致人们不去看从而失去观众。而线上活动就包括扩散好的评论，积极处理不好的评论等。

就设计网上话题而言，在电视剧播出过程中，电视剧制作方、播出方等会进行集中操作，不断设计一个又一个微博话题，供用户们讨论。这些话题往往跟随电视剧播出的进度，进行精心设计，从而让用户在追剧的过程中，始终能够在微博平台与追剧的其他用户展开讨论。而在讨论过程中，不仅可以使正在追剧的用户获得更大的效用，对该剧产生更强的偏好，同时也可以以热烈的讨论和话题效应，带动潜在受众关注该剧，从而有可能转化成该剧的观众。就活动而言，则是设计一个个类似"明星微访谈"、投票、有奖转发等活动，促动网民热情参加，以为电视剧积攒人气。如电视剧《武媚娘传奇》，就曾在其官微上发起"全球寻找武媚娘"活动，号召网民拍摄带有"武媚娘"照片的广告图片参赛。[①] 电视剧《多情江山》的官方微博也曾发起"凡在电视剧播出期间，拍下带有电视台台标的电视画面，并带上#浙江卫视多情江山#话题标签发布微博并@电视剧多情江山官微，就有机会获得主演签名照"的活动。[②]

在进行线上活动的过程中，成功的电视剧营销一般会实现社会化媒体

[①] 《武媚娘传奇》官微，http://weibo.com/tvwzt。
[②] 《多情江山》官微，http://weibo.com/u/5060186769。

渠道全打通，多渠道联动，形成社会化媒体的整合和协作。如前所述，电视剧官方微博账号会与电视剧的主创人员等的个人微博账号实现关联和频繁互动，建构起一张能动的信息网络，合力进行社会化媒体营销。同时，电视剧官方微博还会制造或利用特殊事件，进行病毒式传播。

再说线下活动，一般主要是剧的营销方组织人员来参加推广电视剧的相关仪式等，比如开机仪式、首映礼、主要演职员访谈等，参加的人员很多来自电视剧的粉丝，比如来自参加过推广该电视剧的线上活动的微博用户（一般也是剧的粉丝）。这种活动，主办方往往鼓励参加者在微博上发布活动内容及个人评价等。在电视剧播出结束后，电视剧官方微博还会进行一系列的收尾宣传和营销活动。这主要包括推介剧的观众规模、热门台词或桥段、重点演职人员的近况等，以延续剧的"温度"，维持品牌的价值。不过，从目前看很多剧在播出结束的"收官"阶段，推广举措并不积极，效果也并不尽如人意。当然，这里也确实存在微博用户注意力转移的问题，这一点，非独微博平台如此，实际是当下传媒业、受众的普遍现象。当电视剧开播，势必会吸引观众关注，而在电视剧播出结束时，观众的注意力也自然会从该剧转移到新开播的电视剧上，同时，在微博平台上，他们也会对新开播的、热点更高的电视剧的信息投以更多的关注。所以，电视剧播出结束后的微博营销，自然难以取得好的效果。但是，电视剧制作方、播出方在电视剧播出结束后，仍不应该立即舍弃这一微博账号，而应该继续策划一些线上、线下活动，利用这些收尾活动，进一步维持剧的品牌，维持微博用户对该电视剧的关注与热情，因为这有利于该剧产业链的延展，如接下来衍生产品的开发销售、版权的其他平台、其他市场的销售等。

（三）台网互动营销模式

传媒融合并不是简单地实现电视节目的数字化，也不是单指电视台等机构走向互联网、搭建新传媒平台，传媒融合应该是理念和思维方式层面的变革，是传媒从组织结构、传播渠道到流程的全方位融合，并且通过传媒之间的优势互补来实现功能的相互渗透和融合。在传媒融合和

第七章
电视剧营销

受众注意力、时间呈现碎片化的时代,受众的传媒使用越来越呈现出多屏化、跨媒体的特点,针对此种形势,电视业的发展和电视剧的营销推广都应通过整合、融入互联网以实现受众的注意力资源的重新聚合,最终获得理想收益。

目前,以卫视为代表的各大电视台和以爱奇艺、乐视网等为代表的各大视频网站之间正积极寻求合作,进行台网联动,实现优势互补,为资源的再度延伸和收益最大化创造条件。许多电视剧的营销,也正是通过台网互动进行。通过台网合作、台网互动营销,电视可以展露其受众数量大、公信力强等特长,视频网站则可以发挥其互联网平台所具有的互动性强、随时接触、海量存储等特点,从而共同满足受众对电视剧各方面信息的需求,大幅度提升电视剧的被关注度。此外,电视和视频网站具有不同的受众结构,台网合作可以有效聚集更广泛的受众,实现更大程度的覆盖和影响力增值。同时,展开合作、强强联手的台网双方都具备了更强的资金、人员等方面的实力,还可以拓展在自制剧、植入式广告、社会化媒体营销、整合营销传播等方面的合作,促进电视剧营销向更深更远的领域拓展,充分发挥、实现电视剧作品的艺术价值与商业价值。

据笔者观察,台网互动营销主要可以分成两类,一类是外部合作,一类是内部合作。

1. 外部合作

在外部合作方面,许多卫视会与各大视频网站展开合作,共享电视剧版权,实现同步首播电视剧等。江苏卫视、安徽卫视、北京卫视与搜狐视频、爱奇艺、乐视、优酷等视频网站都开展过营销合作,其内容主要包括联合播出、广告、公关、活动营销等诸多方面,最终实现电视剧的多渠道播出与推介,实现营销共赢。现在,不少卫视都与视频网站签有战略合作协议,如安徽卫视与优酷等。外部合作这一行为由来已久,但是,此前,此类外部合作一度是多网多台联播,即一部电视剧由多家卫视、多家视频网站共同播出。而近期,多网多台联播的局面发生了一些变化,新的"一台一网"的合作模式开始出现并增多。近期关注度较高的电视剧《芈月传》就是"一台一网"的合作模式，北京卫视此次联合了乐视网，而东方卫视则联合了腾讯视频来分别进行合作播映。而在"一台搭一网"的播出模式下，卫视、视频网站在营销宣传等方面互相合作，从而就有助于电视剧"人气"的提升，最终也有助于营销目标的达成。

在"台网合作"模式下，《芈月传》在卫视与网站平台都取得了收视佳绩。就卫视平台而言，2014年12月1日，在《芈月传》CSM4+50城收视中，北京卫视首播收视1.82%，相比之前上涨90%，位居卫视电视剧场第一，东方卫视首播收视1.51%，相比之前上涨39%，排名第二。[①] 其成绩还是很不错的。

除了卫视平台，《芈月传》在网络上也表现抢眼。当乐视网宣布点击量达到1.5亿时，腾讯视频则宣布超1.5亿；当腾讯视频宣布达到了3亿时，乐视网又宣布超过3亿。2014年12月1日晚两家均宣布进入3.3亿。这种收视成绩，在视频网站的电视剧播出史上也是不错的。

在《芈月传》的宣传推广上，视频网站做出了不少努力，这对剧的知名度扩大、最终实现受众的增加肯定有好处，从而其合作方卫视也会在其中获利。如在《芈月传》的营销中，乐视网与腾讯视频都做出了不少"声音"。比如，作为《芈月传》出品方花儿影视的母公司，乐视网集中发力，采取"线上线下相结合""内容生态双驱动"的模式——线上主创微博宣传乐视独家视频，线下则举办"芈月进校园——校花校草汉服大赛"。而相比乐视网，腾讯视频也不甘示弱，它开发策划了系列化的"衍生节目"，连续推出《芈月倒计时》《芈月天天见》《芈月大咖秀》三档全方位透析剧情的节目，并推出边看边聊、明星实时弹幕等互动形式提升观众体验，此外还有围绕剧情的H5游戏等也纷纷上线。另外，腾讯视频还与腾讯下属的其他平台联合发力，共同进行该剧的营销推广，比如，移动端上同步到达用户表情库的

---

① 不过，东方卫视认为这两天的收视情况并不真实，在他们连续两天的公告中表示，"上海某些地区以及外省市的IPTV东方卫视的信号被多次中断"。

第七章
电视剧营销

《芈月传》表情包就是其一。① 总之，视频网站的宣传推广，对电视剧积攒"人气"有利，使卫视也能享受其"红利"。当然，卫视的宣传推广，对网站也有相同效果。

总之，"台网合作"模式，能做到优势互补，收到更好营销效果。在将来，或许更多的电视剧会在营销时采取"一台一网"的播出模式。

2. 内部合作

内部合作，是指电视剧的播出方在机构内部与"兄弟"平台共享电视剧版权，同步播出电视剧。这种内部合作的方式，在其他卫视、视频网站采用得还不多，但湖南卫视和与其同属湖南广电集团的芒果TV（www.hunantv.com）的合作却是一例。湖南卫视洞悉传媒领域的变化和要求，十分重视新传媒的作用，积极进行传媒融合，而在融合的过程中，努力拓展播出渠道，实现渠道版图的扩张是其中核心行为。

与其他卫视相似，湖南卫视也展开了一系列外部合作，曾先后与搜狐视频、爱奇艺、乐视、优酷等视频网站合作，进行多渠道播出，但相比其他卫视，湖南卫视更为重视内部合作，并在此方面投入了更多精力，这算是各大卫视中比较独树一帜的做法。就这一合作而言，湖南广电集团实行的是"芒果独播"战略，对芒果TV给予高度的版权倾斜政策，实行台网平等运作，这也使得芒果TV在短时间内获得了长足发展，在与各网络端的竞争中具备了独特优势。具体说来，芒果TV（www.hunantv.com）是湖南卫视唯一的官方视频网站，也是湖南广播电视台旗下唯一的互联网视频平台。湖南广播电视台全力发展网络视频业务，芒果TV是其唯一着力点、战略聚焦点。从提供的内容上看，它提供湖南卫视所有电视栏目高清视频点播、热门电视剧、电影、综艺和音乐视频等，另外，它还能做到与湖南卫视同步直播一部分节目，总之，其资源可谓得天独厚，在中国的视频网站中比较少见。芒果TV自2014年4月20日上线，自那时开始，它凭借湖南广电丰富优质的内容与传播资源，以"内容驱动，移动为先"为战略布局，全面

---

① 刺猬公社，http://toutiao.com/m3400694881/。

凸显自己独家拥有湖南卫视全部节目的优势，积极在含移动互联网在内的互联网平台上拓展，取得了不错的业绩。① 目前，芒果 TV、芒果 TV 手机客户端和 PAD 客户端正获得越来越多年轻用户的喜爱和关注。在 2015 年 12 月 3 日于成都举行的"第三届中国网络视听大会"上，芒果 TV 荣获"年度台网融合创新团队""年度台网融合创新案例"。② 而且从产业布局上看，目前其也已经形成了以"芒果 TV"为品牌的有利布局，包括芒果 TV 互联网电视、芒果 TV 互联网视频、湖南 IPTV 以及移动增值业务等。

二、卫视自制剧营销

（一）卫视自制剧营销的内涵及概况

自制剧，就是电视台、网站等播出主体自己制作的电视剧，这些电视剧，既留给自己播放，也可以销售给其他播出方等机构。本处所分析的卫视自制剧，专指电视台的卫视频道自己制作或电视台为其制作的电视剧，当然，这些剧也可以销售给其他机构。

卫视自制剧成为话题，可以说主要是从 2008 年东方卫视的《网球王子》和湖南卫视的《丑女无敌》这两部剧的制作、播出和彼此竞争开始的，而从这一事件之后，卫视自制剧也成为热点话题和热点操作项目，而且直到今天仍热度不减。要说这一热点的滥觞，还要说 2008 年东方卫视播出的《网球王子》，当年 7 月，东方卫视播出了该自制剧，紧接着在 9 月份，湖南卫视播出了王珞丹主演的《丑女无敌》。在这一期间，剧的模仿痕迹过重以及过多的植入广告等引起圈内乃至整个社会的议论纷纷，不过与此同时，剧的收视率却居高不下，由此自制剧就在市场叫响了。③ 自那时开始，自制

---

① 芒果 TV 官网，http://www.hunantv.com/。
② 传媒评论，《吕焕斌：芒果台的互联网 + 行动》，http://mp.weixin.qq.com/s?_biz=MzA5NTM1NDQzNQ==&mid=400527687&idx=2&sn=e65507e7a1d27f1a8f7f73037ab7fe71&scene=5&srcid=1210PVD1nd9vBw2qJczG9XRW#rd。
③ 百度百科，自制剧，http://baike.baidu.com/link?url=7c2kFQD4GiCFCInN2pnZZ3c2Hoj0GkAo5qST_OcaH8EGHbzrso6Tf2NEw8BpkdwcrXQgOFD-ibtG4rKJ2t0xDK。

第七章
电视剧营销

剧便在风头上很快压过了所谓的"独播剧",市场一时操作得风生水起。从2009年起,我国最有实力的几家卫视,诸如安徽卫视、湖南卫视、东方卫视、浙江卫视、江苏卫视等,纷纷筹划进行自制剧的制作和播出,到目前,更多的电视台、视频网站都参与进来,而在本部分中,我们将着重对国内卫视的自制剧营销进行分析。

(二)卫视自制剧的兴起及其原因

自制剧是目前国内多家卫视播出的电视剧中的重头戏,卫视自制剧成为热点话题滥觞于2008年,然而,卫视自制剧却不是近年来才出现的新生事物,它其实出现时间较早,只是一直未受到过多关注而已,而在其发展过程中,其实存在着一种历史与当前两极相通的现象。

在各级电视台播出电视剧之初,电视剧资源严重匮乏,大都是由电视台专门的制作部门制作的,比如1990年代令我国万众"瞩目"的电视剧《渴望》《编辑部的故事》便是由北京电视台自主制作的。随着电视台市场化运作程度加深,加之民营影视公司日渐增多以及国家制播分离政策的实施等,电视剧制播分离的程度逐渐提高,开始更多地由专门的影视制作机构制作,再由电视台购买,进行播映。

而当下,自制剧得到复兴、再次受到各大卫视的青睐,其实源于我国电视剧市场的竞争、版权等方面的问题,也与卫视经营打造自身品牌等目的密切相关。具体分析,主要包括以下原因。

1.电视剧市场精品偏少,购剧主体之间竞争激烈

一直以来,卫视之间的竞争就比较激烈,其竞争当然最终争的是收入,而卫视的收入,最主要的就是来自广告,而广告收入的多少则取决于收视率的高低,卫视的竞争,其实就是收视率的竞争,而收视率则取决于好的节目,而在能吸引收视率的节目中,电视剧是非常重要的一种。较长一个时期内,电视剧给我国电视业带来的广告收入要占到电视广告总收入的60%以上,最近几年也占到了50%左右。

从量上看,近几年我国电视剧的年产量一直在一万集以上,位居全球

第一，然而，电视剧虽然产量大，却较少精品，所以，各电视台、各频道在购剧过程中，对精品剧的竞争十分激烈。各卫视作为购剧主体和主要购剧力量，当然也不例外，而且，由于其经济实力相对较强，对收入也非常看重，市场化运作的程度也较深，所以，其对精品剧的竞争往往更为激烈。

总之可以说，对于精品电视剧的巨大需求，是导致我国自制剧兴起的重要原因。在实践中，围绕精品剧的竞争往往是多家共同参与，而由此剧的价格迅速攀升，不论最终花落谁家，都让胜者付出巨大的购剧成本与交易成本[①]，而其余各家也付出可观的交易成本。此前，一些精品电视剧，诸如《我的团长我的团》《甄嬛传》等，就都经历了各大卫视的竞购战，硝烟味十足。从2015年1月1日起，我国又开始实施新闻出版广电总局的新的"一剧两星"政策，此政策一经实施，此前四家卫视可以共享一部剧播映权的做法就不复存在，变成一部剧的播映权只能由两家卫视共享，由此，卫视对电视剧而且主要是精品剧就有了更多的需求，这使电视剧市场精品剧供不应求的问题越发突出，而对精品剧的竞购也日趋激烈。

总之，精品剧的竞购让各大卫视都很头疼，不管购到购不到，其交易成本都不低。

2. 购剧成本偏高

近年来，电视剧制作成本逐年增加，各卫视的购剧成本也随之增加，一部精品电视剧的购剧成本，往往动辄几千万、甚至上亿。对于一家卫视而言，如此高的购剧成本，无疑是巨大的负担。2005年，央视正式提出"独播剧"的概念，这是具有革命性意义的播出方式，因为"独播剧"的播出权被一家卫视垄断，买方拥有独家资源，只在自己平台上播出，收视率自然高。而此前，包括中央电视台和几家省级卫视在内的一些经济实力相对强大的卫视也都推出过"独播剧"或"首播剧"，希望以此策略摆脱电视剧同质化的困扰，从而避免卫视间针对收视率的恶性竞争。比如，此前央视

---

① 此处的交易成本不是剧本身价格形成的成本，而是之外的搜集信息、讨价还价、签订合同、监督合同执行等成本。

第七章
电视剧营销

播出的国产电视剧《京华烟云》、湖南卫视播出的韩国电视剧《大长今》，都体现了"独播剧""抢掠"收视资源、轻易享有高额广告收益的优势。但是，"独播剧"也有不尽人意之处——卫视为了提升收视率，都要买精品剧或"独播剧"，而"独播剧"购剧成本过高，大家抢"独一份"的结果，自然是更激烈的竞争，而在"独一无二"的背后，自然是被抬高的购剧价格。总之，这既不利于各家卫视的顺利发展，也不利于电视剧市场的和谐共赢。针对这一点，卫视自制剧可谓很大程度上解决了问题。

近几年市场上，电视剧一般七八十万一集，而精品剧如《精忠岳飞》、《樱桃红了》等要几百万一集，而自制剧的拍摄、制作成本等相加一般也就几十万一集，相较购买成品电视剧尤其是精品剧，自制剧确实为卫视节省了相当高的费用，所以，这也是自制剧应运而兴的一个重要原因。

3. 版权问题的困扰

电视剧的版权问题一直也是困扰卫视的问题之一，卫视即使可以承受购买精品剧的高昂价格，却也只能购买到一部剧三到五年的播映权，而且除了独播剧以外，电视剧的品牌也不是由单个卫视独家享有，其他卫视也在播，都享有该品牌，而且，剧的播出编排也得与跟自己一起购买的卫视们一致，不能按自己的最佳收益效果来编排。相比购剧，自制剧则能够有效解决版权问题。自制剧是卫视自己出资制作、享有独立版权，而且能永久享有。可以说，自制剧的投资、拍摄，属于卫视的一次性投入，但一经制作完成，卫视便可以按照自身的情况来安排自制剧的播出时间、重播次数，无须受到此前版权不属于自己时的那些牵制，也无须担心其他卫视与自己分享收视率、分享品牌，而且也不必担忧版权到期的问题。此外，自制剧版权在手，还可以进行更进一步的版权销售和相关衍生品的开发等。[①]

总之，在我国整个文化市场版权越来越被重视且优质版权价格日益昂贵的情况下，自制剧可以使卫视避免因版权导致的诸多问题，其版权的开

---

① 段文韬，《电视剧市场"新蓝海"——从湖南卫视自制剧微探中国电视剧市场营销策略》，《新闻天地》2010年第4期。

发也可以为卫视带来更多的收益。

4. 可灵活植入广告

较购买成品电视剧而言，自制剧可以有效保障卫视的广告收益，这主要源于两方面原因。一方面，如前所述，卫视对自制剧能做到自由安排播出时段，可以规避收视率竞争，由此其收视率会提高，由此其广告收入就会提高；另一方面，自制剧更重要的优势在于，它可以植入广告，从而使卫视的广告收益可以大大提升。

2012年，当时的广电总局出台新政策——卫视电视剧播放期间，不允许插入广告。在这一规定下，卫视如果单凭增加电视剧前后的广告时间，已很难有太好的收入回报，然而，若采用植入广告，则对卫视大大有利，这不仅增加了广告时间，而且在效果上更好。不同于硬广告的强制推销，植入式广告可以把广告信息植入剧内容中，通过道具、台词等要素来展现，让观众在"润物细无声"中形成对产品或品牌等的印象、不知不觉地接受广告信息，从而高效收获广告效果。自制剧是自己拍摄、制作，可以自主将广告信息植入剧中，甚至能让不同的产品在剧中进行比较，让受众强化对各种产品的认识。同时，自制剧可以尊重、顺应广告主的需求，随时根据市场反馈修改剧本，增减或改变剧中的广告的内容与形式，避免无谓投资和资源浪费。由于这样一些优势，自制剧的植入广告总能吸引到许多广告主，为卫视带来可观的收益。在近几年的自制剧市场，浙江、湖南、江苏、东方等卫视经常一部剧就有几千万的植入广告收入，实践证明其对广告收益贡献巨大。

5. 便于打造卫视品牌

相比购买成品电视剧，自制剧还可以树立卫视独特的风格，打造卫视鲜明的品牌。单纯购买成品电视剧，在很大程度上，不论如何精挑细选，总是很难高度符合卫视的品牌内涵，由此难以突出卫视特色，难以树立卫视独特的风格、打造卫视鲜明的品牌。

在我国电视业历史上，曾一度出现过"千台一面"的状况，各卫视之间互相模仿，在节目制作、播出方面几乎没有太大差异。而进行电视剧的

第七章
电视剧营销

自制,可以有效实现差异化,进而也可以根据卫视自身的风格来量体裁衣,通过对自制剧的内容、风格等方面的设计,使之与卫视的品牌内涵相适应,最终有效打造出卫视独特的品牌。目前,在我国各大卫视中,这一趋势已经非常明显,比如,湖南卫视定位"快乐中国",所以,其自制剧大多是《丑女无敌》《一起去看流星雨》等青春剧、偶像剧,传达的更多是青春时尚、快乐的信息。而江苏卫视以"情感"为主体,则相关剧种就是其主播剧型,比如其一度连续播放了海岩的《永不瞑目》《玉观音》等情感类作品,即它传达的是以爱情为主的情感类信息。总之,自制剧可以进行巧妙的策划,进行内容、风格等方面的设计,从而成为卫视品牌的有效塑造者。

(三) 卫视自制剧存在的问题

总之,自制剧受到各大卫视的青睐,源于它以自身的优势解决了后者在竞争、成本、版权等方面的一系列问题。但与此同时,还应明了的是,自制剧的推广,也给我国电视剧市场带来了一些问题,而如果不能早日解决,可能会有比较严重的影响。具体如下。

1. 较大比例的自制剧质量偏低

江苏卫视、安徽卫视、湖南卫视等国内各卫视都推出了大量自制剧,其中不乏精品,但目前市场上仍然存在较大比例的自制剧质量偏低的问题。一部分实力相对弱一些的卫视,资源不足、制作经验欠缺,也确实推出过一批题材、内容、制作都有瑕疵、不能吸引观众的作品,由此难以获得理想的收视率。即使是一些收视率较高的自制剧,也存在制作水平堪忧的问题,许多时候,收视率来自营销,来自吐槽批评,却并非来自质量精良。而观众多是受到"审丑"而非审美心理的驱使,以吐槽的心态进行观看,得到的并非对艺术作品的审美体验。因而,实践中一些收视率较高的自制剧也时常被网友批评剧情不可思议、前后矛盾,或是演员演技夸张、雷人等。因而,这些自制剧的收视率即使得到了保障,观众的效用也不高,观众的福利并没有得以实现。而且,这还会影响观众对该剧、进而对该卫视的评价,最终影响该卫视的形象。

2. 过度自制不利于电视剧产业的比较优势的发挥

自制剧诚然有颇多优势，可以为卫视带来巨大的收益，但是，电视剧市场化的购买仍然应该是主流。在传媒业的分工中，卫视作为播出平台，其实大部分在电视剧制作的人才和知识等方面都比较缺乏，在电视剧制作方面没有优势。若一味自制电视剧，一是会因此被分去大量人力、资金等资源，不利于自己在其他节目如新闻、综艺等方面的投入，而这些节目也很重要，也承担着电视传媒传播的主流节目的角色。如果卫视在自制剧方面投入过多，肯定对这方面的节目有影响。

而更重要的是，在我国电视剧产业的发展历程中，曾一度实行"制播合一"，电视剧由电视台自己拍摄、制作，但后来推行了"制播分离"——电视节目不必只有电视台自己做，市场上的机构也可以做，由此，市场上出现了电视剧制作机构，而且数量越来越多，到目前为止，我国具有电视剧制作资质的市场机构有几千家，而如果卫视实行自制剧模式，则势必减少市场上电视剧制作机构的销售数量，而由此市场上的电视剧制作机构将面临危机，这种情况，其实已经存在。总的来说，市场上的电视剧制作机构虽然良莠不齐，但总归是专业机构，资源专业性强，具有电视剧拍摄、制作的比较优势，如果卫视自制剧比重过大，其实从宏观上是不利于卫视与市场上的电视剧制作机构的比较优势的发挥的。

数十年的电视剧产业发展实践证明，唯有实行"制播分离"——电视剧制作、播出的分离、分工，才能实现电视剧市场的健康发展，才能促进卫视和整个电视业的健康发展。总之，目前卫视自制剧有些过度了，应该有所抑制。

3. 植入广告过多

植入广告虽然为卫视丰富了盈利模式、增加了收入，但是，目前自制剧中的植入广告过多，且具有居高不下的形势。植入广告的投放，肯定会对观众的观剧感受造成不良影响，尤其到现在，观众的口味要求越来越"高"，"权利"意识越来越重，对植入广告的"容忍度"越来越低，一旦植入过多，将会对剧的收视情况造成可怕影响。

第七章
电视剧营销

总之，植入广告必须控制好"度"，一旦过量，势必会造成观众流失，而观众流失了，广告效果自然大打折扣，而一部剧的收视失败，不仅会影响该剧播出时的广告效果，还会影响卫视电视剧的品牌，会影响其后电视剧的收视以及对广告主的吸引力。所以，各卫视的自制剧一定要注意控制植入广告的量，同时对植入策略尽量巧妙地设计，更好地顺应情节，不起干扰作用，甚至力争起到增光添彩的效果。

（四）案例分析——湖南卫视的自制剧营销战略

湖南卫视是当前电视业自制剧的领军者，在自制剧的拍摄、制作、广告植入、营销等方面都有成功经历，其经验、教训都值得总结以给业界借鉴。

湖南卫视在社会上有"电视湘军"之称，极言其市场经营能力之强大。2010年6月28日，湖南广电集团成立湖南广播电视台和芒果传媒有限公司，标志着湖南广电的第三轮改革正式开始，而此轮改革也推动湖南卫视在电视市场上进一步创出佳绩。[①] 至今在全国各卫视中，湖南卫视始终在收视率、广告收入等诸多指标上名列前茅，在我国电视业中占据着重要的地位，可以说，这与湖南卫视优秀的市场战略是分不开的。而湖南卫视的自制剧营销，一直以来比较成功，也有着相对鲜明的自身特色，下面详为读者分析。

1. 湖南卫视自制剧的生产历程

早在1986年，当时还被戏称作"农业电视台"的湖南电视台自主制作了一部战争戏《乌龙山剿匪记》。该剧的制片人刘向群表示，当时是一帮年轻气盛的人，想要进行电视改革，于是摸索出了这么一部电视剧。[②] 该剧结合了湖南的本土化元素，曾经风靡一时。2005、2008年，湖南卫视又两次重播了该剧，据湖南广电的收视数据显示，这两次重播均取得不俗的成绩，

---

① 百度百科，湖南卫视，http://baike.baidu.com/link?url=boYgepXUGDMvnFE5n2qy60_tSJixtEQqf7DlHEqbJ9c4B7ixjHP4kDwv-CICGGc8QhkDoPJwcuEfNOXUGTHVEa。

② 百度百科，自制剧，http://baike.baidu.com/link?url=7c2kFQD4GiCFCInN2pnZZ3c2Hoj0GkAo5qST_OcaH8EGHbzrso6Tf2NEw8BpkdwcrXQgOFD-ibtG4rKJ2t0xDK。

全国同时段最高排名第二，在湖南本土收视份额则均排在第一。① 之后，湖南电视台还改编琼瑶小说并在湖南卫视上推出了《还珠格格》，该剧一经播出，就在电视业乃至整个社会激起很大反响，观众好评不断，此后，该剧更连续多次在湖南卫视播出，其影响力和好评维持了十余年的时间，至今仍有较高的社会知名度和辨识度，而且其影响力甚至跨越国界，在东南亚等海外地区博得好评，从该剧中也走出了赵薇、林心如、范冰冰等多位影视明星。2000 年以来，湖南卫视又相继推出了一系列自制剧，如《丑女无敌》系列、《一起去看流星雨》系列等，普遍取得了较好的收视成绩，这使得湖南卫视在整个电视剧市场一时风光无限。可以说，湖南卫视在自制剧时代通过自己的探索，在激烈的市场竞争中依旧很成功，依旧很大程度上继续引领中国电视业发展的步伐。

而在具体操作方面，敢为人先的湖南卫视利用自己的品牌，率先发掘优质 IP 的"能量"，它购买青年作家作品、互联网上的热门文学作品、享誉已久的老电影的版权等，然后利用自己的制作资源——导演、演员等精心制作，然后独家播出，最终打造出独具特色的自制剧品牌。这些自制剧往往以夸张的情节和塑造各类人物的鲜活生活等吸引观众，带来收视率的飙升，从而获取广告收入，而且，它们也便于延伸产业链，扩大收入来源。② 比如，《丑女无敌》系列这种现代都市剧，它们非常便于植入广告——如果古装剧就比较难。从某种角度说，《丑女无敌》系列可谓影响力、收入双赢的电视剧。

2. 湖南卫视自制剧的操作战略解析

在自制剧的运作中，湖南卫视战略清晰、有效，最终获得了成功，可谓实现了名利双收。具体来说，其战略主要包括以下两点。

（1）三"位"融合的定位战略，实现清晰明确的定位

湖南卫视整体的定位战略，核心是频道定位、受众定位及内容资源定

---

① 《湖南卫视自制剧进化史》，http://zixun.hunantv.com/hntv/20090928/436664.html。
② 吴婷，《浅析省级卫视自制剧的营销策略——以湖南卫视为例》，《电影评介》2011 年第 18 期。

第七章
电视剧营销

位三"位"融合。而在其进行每一部自制剧的营销时,其始终坚持这一定位目标,努力追求精准定位。到2004年,湖南卫视将频道风格定位成"快乐中国",而其在受众与内容上也是围绕这一主题进行打造,比如,其受众是对快乐、娱乐敏感、有需求的年轻一代,尤其是年轻女性,而其内容则以娱乐栏目和同样具有娱乐风格的电视剧为主打。于是三"位"融合,实现了一致的定位,而且比较精准。在这样的频道、受众与内容定位三"位"一体的基础上,湖南卫视对其自制剧精心打造,最终充分清楚地体现出"快乐"的内涵。可以说,湖南卫视的自制剧在实践中做到了秉持"快乐"原则,以"年轻"和"娱乐"为主要特色。从实践看,其观众确多为年轻人,而剧则以偶像剧、时尚剧、轻喜剧为主,主角也多是年轻、有活力的俊男靓女。

(2)差异化战略

对卫视而言,与众不同,实行差异化战略,提供有差异的内容资源,是形成独特竞争力的有效途径。湖南卫视自制剧的成功,在很大程度上也是源于其差异化战略。而其差异化战略,主要体现在播出内容差异化和播出时间差异化两方面。

首先,湖南卫视的自制剧只在本频道播出——自己的版权可以做到,由于独播,内容差异化就有了。但是,湖南卫视的自制剧还更进一步突出其差异化。应该说,剧不一样就已经差异化了,但是剧不一样,有可能在选题、体裁、风格上还是有相近之处,比如,都是现代都市剧,都是情感剧,都是轻松幽默风格等,而湖南卫视的自制剧,不仅是独播,而且在选题、体裁、风格上也有巧思,与一般的同类型剧也具有较大的差异性,而这就更突出了其差异化。比如其深入研究市场需求,在选题、体裁、风格、剧情等方面努力摆脱原著的"桎梏",实现大幅度创新,往往大大违反观众的惯常思维,由此,其差异性更明显,由此也更能吸引观众的关注。

而在播出时间方面,湖南卫视也实行了差异化,比如,它在2006年对晚上板块做出重大调整,其最显眼之处是把电视剧移出黄金时段,放到晚10点以后播放。这一调整,打破了观众的收视惯性,虽然冒着一定的风险,但确也规避了白热化竞争。实践证明,其这一做法也较快获得了受众的认可，获得了收视成功。据央视索福瑞数据，在该时段，其收视率仍几乎一直是全部卫视中最高的。由此，由于实现了播出时间差异化，湖南卫视的自制剧也获得了成功。

三、网络自制剧

自进入 Web2.0 时代，尤其是社交媒体、移动互联网等的发展促动了整个传媒业的变革，引领着传媒业走向互联网、走向新传媒、走向传媒融合。当下，互联网时代，新传媒崛起，传统传媒日益衰落，渠道、终端等的变化已深刻影响了行业格局。这一趋势在电视业亦有明显表现，随着"宽带中国"战略的深入实施，以及大数据、云计算等信息技术的迅猛发展，以视频网站为代表的视听新传媒在传媒业内的地位日益提升、市场份额日益增大，成为传统电视业的有力竞争对手。在实践中，它渐渐以互动性、分众性、平台性等诸多互联网、移动互联网所赋予的优势，呈现出内容定制化、推送精准化、服务社交化等特征，由此争取着越来越多的主流用户，不断瓜分着电视剧的收视份额，也不断颠覆着传统电视业的电视剧生产模式。在视频网站的诸多市场实践中，网络自制剧是近年来兴起的一大热点，也呈现出巨大的生命力。

（一）网络自制剧的内涵及发展概况

网络自制剧，是指由视频网站等传媒投资、拍摄制作并且以视频网站等网络传媒作为主要、首要播出平台的视频连续剧。在内容方面，网络自制剧大多是由热播的网络小说改编而成。此外，在目前实践中，网络自制剧可以分为纯粹由视频网站等网络传媒制作的，以及由视频网站等网络传媒和影视制作机构合作制作的两大部分。由于影视制作机构在视频内容制作方面具有更强的优势，因而后者的水平往往更高，也往往能够收获更高的点击量和更好的收益。

从范畴来看，网络自制剧属于"网剧"，而"网剧"又是什么？可以说，在"网剧"的发展历程中，随着其自身的变化等原因，它的概念也每每被

第七章
电视剧营销

改写。最初的"网剧"是由普通网民出于个人兴趣爱好所拍摄、并以个人名义上传到网上的一些剧目，属于用户自制内容（UGC）的范畴，而其内容往往较为生活化，往往是网民对个人经历的一种记录和呈现，时间比较短，拍摄风格也较为随意。因此，最初由普通网民拍摄的"网剧"大多制作水平偏低，缺乏艺术性和思想性。随着"网剧"的发展，视频网站等网络传媒机构纷纷加入其中，推出大量自制视频，包含电视剧、微电影、栏目剧、综艺节目等多种类型。起初，视频网站推出的自制视频大多成本较低，仅仅是视频网站内容资源的一种补充和丰富，因而制作质量虽高于普通网民，但与电视台或专业影视制作机构制作的相比，尚存在较大的差距。在2013年，搜狐视频、爱奇艺、优酷土豆、腾讯视频等视频网站纷纷表示要发力网络自制剧，也都投入了较多的人力、资金等，用于拍摄、制作和推广，也纷纷拍摄制作出了品质更好、点击率更高的剧。就在这一年，视频网站首次做出了点击量超过传统剧的自制剧，《万万没想到》播放量突破3亿，《屌丝男士》系列、《暗黑者》等剧都成为国内网络的热点。

然而，时至今日，在许多网民心目中，还普遍对视频网站等网络传媒的自制剧带有刻板印象，认为它们既然属于"网剧"，就都是粗制滥造，都带有草根的气息和恶搞、低俗、无聊的风格，在制作、艺术水平等方面都难以望正规电视台或其他影视制作机构电视剧之项背。此前较为成功的淮秀帮等出品的系列网络自制节目和近年的《万万没想到》系列、《屌丝男士》系列、《极品女士》系列等网络自制剧，虽然都引起了网民的热情关注，获得颇高的点击量，然而，这些剧相似的偏向恶搞的幽默风格、较为低俗的格调、简易的制作，却反而因其影响力加深了网民此前对网络自制剧的刻板印象，一时之间，这一印象难以扭转。直到制作精良、投资巨大的美国网络自制剧《纸牌屋》推出，才在一定程度上改变了网民的刻板印象，开始对网络自制剧刮目相看。当然，单部剧的成功和优秀，其能量有限，并不能彻底扭转网民对网络自制剧整体的评价。

(二) 网络自制剧的优势

对于视频网站等网络传媒而言，网络自制剧在渐渐改变它们的内容与服务结构，带来颇多方面的变化，而这与网络自制剧自身的优势是分不开的。具体分析，网络自制剧主要有如下几方面的优势。

1. 节省购剧成本

视频网站等网络传媒提供的内容资源，其获得方式主要包括成品购买、网站自制等。为了增强自身内容方面的吸引力和竞争力，视频网站等网络传媒此前曾一度不得不投入大量资金用于电视剧、电影在内的视频内容的购买，以充实自身的产品库。比如说，2012年3月12日，视频行业的两大龙头优酷和土豆宣布以100%换股的方式合并，成立新公司优酷土豆股份有限公司。这一传媒业非常重要的并购案例，其中虽有协同经营、资本运营、财务等方面的考虑，但购剧成本、版权因素也是其中重要的原因，总之，两家视频网站的合并，也有基于共享视频内容库、节约购剧成本这方面的考虑。视频成品购买曾经是视频网站等网络传媒获取内容资源的最主要方式，然而，购买成品电视剧无疑会给视频网站等网络传媒带来较大的成本负担，而当下网络自制剧兴起，确实比较有效地缓解了视频网站等网络传媒的购剧成本压力。

2. 便于产业链与营销活动的展开

网络自制剧对于视频网站等传媒而言，还有一个很大的好处是便于产业链与营销活动的展开。产业链的展开，能使视频网站等传媒获取更多收入，而营销活动的展开，则能使网络自制剧获得更高的知名度和美誉度等，从而有效聚拢受众，最终实现更大收入。

（1）产业链的展开

就产业链的展开而言，先要说的是广告。在这一方面，网络自制剧可以为视频网站等网络传媒带来更为多样的广告形式——如它可以灵活植入广告，从而有效提升广告收益。对于购置的剧目，视频网站能够售卖的广告形式较为单一，主要就是贴片广告、中插广告、弹出广告等基本形式，而

第七章
电视剧营销

对于自制剧目，视频网站能够把控的地方就更多，也可以更多元地安排设置广告。如除了贴片广告、中插广告、弹出广告外，网络自制剧还可以开发植入广告，将剧情内容与产品或品牌等较深度融合，从而让观众对产品或品牌印象等基本在"无知无觉"的状态下接受，从而达到较好的广告效果。此外，视频网站等网络传媒还可以结合网络相关数据实现对投放效果的科学把握，使广告投放行为调整起来更为灵活便利，从而更好地确保广告效果。除了广告之外，网络自制剧多样的衍生品如艺人经纪、电影、图书、唱片、玩偶等方面，也可以进行开发，以实现收益的增加。

（2）营销活动的展开

网络自制剧除了便于产业链的展开外，还便于营销活动的展开，从而获得更好的宣传推广效果。

比如，网络自制剧特别有利于利用互联网平台进行自身的营销，从而扩大知名度与美誉度，聚拢受众，而这又特别表现在利用社会化网络媒体方面。社会化网络媒体与网络自制剧同处于互联网平台，网络自制剧利用其进行自我营销具有先天的优势。它可以通过社会化媒体的讨论、转发、评价等功能，形成自己的影响力，从而有效聚拢受众。

比如，网络自制剧可以制造网络话题，促动微博、微信等社会化媒体上形成话题讨论，从而吸引网民关注，从而获取更好的营销效果。

在实践中，有些网络自制剧就做得比较好。它们在创作时，往往刻意将能否激起"话题消费"作为创作标准，在故事创意、叙事形式、台词写作和风格取舍等诸多方面都会有意识地考虑到能否形成话题、能否形成关注等，努力向网络流行文化靠拢。

而在播出的过程中，这些自制剧常常会设置若干微博话题，出现在相应剧情的视频画面中，从而引导观众转向微博等社会化媒体进行讨论，而这样就满足了互联网时代观众的"话题消费"与"吐槽"等需求。同时，观众通过参与互动讨论能够加深对剧情的印象，从而有助于自制剧内容与品牌的传播。

而且，这些剧的创作方在创作时，还会积极选择近期微博、微信等社会化媒体上讨论的热点，据其进行剧情方面的设计，将话题热点演绎出来，实现与微博、微信等社会化媒体的有效"共振"，这样，其内容自然更吸引人。

此外，网络自制剧借助明星的品牌效应来吸引受众，也是常用的营销方式。传统电视剧时间长，情节、角色设置都受到剧情的约束，一般很难在短时间内安排大量明星客串。而在网络自制剧中，许多剧目如《万万没想到》、《屌丝男士》等，都属于只有风格、没有明确固定的剧情的剧，每个桥段、情节的设计都非常灵活，只需前后风格大体一致，不必考虑整体剧情的问题，因而非常便于安排大量明星客串，从而实现明星效应，迅速聚拢大批粉丝。

以上这些网络自制剧的做法及其成功，都说明网络自制剧更便于营销活动的展开，说明网络自制剧确实有其自身优势。

3. 更符合网民的接受习惯

相比购买电视剧成片，原生于互联网的网络自制剧更具有互联网基因，在制作过程中更多地遵循了互联网的思维方式和网民的使用习惯与收视习惯。这一点，各大视频网站制作的自制剧都有所体现。比如，搜狐视频制作的《屌丝男士》系列自制剧，其内容结构碎片化、单集时间短、笑点密集，每一季、每一集和每一集的每个桥段都自成一个小体系，与其他部分既有机联系，却又完全可以作为独立文本来被网民接受，这与当下网民普遍使用碎片化时间上网的习惯相契合，这一特点也最大程度上聚拢了受众。此外，《屌丝男士》系列的剧情也多与网络热点相联系，许多内容、笑点就是取自网络，这无形中又会拉近与网民的距离，便于网民迅速进入"语境"，成为该剧的关注者、甚至是粉丝。另外，在该剧内容的筛选、确定方面，搜狐视频作为创作方（播出方）也投入巨大精力，耗费颇多心血，比如，剧组在开播前邀请了200人左右的观影团，试验播出效果并收集反馈，最终通过反复讨论，把150个桥段压缩至大约90个，应该说这一操作，能很大程度上保证《屌丝男士》更符合网民的接受习惯。

4. 便于大数据等新技术体系的应用

网络自制剧在各种新技术的应用方面，都具备较强的优势，而大数据

第七章
电视剧营销

技术体系的应用,就是其中的典型代表。

大数据已经进入了社会生活、传媒领域的诸多方面,成为传媒业实现业态升级的重要驱动力。2013年被称为"大数据元年",[①]大数据可以透过分析多维度、多层次、历时态的关联数据,实现数据的"大"和"全",从而找到问题的症结,获知事物的关键。[②]业界人士普遍将大数据的特点概括为4个"V",第一,数据体量巨大(Volume),实现了量上的巨大飞跃;第二,数据类型多元(Variety),其类型包括文字、图片、音频、视频、数字、字母、符号等;第三,价值密度低(Veracity),大数据多为非结构化或半结构化数据,每一个具体的数据可能并无多少价值;第四,处理速度极快(Velocity),大数据利用云计算、分布式技术等,虽是分析巨量数据,但得出结果的时间很短,往往在一秒钟之内。[③]

具体应用在网络自制剧的创作方面,大数据使得网络自制剧实现精确的"制、播同步",实现了对剧的生产模式的重构。过去,传统电视剧的剧情、内容框架一般在拍摄前就确定了,在拍摄和播出过程中进行调整并不常见,也并不现实。而在大数据时代,由于对实时数据——特别是观众在社会化媒体上实时展露的意见和态度等的获取和分析越来越容易实现,节目的制作流程就发生了变化,内容生产由此由"静态"变成了"动态",即创作方在播出过程中会随时根据观众意见、喜好的数据分析报告对剧情内容做"微调"甚至"转向"。比如说,在网络自制剧播出的过程中,视频网站可以利用大数据抓取观众在微博等社会化媒体上对角色、桥段等的评价、意见和愿望,根据对这些数据的分析结果,来决定哪位明星的加入或退出、哪个角色戏份的增加或减少、主要角色的关系变化和故事结局等。

总之,大数据作为一种技术体系,为传统电视传媒和以视频网站为代

[①] 史安斌、刘滢,《颠覆与重构:大数据对电视业的影响》,《新闻记者》2014年第3期。
[②] 详见喻国明等的《新闻传播的大数据时代》,中国人民大学出版社2014年版。
[③] 详见喻国明等的《新闻传播的大数据时代》,中国人民大学出版社2014年版。

表的新传媒都提供了新的思路和操作路径，但是，以视频网站为代表的新传媒对大数据的应用更为合适、更为方便，这会帮助其在与电视的竞争中占得先机。

（三）网络自制剧存在的问题

网络自制剧虽然拥有上述优点，但仍存在诸多问题。其中，它的内容质量，是最受观众诟病的方面。网络自制剧的小成本以及推出"短、平、快"等特质虽然是其优点所在，但也使其在艺术水平、制作水平上难与传统电视剧相媲美。实践中，网络自制剧的范畴里鱼龙混杂，虽然也有"高大上"的精品，比如《纸牌屋》《小时代》网剧版、《分手大师》网剧版、《午夜计程车》等，已经比较逼近传统电视剧的水平乃至达到大片级制作水准，但更多的网络自制剧仍停留在"雷剧"、"吐槽剧"、"低成本山寨剧"的水平上，屡屡遭到诟病。另外，现在的网络自制剧普遍是由热门网络小说改编而成，虽有《匆匆那年》等成功改编的作品，但许多网络自制剧所选网络小说本身质量一般，其改编效果自然也好不到哪儿去。

（四）网络定制剧《纸牌屋》分析

网络自制剧鱼龙混杂，但也有一些成功的案例，它们不仅在艺术水平、制作水平上接近甚至赶超传统上由电视台、专业影视制作机构创作的电视剧，甚至在情节设计、技术运用、宣传推广等方面超过了传统电视剧。其中，美国的网络定制剧《纸牌屋》（*House of Cards*）最为引人关注，它不仅创作精良，而且还是大数据技术体系应用于网络剧的成功案例，其在"名与利"上的双重成功引发了业界和学界的颇多关注。

1.《纸牌屋》的"光环"

《纸牌屋》被普遍认为是"第一部完全绕过传统电视剧发布渠道的原创剧"，也是"第一部宣称使用大数据算法取得成功的网络剧"，这些评价虽难说精准，但不管怎么说，其在运作模式、在大数据技术体系的运用上都

第七章
电视剧营销

颇有新意,在业界具有"拓荒"效果,非常值得研究。①

《纸牌屋》是美国的奈飞公司(Netflix)推出的一部政治题材剧,同时,也属于剧情、悬疑类型的剧。目前,《纸牌屋》共有三季,分别于 2013 年 2 月 1 日、2014 年 2 月 14 日、2015 年 2 月 27 日在奈飞公司网站上实现全球首播。该剧剧本由鲍尔·威利蒙操刀,改编自迈克尔·多布斯创作的同名小说,导演是詹姆斯·弗雷和大卫·芬奇等,主演有凯文·史派西、罗宾·怀特等,其剧情则为美国华盛顿总统府中的权力斗争。在剧中,主人公弗兰西斯·安德伍德是一位民主党众议员、美国国会众议院多数党人,颇有政治才能,也野心勃勃、极具报负,他在加勒特·沃克竞选成为美国总统的道路上功劳卓著,然而,就在加勒特·沃克宣誓就任总统之前,弗兰西斯·安德伍德被告知总统因另有考虑,将不会按承诺把国务卿的位置授予他,弗兰西斯·安德伍德对此恼恨不已,决定要竭尽全力把加勒特·沃克拉下马,自己取而代之,就这样,一场美国版的"宫斗戏"开始了。②

作为一部网络热剧,《纸牌屋》杀入传统电视领域的艾美奖并有令人瞩目的斩获。在 2013 年的艾美奖上,该剧共拿下 9 项大奖提名,且最后捧走"最佳导演"和"最佳选角"两个大奖。针对国内观众来说,该剧也好评如潮,其在豆瓣网的评分也达到 9 分以上,算很高的。《纸牌屋》取得的成绩,也为出品《纸牌屋》的奈飞公司赢得了巨额的收入和可观的品牌增值。在此,为了便于理解整个《纸牌屋》案例的内容,笔者有必要对奈飞公司的基本情况加以简要介绍。奈飞公司是一家美国公司,1997 年注册成立,至今已是世界上最大的在线影视产品服务商,在美国、加拿大提供互联网随选流媒体播放、定制 DVD、蓝光光碟在线出租等业务。到 2009 年,该公司已拥有 1 千万订户、高达 10 万部 DVD 电影等。③

---

① 唐绪军主编,《中国新媒体发展报告(2014)》,社会科学文献出版社 2014 年版。
② 百度百科,《纸牌屋》,http://baike.baidu.com/link?url=y79WaYFCvSdpP6wM6KP7j8WavU-fOkKtHwoRCrP_RhCxyKughdNFxVKUF-uAKV4uGlOvi3q_gXwIbALPhl3bPHZb34xQE12z1l_ajex185q。
③ 百度百科,奈飞公司,http://baike.baidu.com/link?url=usQLYSgkKh0U9SnNcYWcdLy7aAR61fNBEe05aDkHc9AQFXL8xMp3EAa7Q-dbs0YWGyjKmJ4urGsJno6Sf3-ZFq。

《纸牌屋》为奈飞公司赢得了巨大的收入和品牌增值,在该剧获得巨大成功的影响下,奈飞公司的股价摆脱了 2012 年的低迷状态,获得迅速拉升。2013 年 2 月初,奈飞公司的股价还是 160 多美元,而一年后,已翻了两倍多,达到 430 多美元。① 此外,在营业收入、净利润、订阅用户量上,《纸牌屋》也为奈飞公司带来了不错的回报。数据显示,在 2013 年第 4 季度,奈飞公司的营业收入已是 11.75 亿美元,同比提高了 24%;净利润则是 4800 万美元,同比提高了 500%;在美国的订阅用户又增加了 233 万,总数上升至 3342 万,全球订阅用户则上升到 4400 万,历史性地赶超了传统电视巨擘 HBO。② 而众所周知,HBO 电视网(Home Box Office)的母公司为时代华纳集团(Time Warner Inc.),资源背景雄厚,同时,其自身也实力强劲——该公司与它的兄弟频道 Cinemax 订阅量之和占全美付费频道订阅量总数的 9 成,其实力可见一斑,而《纸牌屋》在这种市场形势下令奈飞公司的订阅量一举超过它,确是非常令人瞩目的成就。③

2. 大数据技术体系的支持

如前所言,《纸牌屋》带着大数据的光环,在大数据应用于电视剧创作这一领域中具有开拓性的意义。对于《纸牌屋》的成功,目前奈飞公司和业界普遍将秘诀归因于大数据技术体系的运用。在《纸牌屋》的数据库中,包含了 3000 万用户的收视选择、400 万条评论、300 万次主题搜索。而在《纸牌屋》的整个创作过程中,拍摄什么内容、由哪位导演来拍摄、哪些演员来扮演、选择什么播出方式、调动哪些传媒资源展开宣传等等方面,都是由观众留下的各类搜索、观看数据的分析结果决定的。在大数据技术体系下,《纸牌屋》的受众需求获知,都是由精密的数据搜集与分析来决定,即从数据中提炼受众需求来指导剧的创作。《纸牌屋》在创作过程中对大数据的运用更具体是怎样的目前不得而知,但从奈飞公司在日常业务中对大

---

① 唐绪军主编,《中国新媒体发展报告(2014)》,社会科学文献出版社 2014 年版。
② 唐绪军主编,《中国新媒体发展报告(2014)》,社会科学文献出版社 2014 年版。
③ 百度百科,HBO, http://baike.baidu.com/view/19163.htm?fromtitle=HBO&fromid=2310772&type=search。

第七章
电视剧营销

数据的应用也可见一斑。比如，为了弄懂订阅用户的需求偏好，奈飞公司设计了超过7万种视频标签来对已有的视频进行分类，然后由该公司的软件系统"Cinematch"搜集用户视频点播以及观看过程中的一系列行为——搜索、播放、快进、暂停、收藏、评分、分享、时间信息、地理位置信息、终端设备信息等，然后进行算法比对与分析，最终计算出用户可能偏好的视频类型，并以此为依据为用户提供内容，这样做，就能很好地实现针对性满足用户的需求，用户当然会欢迎。①

3. 不仅是大数据的贡献

从另一方面看，《纸牌屋》的成功，大数据技术虽然发挥了重要作用，建立了巨大功勋，但是该剧的辉煌又不仅仅是大数据的贡献。在传媒领域中，决定传媒产品价值实现的最为重要的因素有三个：第一是内容质量高，第二是有效的技术平台，第三是精准的用户洞察。这三点是当前市场中传媒运作的三大价值支撑点。②《纸牌屋》获得成功，也是因为在内容、技术平台、用户洞察这三大价值支撑点上都做到了最佳，才实现了价值落地。不过，大数据技术体系的运用虽然为《纸牌屋》实现了内容创作、推广发行等方面的精准定位和投放，提供了技术平台、用户洞察这两大价值支撑点，但却只是《纸牌屋》获得成功的重要原因，而非唯一原因。除此之外，优质的内容（剧情、桥段）是《纸牌屋》获得成功的另一大价值支撑点。

有观点认为，《纸牌屋》的成功"绝对离不开与传统影视业的深度结合"，实际上还是靠"BBC的老故事、好莱坞的制作班底和索尼公司的发行宣传"，而所谓大数据鼻祖，只是"高科技光环下的虚张声势"。③ 这一观点固然有些偏激，但也不无道理。比如说，大数据技术虽然可以精确计算出哪位明星会令人喜爱、追捧，哪些内容元素会为订阅用户所青睐，但却仍然需要好情节来将这些元素串联起来，形成一个系统有机的好故事，只有这样观

---

① 唐绪军主编，《中国新媒体发展报告（2014）》，社会科学文献出版社2014年版。
② 喻国明，《构筑"新木桶"：媒体融合转型之路的关键》，《电视研究》2015年第2期。
③ 唐绪军主编，《中国新媒体发展报告（2014）》，社会科学文献出版社2014年版。

众才会喜爱。而《纸牌屋》的故事情节,改编自英国同名小说,该小说提供了引人入胜的故事结构与情节,这是大数据也许永远无法计算、制作出来的,但这却是对于该剧最为重要、起基础性作用的。或许,这也就是为何《纸牌屋》获得了巨大的收视成功,而其他应用大数据技术的影视剧却难以超越它的重要原因。所以,对于《纸牌屋》的成功,大数据技术的功勋不可抹杀,但也不能绝对化,要认识到这一点。

四、影视制作基地

在进行电视剧营销问题的研究时,影视制作基地是我们不得不关注的一个重要领域。影视制作基地凭借其强大的资源聚合、整合能力,使我国影视业的产业链进一步完善成熟,也为我国影视业生产销售的各环节带来巨大的发展契机,使我国影视业获得了新的发展空间,拥有了更强有力的支持和更广阔的国际视野。同时,影视制作基地的投资和建设,其影响不仅在于影视业内部,它还经由影视业,辐射其他产业,拉动所在区域的经济发展和知名度提升等。当然,影视制作基地所带来的影响虽以正面为主,也很难说不存在一些负面影响,这也值得我们关注、研究。

在具体展开分析前,笔者要指出,影视制作基地生产的节目包括电影、电视剧,也包括其他电视节目,如综艺节目等,因而,本节内容在讨论影视制作基地时,对这些影视节目都进行了观照,但主要仍是侧重于电视剧。

(一)我国影视制作基地概况

1987年,中视传媒无锡影视基地开建,这是我国目前有影响的影视制作基地中较早开建的,从那时起到现在,我国已有各种类型、规模不一的影视制作基地超过100个。[①] 目前诸多的影视制作基地中,有一些规模较

---

① 黄耀华、余得通,《影视"梦工场":梦圆何时,梦圆何方》,《南方电视学刊》2013年第2期。

第七章
电视剧营销

大，使用率较高，由此形成了在国际国内的较高的知名度，比如，除了中视传媒无锡影视基地外，还有横店影视城、上海影视乐园、北普陀影视城、涿州影视城、同里影视基地、中山影视城、镇北堡西部影视城、长影世纪城、象山影视城、焦作影视城，它们被称为"中国十大影视制作基地"；[①] 此外，还有如长影集团的"环球100"影视剧主题公园、万达集团的东方影都、浙江华策影视的"海宁中国武侠（影视）文化产业基地"等，它们也有不弱的实力与影响力。中视传媒无锡影视基地是上市公司中视传媒股份有限公司的下属分公司，而中视传媒又是中央电视台控股的公司，该基地建设时间久，使用比较频繁，拍摄了不少有影响的影视剧，如电视剧《三国演义》、《水浒传》、《大明宫词》、《天下粮仓》等。该基地相对来说社会比较了解，所以本处不做具体介绍，下面具体介绍一下所谓的"中国十大影视制作基地"以及其他基地。

1."中国十大影视制作基地"

在中国十大影视制作基地中，横店影视城规模与影响都比较大，被称为"亚洲最大的影视摄制基地"、"东方好莱坞"等。该影视城自1996年开始兴建，占地超过30平方公里，[②] 现已建成明清宫苑、秦王宫、广州街/香港街、清明上河图、梦幻谷等近20个相对独立的园区，至今已拍摄制作的影视节目超过500部。[③] 而上海影视乐园的整体特色是老上海风情。中山影视城则在广东中山市孙中山故里，围绕孙中山的生平事迹兴建，建有中、英、美、日四国的景区。长影世纪城在吉林长春，是好莱坞与迪斯尼风格，以特效电影拍摄制作为特色。北普陀影视城在北京，以明清建筑风格为特色。等等。

总之，这十个影视制作基地，规模大，也各有特色，在我国影视制作基地中实力与影响力均名列前茅，在我国影视业的发展中担当着重要角色。

---

① 百度百科，《中国十大影视基地》，http://baike.baidu.com/link?url=k3QYC_HvRBe56r9RDW174Q11zRCwjDIwQPAmthJvkjIB2M5rXbPoXD4OTHjIbSfKA37NqerKZBW9xJPWc6Q8C_。

② 百度百科，《横店影视城》，http://baike.baidu.com/view/34271.htm。

③ 百度百科，《横店镇》，http://baike.baidu.com/view/1126103.htm。

要了解中国影视业的发展,影视制作基地不能绕过,而要了解中国的影视制作基地,这十个也不能绕过。

2. 其他影视制作基地

下面再介绍一下万达集团的东方影都、长影集团的"环球100"影视剧主题公园两个基地。这两个基地虽然兴建较晚,但却在规模、建设水平等方面毫不逊于前文所介绍的中视传媒无锡影视基地和所谓的"中国十大影视制作基地"。拿东方影都来说,该基地位于青岛东方影都影视产业园区,于2013年9月22日正式开工兴建,以影视产业为核心,也兼营旅游商贸。其投资方万达集团自然实力雄厚,所以投资额度也很大,该基地设计的总建筑面积超过500万平方米,其内部项目丰富,有产业园、博物馆、蜡像馆、酒店以及游艇俱乐部等,可谓齐全多样。"环球100"影视剧主题公园位于海南省,由中国长影集团参与投资建设,内部既有主题旅游公园,也有节庆会址、影人工作室、动漫产业基地、电影教育基地等,也是一个以影视业为核心、综合性的文化产业综合基地。[①]

(二) 影视制作基地的价值

对比上述影视制作基地,可以发现,知名度较高、影响力较大的影视制作基地,普遍具有共同的特点,即:投资数额巨大、占地面积广大、功能丰富多样。可以说,投资数额和占地面积为丰富功能的实现提供了保障,而丰富多样的功能,则是影视制作基地投资、建立的目标。而从结果方面考量,正是这些丰富多样的功能,使这些影视制作基地具有了多种价值。

1. 整合影视资源,方便影视创作团队使用

影视业既属于资金密集型产业,又属于人才密集型产业,同时,技术、文化等方面也是其顺利发展的不可或缺的因素。我国影视业的起步晚于欧

---

① 百度百科,"环球100"影视剧主题公园,http://baike.baidu.com/link?url=p3nFi5xklGjZbpRlDiNngiv3i3aMEIsmaY50W2RbnZwTlhkhFyJB_yIcirkc3Jvg36GAoYCO4VNCU3dZP0wCfq。

第七章
电视剧营销

美发达国家,实行市场化运作的时间就更短,由于体制等方面的原因,市场化程度一直低于国际先进水平。

但目前来看,我国影视业与国际先进水平之间的差距正在缩小,资源的积累也有可喜的成绩,就以最有价值的人才资源来说,我国目前已经成长起一批导演、编剧、演员、经纪人、发行人乃至群众演员等。但是,目前这些资源在总体上仍然是分散的,没有形成合力。究其原因,主要在于缺乏整合机制。而影视剧制作基地、尤其是大型影视制作基地,则可以提供这种宝贵的整合机制。

(1)整合影视制作所需的资源

从目前看,我国影视制作基地聚拢、整合了丰富的拍摄资源、[①]生活设施资源和人才资源等。影视制作基地的内部,拥有各种各样满足各种题材、体裁以及风格要求的拍摄园区,这些园区由自然风景与人造布景等组成,它们就是专为影视节目的拍摄、制作而建,所以很适合利用,影视制作团队来此拍摄、制作,可以大大节省交易成本。另外,由于此处拍摄资源能满足很多种类的影视拍摄、制作的需求,来的影视创作团队会多,所以其也造成了对生活设施的需求,如酒店宾馆(演职员的住宿)、餐饮场所(如剧组在工期需要的盒饭提供)、谈判交易场所(如酒吧、咖啡厅)等,而影视制作基地恰恰就有这些配套设施。还有,现在的影视创作往往需要有群众演员参与,由于基地的需要往往上规模,所以这里往往也聚集了一定数量的群众演员。

总之,影视拍摄、制作所需的各种资源,影视制作基地基本都具备,这就为影视创作团队大大节省了交易成本,提高了效率。

(2)整合外国资源,搭建国际交流的平台和桥梁

影视制作基地中,尤其是大型影视制作基地,还可以凭借其在拍摄资源、人才资源、生活设施资源等方面拥有的既有优势,进一步获取国际资源,实现对国际高水平创作团队的吸引,而它们能来到基地拍摄、制作,自然

---

① 此处的拍摄资源指用作影视拍摄的背景建筑、园林环境等。

有可能与本土机构、团队合作，而自然影视基地就实现了搭建国际交流平台和桥梁的任务。

　　与外国尤其是发达国家影视业相比，我国影视业在内容资源和人力资源等方面存在一定的优势，从内容资源上看，尤其在以传统文化为主题的内容资源上，我们有较大优势，我们有上下五千年的文明，有灿烂的历史文化，这些文化为我们寻找影视题材、体裁、情节、桥段乃至台词等都提供了巨大的支持，可谓价值巨大的宝库，而在人力资源方面，我国的影视演员除大牌影视演员外，一般创作人员、片场职员乃至群众演员等薪酬都不高，与发达国家相比，这可算我们的劳动力优势。

　　总之，在这两项资源方面，我们确实存在优势，但在其他方面，与发达国家相比，我们就基本上处于劣势，而其比较突出的就在于影视节目创作与营销两大方面，而这两大方面当然也是最重要的两大方面，因为它决定了影视节目最终目的的实现——收入。从创作方面看，我们的影视剧虽说在国内票房与收视率都有不错的，社会反响也不错，有些影视剧在国际著名影视节上也能拿奖，有的电视剧还被美国、韩国这种影视剧强国购买播出了，但从整体上比较，我们处于绝对劣势。以上所说的国内票房、收视率与社会反响都不错的影视剧，实际与总量相比是少数，真要拿整体与发达国家比，其结果肯定是比较惨不忍睹。至于在国际著名影视节上拿奖乃至卖到美国与韩国去的，实际更是凤毛麟角。其实，所谓国际著名影视节，还没说真正的最高"殿堂"——奥斯卡奖，我们能拿到奥斯卡奖的电影到现在有过几部？

　　再说营销方面，在影视节目的宣传推广领域，我们比发达国家尚有不小的差距。比如，在营销思路、手段上均显得保守、简单，效果上更有所差距。当下，虽然我国影视市场的营销也有了整合营销传播、全媒体营销传播、台网互动营销等新思路，但真正落实到行动上还是显得僵化、不自如，成功案例并不多，虽说有些影视剧最终收益很可观，但往往是剧本身就好，营销的功绩到底怎样不能确切地说。可以说，我国影视节目营销的资源不可谓不丰富，如大量的世界级的互联网平台等，但关键在于理念、技巧与

第七章
电视剧营销

经验,在于有效的运作模式。而在这些方面如果能向国际先进机构与团队学习,则无疑事半功倍。当然,要学习,就得有交流机会,而要有交流机会,就得有交流平台,得有吸引国际先进机构与团队来的交流平台。而影视剧制作基地就有条件搭建这样的平台。尤其是国内一些著名的影视制作基地,它们往往也有一定国际知名度,很多国际制作机构因其资源条件往往也会来这里拍摄、制作影视节目,这样,在这个平台上,国内的机构就可能有机会与它们交流,从而就有机会学习提高。

总之,影视制作基地由于其资源的汇聚,具有拍摄制作电影的便利性,总会吸引国际机构与团队来此,而这样,就形成了国内、国际影视机构与团队交流的平台,影视制作基地的这个功能,不能被忽视。

2. 辐射其所在区域,带动该区域经济发展

在影视制作基地中,集纳了影视业、旅游业、餐饮业等诸多第三产业资源,俨然已经成为一座小型城市。在影视制作基地的园区中,不仅可以提供劳动力指向型、技术指向型等多类指向型的就业机会,有效拉动就业,为当地经济发展做贡献,还可以经由影视业拉动所在区域的知名度的提高,实现产业结构的调整提升以及总收入的上升等。

影视制作基地能增加当地就业不必多说,那么大的区域、那么多的业务,自然对服务等各类业务有所需求,自然就创造了就业机会。

再就知名度提高而言,影视制作基地可以因出现在影视节目中,从而获得知名度,毕竟影视业是大众传媒,受众数量非常广大,这样影视制作基地就成名了,而它成名了,自然也会使其所在地被获知,由此其知名度也得以提高。像横店镇,就是因影视制作基地而获得知名度的。

就产业结构调整提升而言,影视业属于第三产业,而且属于知识、技术集约型产业,其前端原材料供应与后端衍生品开发等产业也多以知识、技术集约型为主,影视制作基地的发展,也就是在当地实现了影视业的发展,而影视业的发展会辐射其周边区域,使周边区域能够发展起围绕影视业提供支持与服务的一系列产业来,而这些行业,也带有知识、技术集约型特色,由此,影视制作基地就凭借对周边区域的辐射作用,带动其所在区域产业

结构的调整提升。

至于使所在区域总收入上升，这是题中应有之义，影视制作基地本身有产出，其经营收入当然算在当地总收入之中，同时，其带动周边区域产生新产业，也为总收入上升做出了贡献。

（三）可能带来的不良影响

任何事物造成的影响都有正反两方面，但是这两方面在不同时期或地区会有大小的不同。就目前而言，我国影视制作基地造成的影响好的居多，但是，其也不是没有不良影响，具体而言如下。

1. 过分偏重高成本、高投入可能带来的不良影响

过分偏重高成本、高投入的影视作品，可能会引发影视业浮躁之气，也会影响青年导演、编剧、演员等的发展空间。具体来说，首先，影视节目制作基地提供的平台，为实现高成本、高投入提供了可能性，在羊群效应、群体压力的影响下，各影视制作机构与团队极有可能会对高成本、高投入的做法盲目跟风，对商业性更为重视，却对小成本、小众、公益性等类别的影视节目越加忽视。其次，强者越强、弱者越弱的马太效应，极有可能在各大影视制作基地发挥作用，影视剧制作基地看似提供了每个人皆可发挥能量、每部剧皆能高效营销的平台，但这平台却可能导致更为严重的垄断现象，导致不是每个人都能均等地获得机会。由此，它为既有优势者提供了更为优渥的条件，却以门槛和把关等，压制了新人、后进者的成长，树立起了更高的进入壁垒。上述两方面的问题，极有可能影响中国影视业未来更全面、更健康地发展。

2. 文化工业的负面效果

影视制作基地的建立，在提高影视业生产与营销效率的同时，也极有可能会加剧影视业流水线生产的特征，带来标准化的一系列弊病。影视制作基地在影视制作和日常生活等方方面面的便利条件，为影视业运作提供了良好的资源平台，然而，近年来，在影视制作基地中，类似大工业、流水线式的影视拍摄制作与营销屡见不鲜，一些影视制作机构与团队出于投

第七章
电视剧营销

资回报的考虑，在剧本创作、剧集拍摄与制作等环节上进行任务拆分和层层转包——毕竟影视制作基地机构、团队、人员众多容易做到这些，而这样做也确实可以达到低成本、高回报、短平快的效果。然而，这样的生产、营销方式，得到的往往是低水平的作品，不仅艺术水准、精神内涵层面的东西无从谈起，许多作品的剧情、人物设置等甚至前后矛盾，毫无逻辑可言。长此以往，这会导致影视作品的灵韵尽失，缺少文化内涵与艺术水准，使我国整个影视业处于一种低水平状态。

应该说，这种易带来不良后果的大工业、流水线式的生产与营销机制，在影视制作基地很容易出现，这也是影视制作基地有可能带来的不良影响。

3. 以建设影视制作基地为名行圈地搞房地产开发之实

社会各界对于影视制作基地涉嫌圈地的疑虑始终存在，但这并非杞人忧天、空穴来风，在我国的影视制作基地建设初期，一些基地确实是在文化搭台、地产唱戏——以文化为由头开发房地产，从而也备受社会诟病。而当下，在各大影视制作基地的筹建、运作过程中，许多社会人士也对其保持警惕，担心这些基地也会重蹈我国影视制作基地建设初期的覆辙。比如说，"环球100"影视剧主题公园等基地就受到过一些类似的批评与指责。

长时间的较为成功、良性的运作表明，我国绝大多数影视制作基地是正当合理的，其积极意义远远高于消极方面。但是，社会各界尤其政府部门等仍应该对此保持持续关注、警惕，尽量杜绝"挂羊头卖狗肉"一类的事宜发生。

总之，影视制作基地使用土地面积大，有可能出现"挂羊头卖狗肉"的情况，这也是其可能带来的不良后果。

五、结语

电视剧从来不是单纯的艺术作品，它是精神产品，用于满足大众的两大需求之一——精神需求，对人类的生活品质起着重大的影响。同时，它也是人类道德、思想的重要影响者，对人类的整体素质起着重要的影响作用。当前，电视剧产业的发展势头很猛，在传媒业中占据着越来越重要的地位，正在成为传媒业的重要组成部分。鉴于它的重要性，鉴于它的目前发展势头，让它良性发展，具有非常重要的意义，所以，作为操控者的我们，要对其运作原理与发展现状有个正确的认知，从而可以做到正确操控。

08 第八章
特殊管理股：国有传媒企业股份制改造的重要尝试

国有传媒企业实施特殊管理股制度的背景
国有传媒企业股份制改造的意义
类别股：我国传媒股份制改造的重要参考
特殊管理股：我国传媒股份制改造的重要尝试
结语

TRANSITION AND CHOICE
Media Industry at the Crossroads

股份制是现代企业的一种普遍制度，在治理结构及日常运作等方面都有许多优势，我国传媒业中的国有传媒企业，现在也有不少是股份制的，但是此种机制还应继续推广与深化，成为一种普遍机制，这样我国国有传媒企业整体的运作才能更有效率，其生存与发展才能有更大空间。就此而言，2013年末中央提出的"特殊管理股"制度，是我国国有传媒企业股份制改造的又一项有益尝试。

一、国有传媒企业实施特殊管理股制度的背景

2013年11月召开的十八届三中全会，通过了我国有关全面深化改革若干重大问题的决定，这个决定有一项重要精神——加快经营性文化单位变革，以建设现代企业制度为核心培育合格的市场主体。还要推动国有文化企业吸引社会资本进行股份制改造，并对按规定转制的重要国有传媒企业探索实行特殊管理股制度。2014年2月28日，习近平总书记主持召开中央深化改革领导小组会议，审议通过了对我国文化领域改革发展意义重大的《深化文化体制改革实施方案》。自此可以说，传媒股份制改造的官方号角正式吹响。可以说，传媒股份制改造是国家基于当前传媒业发展现实提出的重要举措，是文化体制改革的一个重要组成部分。

提出特殊管理股制度的大背景是文化体制改革，而它其实牵涉到社会

第八章
特殊管理股：国有传媒企业股份制改造的重要尝试

主义中国的政治、经济、文化等多方面制度的全面改变与创新。自1978年改革开放之后，我国先后制定了一系列针对文化领域让渡资源、管理松绑、扶持优惠等政策，但文化领域发展的一些深层次矛盾和问题仍未解决。比如，整体的体制决定了传媒业的资源配置仍以国家调控为主，市场机制并未真正起作用；国家虽身为传媒资产所有人和经营者的双重角色，但没有尽力对其做到有效监管和争取保值增值；社会资本和境外资本等非国有资本也无法进入国有传媒，资本运营无法大规模展开；如此等等。

再具体看，我国主流传媒机构目前实施多样化主管主办体制，其产权归属于全体人民，即国有。同时，传媒机构还遵循"事业单位 企业化管理"的运作体制，即凡属事业单位的，都可以像企业一样展开经营，获取收益。在日常运作中，在中央和各级党委领导下，党委宣传部门负责制定核心方针政策和把握导向，各级政府的相关部门根据核心方针政策和导向对各类传媒实施具体管理。[①] 同时，国家确认传媒的产业性质，鼓励它在确保社会效益的基础上去追求经济效益。

再说微观层面，我国的传媒机构的体制机制改革如转企改制等肇始于20世纪90年代，彼时缺乏目标体制的整体设计，"摸着石头过河"，由此也导致很多改革并不成功。拿转企改制来说，很多机构的改革就没有真正转变成企业，如建立现代企业制度等。不过不管怎样，随着国内外政治、经济等大环境的变化，目前我国改革大环境的不确定性已大大降低，市场化运作已几乎是全体传媒机构的唯一出路。总之，市场化运作、转企改制等是重要的、应该坚持的方向。

再具体到我国国有传媒企业的股份制改造，到目前为止，我国国有企业股份制改造已经有了20年的发展历程，国有传媒企业正在和将要经历的改革早在其他国有企业有所实践，相关的法律法规和政策制度已有所积累，包括发行类别股份的种类及正当性、界定和平衡类别股东权利、公司自治与国家介入的界限划分、相关法律法规的完善等，总之，国有传媒企业实

---

① 葛玮，《中国特色传传媒制——历史沿革与发展完善》，《中国行政管理》2011年第6期。

施特殊管理股制度已有一定的基础和参考范本。

二、国有传媒企业股份制改造的意义

当前，我国国有传媒企业实行股份制改造，主要有以下几方面意义。

（一）市场主体程度进一步完善，市场的生存、发展能力增强

在我国，传媒业是特殊行业，兼具意识形态属性与产业属性。产权国有带来的产权主体虚置和结构单一等问题，制约了传媒企业的市场主体能动性的发挥，很大程度上限制了其市场运作能力。而传媒产权变革的核心就在于重塑市场主体，建立以现代企业制度为特征的运营体制，建立规范的法人治理结构和科学合理的运作机制。[1] 也就是说，建立健全的产权制度将从根本上推动整个传媒业市场化运作程度的加深，改善传媒企业运作效率低下、市场操作束手束脚的现状，真正释放传媒企业市场生存与发展的能量。

传媒业在过去三年成就不凡，在宏观经济整体保持不明朗的情况下，仍然保持可观的增长，而此次包含产权制度改革的文化体制改革又一波浪潮的到来，将促使传媒业从政府推动发展进一步向企业自主发展转型，这对其市场生存、发展能力增强是好消息。

（二）吸收、整合资源，提升国家文化软实力

意大利政治家和学者葛兰西曾提出文化霸权的概念，在实践中，文化霸权起着一种意识形态压迫的作用，可以说，发达国家对发展中国家的影响不仅体现在经济方面，也表现在文化领域，它往往通过大众传媒等的宣导，来强化其文化霸权，最终强化其国家竞争力。所以，一个国家的文化软实力具有非常重大的价值。

如今，文化软实力越来越成为核心竞争力，中国在国际舞台上扮演着越来越重要的角色，其文化软实力不能不强，而传媒业在打造国家文化软

---

[1] 徐学庆，《建立符合现代企业制度的中国传媒体制》，《中州学刊》2005年第3期。

第八章
特殊管理股：国有传媒企业股份制改造的重要尝试

实力方面可谓当仁不让的最重要力量之一。而在当前环境下，传媒业进行股份制改造，就便于吸收、整合各方面资金、人才、知识、关系等资源，从而能丰富资源结构、壮大自身实力，从而也就提升了国家的文化软实力。

（三）为提升传媒业的专业度、提升内容产品质量提供了机遇

当前，我国传媒业的内容产品虽说整体质量比以往有很大进步，很大程度上已能满足广大受众的需求，但仍存在一些不足，而内容产品质量不足，主要原因还是传媒机构的专业度方面——目前的传媒机构整体还很大程度上存在着专业主义精神匮乏、专业技术水平参差不齐以及新闻本位意识的欠缺等，而且传统传媒与新传媒都存在这个问题。而要解决整个问题，实现传媒的开放性是一个重要途径，只有传媒业实现充分开放，吸纳各方资源，才能把更愿意从事这一行的人、更适合从事这一行的人、更务实的理念、更能满足受众需求的操作知识等吸收进来，而传媒运作的专业化程度才能得以真正提高。而目前我们实行的传媒企业股份制改革，其核心功能就在于增强传媒的开放性，在于能使传媒吸收各方面的资源，从而就有助于传媒专业度的提升，而由此传媒的内容产品质量才能得以提升。

（四）能使国家把握住最终控制权，以确保意识形态安全

党的十八届三中全会提出，要改革文化领域的运作体制，实行政企、政事分开，要厘清党政部门与其所属的文化机构的关系，在党委和政府之下成立国有文化资产监督机构，要做到对文化机构"人、事、资产、导向"的管理上实现统一。这四个方面的管理统一，明确了我国文化体制改革的基本原则，即不论怎样改，国家始终要掌握文化机构（包括传媒）重大事务处置、资产掌控、内容终审和主要领导干部任免的权力，只有这样，我们在意识形态领域才能稳定、不出问题，社会才能得以保持稳定与发展。通过股份制改造，把市场请进来，但不是简单地把党委政府赶出去了，市场起舞搞活经营，需要党委政府站在背后把握大方向。这是我国传媒业自身的特殊性决定的，也是保障国家意识形态安全的必然要求。总之，我国传

媒业进行的股份制探索，其"放"是有度的，不会改变国家对传媒、对意识形态领域的最终控制权。

三、类别股：我国传媒股份制改造的重要参考

（一）类别股与类别股份制度

一般来说，附于股份之上的权利应该是平等的，每一股的权利都一样，而当某些股份所附的权利与其他股份不同时，这类股份就是类别股份（或称类别股）。[1] 类别股在公司权利（含财产权、控制权等）或其他利害关系方面与普通股存在明显区别，具体标准取决于公司实际情况和国家制度等宏观环境。

类别股是一个大概念，其下又有许多类别。它可以追溯至美国公司发行的普通股和特别股，因这种做法具有较强的融资功能，在公共设施建设以及重工业等领域被广泛应用，后又被作为一种有效的反收购手段风靡一时。其在20世纪20年代发展迅猛，80年代又获得了新的发展机遇，银行、保险公司、财务公司等不少公司采取这种股权结构。[2] 其中应用较广的类别股有：金股（Golden Share）、双重股权结构（Dual Class Structure）和优先股（preference share）等。我国提出的重要国有传媒企业所施行的特殊管理股也是一种类别股。

类别股份制度，其实质是区分内部股份的权利，最终达成内部股权结构多元。即特殊管理股这种类别股份制度的实质也在于股权分类，允许公司根据具体需要对股权进行多样化设计，以满足投资方的多元"口味"，从而助益公司融资等。我国股权制度领域的研究对类别股份制度关注不多，其成果多集中在对类别股份制度的一个传统分支——优先股制度上。在相关立法上，对类别股份制度的规定也仅限于优先股。在实践中，我国公司对

---

[1] 蒋雪雁，《英国类别股份制度研究》，《金融法苑》2006年第3期。
[2] 史英语，《我国类别股份制度研究》，江西财经大学硕士学位论文，2009年。

第八章
特殊管理股：国有传媒企业股份制改造的重要尝试

类别股份制度的尝试也限于优先股。[①]

类别股份制度设计灵活，可以满足不同投资者偏好，开拓多样化融资渠道；可以分离所有权和经营权——有些类别股有所有权，但却对经营没有什么发言权，以保证"专业人士"经营；类别股份制度在实现企业自主经营的同时，还能保持政府或其他主体对企业的控制权；必要时它还能够防止恶意收购，保障企业长远发展；等等。

（二）国外传媒企业类别股制度的相关实践

类别股制度有金股制度，该制度在欧洲是一种非常普遍的政府股权形式。英国是采用金股制度的先行者，早在20世纪70年代末，英国就对多家企业进行改制，用金股制度与企业维持协商关系，以维护国家安全和公众利益等。法国、俄罗斯、匈牙利等东欧国家，以色列、马来西亚等东南亚国家等，也都在全球企业民营化浪潮中效仿英国，在民营化转型的国有企业中设置金股，其中就包括传媒企业。

我国的传媒机构转企改制是近十几年来出现的新动向，更确切地说，2002年党的十六大确认文化事业和文化产业的区分之后，其转企改制才正式由官方推行。目前，主流传媒的转企改制仍在进行时，而股权制度改革就更是一项全新举措，我们明显地缺乏实践经验，所以，国外传媒企业类别股制度的实践对我国就有重要参考价值。

基于类别股制度在传媒业中的成熟程度和国情等方面的考虑，笔者选取新加坡、美国、英国这3个国家，总结其相关经验和教训，以给我国传媒企业股份制改革提供借鉴。

1. 新加坡传媒企业股权制度概况

（1）新加坡传媒业与政府是合作关系

自新加坡建国以来，历经几十年的发展，传媒和政府形成了一种合作伙伴关系，传媒积极传播国家意识，支持和宣传政府政策，在国家建设中发

[①] 白云，《我国类别股份制度的现状与不足》，中国政法大学硕士学位论文，2011年。

挥着十分重要的作用。新加坡报业控股有限公司和新传媒私人有限公司是新加坡的两大传媒集团,共拥有十几家报纸、7个本地电视频道、13家本地电台以及若干网站,构成了新加坡的主流传媒阵营。新传媒公司名义上为私营,但其最大股东是由政府全资拥有的淡马锡控股(Temasek Holdings),实际是该公司代表政府掌控新传媒公司的运作,而新加坡报业控股公司则采用管理股制度。

(2)新加坡报业控股公司的管理股制度

新加坡报业控股公司(Singapore Press Holdings Ltd,SPH)成立于1984年,是东南亚影响力与经济实力都很强传媒机构,以四种官方语言在新加坡出版17份报刊,新加坡每天有300万人或79%的15岁以上人口阅读该公司旗下的报刊。知名大报如《海峡时报》《联合早报》等都在该公司旗下。报业控股公司执行新加坡的《报章与印刷厂法令》,设管理股和普通股两种,购买、持有管理股必须经过政府严格审批,实际将公司的决策权牢牢掌握在管理股持有人手中,政府由此可以通过影响管理股持有者来影响公司的重大决策。普通股则自由流通。由此,该公司实现股权结构多元化,既能做到政府影响管理股从而对公司保持影响力,也能做到由普通股募集资金,解决公司的资金问题。

2. 美国传媒企业股权制度概况

(1)美国传媒企业股权制度的类别

美国传媒企业基本上为私有,且很多是家族企业,例如甘耐特报业集团公司、斯克里普斯公司、考克斯公司、纽约时报公司等。美国主要报业集团均已上市,理论上,企业上市后,应以股份多少配置股东相应的权利,但报业控制家族往往不愿放弃世代传承的家族产业,美国传媒界也倾向于认为家族控制有利于保证传媒的专业化水准和社会责任感——传媒界一般认为家族成员往往比职业经理人的逐利性更弱。在这种背景下,美国传媒企业的股权制度逐渐形成两大类别:一是家族用股权形式保持对公司重大决策的控制权;二是股权结构完全开放,家族仍为大股东,但不谋求绝对控股以控制公司。其中第一类是美国传媒企业的主流,其又可分为设置双重股

第八章

特殊管理股：国有传媒企业股份制改造的重要尝试

权结构与不设两种，而双重股权制度就是一种类别股份制度，一般分为 AB 股，将其中一种设为拥有绝对表决权但不允许上市流通的股票，另一种为普通股。下文将举例的纽约时报公司是这种股权结构的典型。不设双重股权结构的传媒企业如未被论坛公司兼并之前的时代－镜报公司（Times Mirror Company），其依靠家族信托公司拥有较大比例股份实行控股，这就意味着家族始终要做实际大股东，这样对一家公司持有大部分资产，其实利弊又是另一种状态，美国采用此类股权制度的传媒公司并不多。

（2）纽约时报公司的双重股权结构

《纽约时报》1851 年创刊，一直秉承正直品格、大报风范，在公信力与收入上在世界报业均名列前茅。1896 年报人阿道夫·奥克斯买下该报后，拉开了家族经营的帷幕，历经其女婿索尔兹伯格执掌之后，其外孙庞奇又接手，1969 年纽约时报公司在纽约证券交易所上市，对外发行 A 股融资，购买了 10 多家传媒，拓宽了业务领域。为确保家族成员能对公司达成控制，时报对外发行 A 级股票，这种股票只能产生 30% 的公司董事，而索尔兹伯格家族则持有不对外出售的 B 级股票，该种股票有权产生 70% 的公司董事。[1] 而且直至十多年后，时报公司才同意 B 股可以出售，但又附加条件——家族与公司可优先购买。[2] 目前，索尔兹伯格家族的信托公司仍掌握着大约 90% 的 B 股。

2013 年 12 月 31 日，中国商人陈光标宣称将出资 10 亿美元收购纽约时报公司的部分股权，如果按照 2014 年 1 月 8 日每股 15.2 美元的收盘价格，其时该公司总价为 22.8 亿美元，陈光标确实可以通过收购持有大比例股份。[3]

但由于纽约时报公司的特定股权制度，陈光标是否能通过购买实现对公司的掌控就很难说。比如你能买到股份，但都是 A 级股，而 A 级股产生的公司董事少，即使你将 A 级股全部买下才能产生 30% 的董事，所以你的

---

[1] 杨会军，《家族企业：走自己的路》，《中国国情》2005 年第 1 期。
[2] 陈昌凤，《纽约时报公司的经营模式探析》，《国际新闻界》2003 年第 6 期。
[3] 许一力，《给陈光标补一课——从收购〈纽约时报〉谈双股权结构》，http://www.nbd.com.cn/articles/2014-01-10/802090.html，2014 年 4 月 4 日访问。

发言权就不高，所以，你对公司就实现不了掌控。而时报公司的 B 级股确实可以购买了，买到了确实很有可能就对公司实现了掌控。然而该类股有专门规定——家族成员和公司可以优先购买，所以除非他们愿意，才会让你购买，否则他们会先买下而让你无法买。而这样你就买不到，由此也就很难对时报公司实现掌控。而如想变更这种 AB 股体系从而做到外人也可以轻松买到 B 级股从而对公司实现掌控，又需要家族信托公司董事会成员的 75% 及更多的人同意才行。由此，外人要想通过买到 B 股以实现对公司的掌控，可谓很困难。由此，买到 A 股可能实现不了对公司的掌控，买到 B 股则很困难，外人就很难对公司实现掌控。就是通过这种双重股权结构纽约时报公司被牢牢控制在索尔兹伯格家族手中。而类别股份制度的作用也由此可见。

3. 英国传媒企业股权制度概况

（1）英国传媒企业股权制度多元化状况

根据周成华等人的实地观察研究，英国报业企业的股权制度和治理结构趋于多元：《每日邮报》、《每日电讯报》等采取"双重股权制度"，与美国纽约时报公司相似；《泰晤士报》是家族控股模式；三一镜报集团采取公众股权模式；《卫报》是"信托基金"所有制；北岩集团和《每日快报》则不是上市公司。[①] 特殊股权制度在英国被广泛施行，决定着谁是报纸最终的控制者。

双重股权制度在英国有其法理基础，主要由于该国《每日邮报》的双重股权制度存在很多年了，而英国所使用的海洋法系尊重惯例；同时，双重股权制度有利于防止报纸被恶意收购，这也契合了报业反垄断法的原则。

（2）《每日邮报》的股权制度

《每日邮报》归联合报业集团所有，发行量与广告收入在英国均名列前茅。该报自 1896 年创办以来，罗斯米尔家族一直掌握着控制权。该公司的股权分为投票股和非投票股两种，其中，投票股不能在市场流通，仅占 5%，其余均为能在市场流通的非投票股。据《每日邮报》董事、总经理盖伊·则

---

① 周成华、文远竹、曹苏宁，《英国报业的股权制度》，《青年记者》2013 年第 9 期。

第八章
特殊管理股：国有传媒企业股份制改造的重要尝试

特（Guy Zitter）介绍，现老板罗斯米尔四世手中握有 75% 的投票股，几乎将任何重大事项的决策权揽入怀中，而且，另有 40% 的非投票股也在其手中，鉴于这种设计，老板本人可说绝对掌控了《每日邮报》。[①]

四、特殊管理股：我国传媒股份制改造的重要尝试

（一）特殊管理股简介

1. 特殊管理股的定义

借鉴金股、管理股、双重股权结构等概念的含义，可以认为，特殊管理股的份额较小，可能是 1 股或者 1%，与优先股、普通股一样可为股东持有，但不享受分红等权益。有权持有该股的股东有严格限定，我国现阶段主要是政府或其职能部门，此类股东的权利主要体现在对企业重大决策的掌控上，而实现这种掌控主要依靠特殊管理股被赋予更多的投票权，类似新加坡传媒企业的管理股，一股有多票，而普通股则秉持一股一票的原则。

特殊管理股意味着企业的大部分资产将分解出售给社会公众，而保留国家对企业重要事务的决策权力，比如公司的破产清算、重要资产处置、经营战略确定、重大人事任命等，若结合我国传媒业的实际，还应有编辑方针的设定和内容终审等。[②]

2. 特殊管理股与其他类别股的比较

（1）相同之处

特殊管理股与其他类别股的相同之处主要有四点：第一，特殊股所占份额少，如 1 股或 1%；第二，无经济价值，它不能获取股息，也不能用来作为质押、担保标的等，这一点是其与金股、双重股权的共同之处，而优先股则具有收益权，而且是优先获得；第三，从目前看，特殊管理股与金股、双重股权等均无统一的法定含义，具体说特殊管理股的权责到底是什么没有法律统一规定，实践中可能每个实行的企业都有不同，通常由政府与企

[①] 周成华、文远竹、曹苏宁，《英国报业的股权制度》，《青年记者》2013 年第 9 期。
[②] 王欣辉，《金股制度研究》，湖南大学硕士学位论文，2010 年。

业股东协商确定；第四，特殊管理股与金股、优先股、双重股权结构中的 B 股均有流通性差的特点，转让程序复杂。

（2）不同之处

特殊管理股与其他类别股的不同之处主要有以下两点。

第一，持股人不同。特殊管理股掌握在国家手里，私人与非政府机构无权持有，这一点与金股相同，但异于优先股和双重股权，后两者可以为非政府机构或个人所有，如双重股权结构中的 B 类股一般由家族或企业创始人所有。

第二，特殊管理股权利不同。一般情况下，股东权利有三种：知情、收益与决策。知情权只要是股东就都有。收益与决策权普通股股东有，优先股股东则只有收益权，且收益权优先。金股有决策权，但没有收益权。在双重股权结构中，B 股股东掌握大份额的决策权，以保证其对重大决策的影响力，同时也有收益权。而特殊管理股的实际股东，即国家，享有的是对企业重大事项的决策权，决策方式主要通过投票。

3. 特殊管理股制度的适用范围

十八届三中全会的决议中所提实行特殊管理股制度的主体是"按规定转制的重要国有传媒企业"，要准确理解到底谁有资格探索实行该制度，需要厘清两个问题。第一，哪些是按规定转制的。目前看，按规定转制的国有传媒企业主要集中在新闻出版领域，广电领域较少，主要是出版社、非时政类报刊出版单位。[①] 第二，哪些是重要的国有传媒企业。此次改革，十八届三中全会的决议中明确指出"重要"二字，说明一定不是所有的按规定转制的国有传媒企业都纳入考虑范围。而按规定转制的国有传媒企业有出版社、非时政类报刊等，笔者认为，甄别"重要国有传媒企业"，需要从影响力、资产规模、收益、行政级别等几方面考量，表现突出的，才能算重要。[②]

---

① 郭全中，《特殊管理股制度是深化传媒企业改革的抓手》，中国经济新闻网，2014 年 4 月点击，http://www.cet.com.cn/ycpd/sdyd/1179096.shtml。

② 郭全中，《特殊管理股制度对传媒影响深远》，《中国新闻出版报》，2013 年 11 月。

第八章
特殊管理股：国有传媒企业股份制改造的重要尝试

（二）特殊管理股制度的价值

特殊管理股制度，因应现实需要，能解决我国传媒业面临的很大的问题。

当前，传媒业发展到这个局面，一是传统传媒的式微与转型，都需要大量资金等资源，传媒要做到有影响力、增强国际竞争力也需要资金等，但是就目前传媒的条件而言，要融资等也不是那么便利，就以资金而言，尤其是效益不好的传统传媒，你有什么投资价值？我的钱投给你能有什么回报？尤其我没有股权，我的钱投给你了我没有处置权、决策权，我就更不放心了。所以，没有股权出让，现在的传媒业不容易融到资，尤其是效益不好的传统传媒。但是，传媒要是能股权出让，那体外资金就能不同程度地掌控传媒了，这会不会影响我们国家的意识形态安全，从而影响社会稳定与国家发展，这个可能性是有的。于是，怎样能融到资解决传媒目前的困境、实现更好的发展，同时又不让国家失去对意识形态的掌控权，就是一个必须解决的问题。而特殊管理股制度，就能很好地解决这个问题。

实行特殊管理股制度，首先是股权多样化，还是以资金为例，这就要从更多的方面吸纳资金，在我国，由于为了保证国家对传媒的掌控，在传媒的核心领域是不允许非国有资金进入的，比如报社、期刊社、电台、电视台与通讯社。这五大领域，非国有资金不能进入。但是，这五大领域，有大部分很需要资金，比如报社、期刊社、电台、通讯社。如果实行了特殊管理股制度，让它们放开手吸纳各方资金，比如民营甚或境外资金，但是，国家又通过管理股掌握重大事项决策权，如编辑方针与重大人事任命等，这是可以做到两全其美或说双赢的。外来资金比如民营和境外可以进来持股，甚至是控股，但你只拥有经营权或其他一些不很重要的权力，这保证你对自己投资的资金有经营权、你可以放心，保证你可以运作整个企业，省去不专业的人经营这个企业从而经营不好给你造成的顾虑，这样，你基本可以自由地经营这家传媒，让它按你的要求在市场运作，去获取收入，但是国家保留着控制舆论导向、保障意识形态安全的底线。这样的制度，外部资金与国家均可放心。

所以，特殊管理股制度，能解决传媒机构的对外获取资金等资源的问题，改善传媒的发展条件，同时，国家也可以放心。

还有，外部资金进来，其实不仅仅解决了传媒机构的资金需求，其实还有其他好处，比如外部资金进来，可以带进更先进的市场运作知识，这恰是我国传媒机构目前很缺乏的。而外部资金进来，股权结构多元化了，就便于形成更完善的法人治理结构，从而使传媒机构内部决策机制更科学，从而做出的决策更正确，就更有利于传媒的发展。

总之，当前传媒业传统传媒需要资金等资源，同时国家还需要保持对这个领域的掌控，所以特殊管理股制度就能满足这种需求。如果这种制度能顺利实施，传媒的实力、生存发展能力可以增强，国家也能确保对意识形态领域的控制。

（三）特殊管理股制度的构建策略

1. 实施步骤

我国重要国有传媒企业构建特殊管理股制度，具体可分以下七步。

第一，选择试点对象。

自1978年改革开放以来，我国改革的一个重要模式就是试点先行——做任何改革很少一上来就全面推开，而是先找具体对象进行试点。特殊管理股制度改革，涉及面广，又是重要区域，一旦出问题影响太大，所以更得遵循试点先行的原则。而选择什么样的试点，十八届三中全会的决议中专门有要求——在按规定转制的重要国有传媒企业中选择，结合前文应在出版社、非时政类报刊这些按规定转制的机构中选，选影响力、资产规模、收益、行政级别等几方面都比较突出的，结合现实看，大型出版社、都市报社更应被选中。

第二，资产评估。

要施行特殊管理股制度，前提是对对象机构进行资产评估，评估完后，才能引进体外资金，才能确定股份比例。而要评估，要先弄清产权

第八章
特殊管理股：国有传媒企业股份制改造的重要尝试

归属——因为传媒机构的资产也可能由多家持有。然后，再对传媒的各项资产如有形与无形资产（如品牌、专利）进行核查、确认，最后准确作价。

同时，这项工作还需要有一套科学的评估体系，内含全面的指标与有效的模型等。对传媒企业而言，无形资产的评估难度尤其大，需要认真研究。

第三，设置好特殊管理股与普通股的比例。

传统上，国家占股须在51%及以上，以保证绝对控股。特殊管理股制度之下，国有股所占比例必须缩减，但到底缩到多少，似不能一概而论。可以根据企业的实际情况，一企一策，根据企业自身的有形无形资产数量、市场化程度、影响力以及可控性等，由国家与企业协商决定，其目标是形成一个既能有效吸引资金等资源、又能保证国家有效掌控的股权结构。

在实践中，"金股"只占一股，双重股权结构中的B股所占份额没有规定，我国传媒企业的角色十分特殊，此前没有类似实践，加之本身市场化程度不高，现代企业制度建立得不完善，所以不可贸然按图索骥，一定要慎重。

同时，建议股权缩减也应该是一个渐进的过程，不要急于一步到位，这样才稳妥。

第四，投资者的选择机制。

整体来说，鉴于角色不同，我国传媒引入体外资本还是需要慎重，对对方的身份等还应有一定要求。

而这就要建立一套投资伙伴选择机制，当然，这先得形成一套操作性强的评估体系——一套可行性强的指标与在此基础上构建的模型等。新加坡《报章与印刷法令》中规定管理股要发给的个人或机构必须得到新闻通讯艺术部部长的批准，[1]《纽约时报》则规定家族成员和公司享有B股的优先购买权，[2] 法国《世界报》吸引读者投资以及以AB股形式吸引投资，但规定

---

[1] 杨雪先、孙兰平，《新加坡的新闻传播媒体管理》，《新闻爱好者》2013年第1期。
[2] 陈昌凤，《纽约时报公司的经营模式探析》，《国际新闻界》2003年第6期。

外来的投资者均不得干预采编业务。①借鉴以上,我国特殊管理股制度评估投资者的指标应当包括:对采编业务的干预动机不强,其本身与传媒企业资源互补,需经过国家或者国家授权机构严格审批等,同时,还应优先选择机构投资者。

实践表明,在投资市场上,机构投资者在资金规模、专业知识、信息获取等方面都有优势,而且往往股票所占份额大,倾售很可能造成股价降低,由此其自己的所得也会随之降低,所以,相较于个人投资者,机构投资者更愿意真正参与公司治理;另外,机构投资者往往自己也有业务,所以对市场运作与运营企业等都有经验;②另外,实践表明,机构投资者在投资中更着眼战略考量,追求长线投资,即追求投资对象的长远发展,这样可以长久获得收益,而少有一锤子买卖——"短平快"赚了就走的现象,由此其会更关注企业的运作,会对企业实施更有力的监管等,这对企业的发展有利。总之,我国传媒企业在选择投资者时,如无其他条件考虑,应优先选择机构投资者。新加坡报业控股的投资者就主要是机构投资者。

第五,特殊管理股的权力设置。

特殊管理股的权力设置是特殊管理股制度的核心,是体现"特殊"的关键之处,将直接影响到实施该制度的效果。权力设置不妥,特殊管理股或成为"名义股",发挥不出应有作用,或成为"霸王股",造成权力滥用。

设置特殊管理股的权力,应分两个层面,第一个层面,明确对企业的哪些事项拥有特殊权力。对于我国传媒企业而言,这些事项应包括采编业务控制、高级管理者任命、重大股权变动、传媒企业分立或合并的决策等。同时,权力设置的内容还须包含行使权力的程序和监督、惩罚措施,以纠正过去行政力量干预传媒有所随意的做法。第二步,明确权力发挥作用的

---

① 郑园园,《法国〈世界报〉的改革实践》,《新闻战线》2003年第6期。
② 吕敏,《上市公司股权结构和公司治理绩效的关系研究》,湘潭大学硕士学位论文,2013年。

第八章
特殊管理股：国有传媒企业股份制改造的重要尝试

方式，即对上述这些事项应怎样实施权力。在已有实践中，"金股"拥有事后否决权，也就是说金股持有者不参与事前决策，但对最终决策有事后否决权，这对我国特殊管理股的权力设置有很好的借鉴作用。

另外，我国国有传媒企业在发展程度、影响力、社会职能等方面各有不同，实施特殊管理股制度，应坚持权变原则，实行一企一策。总之，允许在审核通过的情况下各有特色。

第六，完善配套设施。

在我国重要国有传媒企业探索实行特殊管理股制度，是对传媒业发展的一次意义重大的变革，也是文化体制改革的一项重大举措。特殊管理股制度能否探索成功，有赖于各方面的配合支持是否到位，换言之，探索特殊管理股制度的过程也是不断建设和完善配套设施的过程，比如法律、工商、税务、人力资源管理制度等领域的配套设施。

第七，总结经验调整政策。

任何探索都可能有错误或者失败，为尽可能降低错误或失败的概率，一方面需要在实施前做好相关的理论准备和实践调查，做好风险评估与应对机制建设；另一方面则是在探索过程中要有"内省精神"，不断地在尝试中总结经验教训，以使以后的路越走越顺。

总之，我国重要国有传媒企业实施特殊管理股制度可分以上七步来走。

2. 基本原则

我国重要国有传媒企业实施特殊管理股制度，还应坚持以下四项原则。

第一，先试点后推广。

由于我国国有传媒企业自身在规模、影响力、资金实力、市场化程度等各个方面差异较大，加之传媒企业的成败牵涉甚广，所以必须慎重施行，其实施须先有一个试点，要选择适合的机构作为试点，并不断跟进分析试点的效果，从中来把握实施特殊管理股制度这一行为，分析出应采取的步骤与注意事项等。从试点身上对实施特殊管理股制度这一行为把握得全面了，再全面推开。总之，试点很重要。

第二，区别对待，因地制宜。

鉴于传媒企业自身在各方面差异较大，且意识形态属性强弱不一，特殊管理股制度的实施需根据市场需要和企业需要，按照实际情况走，不搞一刀切。可以一企一策，由政府和企业协商决定实际操作方式，总之要区别对待。

第三，制度改革与优化行业结构并行。

特殊管理股制度主要针对重要国有传媒企业而言，股权改革固然意义重大，但同样值得关注的是传媒领域正在发生的结构调整。传统传媒顺应网络潮流，走全媒体道路，新闻业务改革向传统主流传媒的既有操作模式提出挑战，公民新闻、数据新闻成为新宠。如若只顾股权改革而错过了结构调整的时机，同样将面临被淘汰的危机。因此，特殊管理股制度的实施必须纳入到传媒转型的大范畴之中。

第四，注重人才素质。

经营管理人才短缺、流动性过高是目前我国传媒企业面临的严峻问题，变革之际，更需要有专业知识、智慧与胆识共具的优秀人才担纲，我国传媒企业实施特殊管理股制度，相应人才的发现与使用必须重视。

3. 配套设施

我国重要国有传媒企业实施特殊管理股制度，在配套设施的建设方面目前应着重做好以下几项。

（1）公司治理结构完善

传媒企业有一个完善的治理结构，特殊管理股制度才能正常运行、发挥其应有的作用，否则，该制度难以产生应有效果，还可能对企业造成负面影响。所以，要实施特殊管理股制度，先要把治理结构完善好。在这一方面，传媒企业应坚持股东出资，委托董事会管理，董事会下设财务、人力资源、审计、投资等专业委员会，提高决策专业化程度。要规范董事会决策程序，明确董事会与总经理之间决策与执行的权限，监事会负责监督，要确保其能发挥监督作用，而不要成为摆设，等等。总之，完善治理结构，使其结构及机制科学合理，能够有序、有效运转，实施特殊管理股制度就有了一个良好的基础。

第八章
特殊管理股：国有传媒企业股份制改造的重要尝试

（2）激励机制配套

特殊管理股的持有人，即国家掌控传媒的代理人，可能会利用传媒企业控制人的职权谋取私利，损害国有资产，此即委托—代理关系问题。要避免或减少这一风险，就要解决好代理人的薪酬福利问题。建议实施年薪制，并将代理人薪酬与企业效益直接挂钩，同时加入其他考核指标，例如控制权力是否越界以及缺位等。有了配套的、合理有效的激励机制，就能有效防控来自特殊管理股持有人的委托——代理关系风险。

（3）法律法规完善

我国现行公司法第34条规定，有限责任公司可以在全体股东约定的情况下，不按照出资比例分取红利；第42条规定：股东会会议由股东按照出资比例行使表决权；但是，公司章程另有规定的除外；同时，第132条规定：发行公司法没有专门规定的相关类别的股份，国务院可以另外出台规章。公司法的这些规定，为无投票权股、多投票权股等类别股份的产生提供了可能性空间，但是，这种特殊股份的发行、权益等方面具体应是怎样，又怎样保障，我国目前尚无明确而全面的说明。缺了这些东西，我国传媒企业的特殊管理股难以顺利实施——比如投资者的投资意愿会受打击等。总之，传媒企业要实施特殊管理股制度，法律法规的完善也十分重要。

（4）传媒企业产权市场建设

实施特殊管理股制度还应建设传媒产权市场。该市场的建立，能帮助传媒机构的资产顺畅流动，有利于传媒企业尽快形成股权来源丰富的状态，尽快建成特殊管理股制度。但这项工作的前提是传媒业的产权归属要清晰，并且可以转让，交易的相关机制、流程必须成熟，必须有资产评估的专业的第三方机构等，而国家又须在这些方面做好配套。

（5）传媒经营管理人才团队建设

任何变革归根到底要依靠人来操作，人才建设是长远工程，而目前也是最紧迫的工程。实施特殊管理股制度，是高端的资本运作，需要懂金融、懂财务、懂资本市场，还要懂传媒运作规律，能把握我国的政策环境等。长期以来我国的传媒业，熟悉传媒采编运作的人多，但经营管理人才少，这对传媒企业实施特殊管理股制度十分不利。所以，为做好实施特殊管理股制度这件事，传媒必须抓紧解决人才问题，比如现有人力资源队伍的"充电"、知识更新，招聘紧缺人才等等。当然，从长远看，高校培养也应对此有针对性。

4. 风险与防范机制

当前，我国重要国有传媒企业实施特殊管理股制度，主要在决策、股权虚设、权利使用、法律方面存在风险。

（1）决策风险及防范机制

决策风险指企业决策易存在巨大问题，最终导致运作陷入危机。而我国传媒企业实施特殊管理股制度，容易存在此方面的风险。具体而言，主要由以下两个原因诱发。

第一，治理结构不完善。

传统的国有传媒企业，经营权和所有权都在国家手里，决策大小主要由国家拍板，公司治理结构发挥作用的空间不大，因而治理结构并不成熟。特殊管理股制度把市场请进来，前提是公司本身有进行市场化运作的机制，如果自身治理结构不完善，可能"辜负"了特殊管理股制度的一番美意，非但不能增强企业实力，反易使企业陷入危机。总之，治理结构不完善，传媒企业容易产生风险。

因此，将传媒企业纳入特殊管理股制度实施范围前，需要对其进行资格考核，考核内容必须包括公司法人治理结构是否完善等。

第二，经营管理人才能力不强。

经营管理人才能力不强是我国传媒业的普遍现实，我国传媒企业实施特殊管理股制度，是一项新的制度，股东内部权利不同的运作机制不一定所有经营管理人员都熟悉了解，都能运作好，所以，由于经营管理人才能力不强，很容易在实施特殊管理股制度时出现决策问题，而决策有问题，企业运作自然会出问题。

为防范这方面风险，传媒企业在实施特殊管理股制度时，选任经营管理人才一事必须高度重视，必须有一群高水平的经营管理人才来操作这件

第八章
特殊管理股：国有传媒企业股份制改造的重要尝试

事。这方面，新加坡报业控股公司是很好的榜样，该公司董事会成员均是优秀人才，综合素质高，不论是高管还是作为政府代表的高级文官，都具有丰富的管理经验与专业知识等。

（2）特殊管理股虚设风险及防范机制

从国有银行及其他企业的双重股权制度改革实践看，国有股东具有一定的易被操作性，而其他股东以及某些独立董事往往具有偏强的游说能力和内部控制能力，[①]因此，特殊管理股也有可能沦为"名义股"，而变得对企业毫无约束力。为此，特殊管理股制度中需要有对特殊管理股持有人的工作进行监督等内容，以确保该股不成为虚设。

（3）权利滥用风险及防范机制

特殊管理股可能虚设，同时也可能"膨胀"，过去国家既是裁判员又是运动员，对传媒的管理权力较大，管得方面比较多，特殊管理股实施后，不仅企业需要适应，国家也有一个适应过程，能否真正按照规章内容在规定范围内管理，是对国家的一个考验。

而要做到在实施特殊管理股制度时国家不滥用权力，需要做到以下两点。第一，在之前的权力划分时，要合理，若不合理，在之后的实践中很难不出现越权情况。比如国家一定要对编辑方针、舆论导向有管理权，若这方面没有管理权，后面国家肯定要越权，但是国家对企业的经营最好不要管；第二，还要建立起可行的监督措施。如果越权了，能否及时发现，发现了能否及时制止，制止了能否以后不会再犯，这些方面也要注意。从实践看，我国许多领域的监督措施往往流于形式，很难真正发挥作用，所以，在实施特殊管理股制度时，传媒业应注意这一点，只有配备有效的监督措施，才能确保制度被严格遵守。

（4）法律风险及防范机制

从目前看，我国的传媒企业实施特殊管理股制度，其法律环境并不完

---

① 青木昌彦著，张春霖译，《对内部人控制的控制：转轨经济中公司治理的若干问题》，《改革》1994年第6期。

善，这使其面临着法律保护不够完善的风险。而要降低这方面风险，一是国家要尽快围绕传媒企业实施特殊管理股制度这一行为完善一应法律体系；二是传媒企业本身要迅速熟悉了解相关法律。

五、结语

在全面深化改革的大背景下，文化体制改革的鼓点越来越密，国有传媒企业进行股份制改革势在必行。转企改制后的国有传媒如何在国家介入与企业自治之间寻找"黄金分割点"，成为制约传媒发展的关键之一。十八届三中全会提出传媒业尝试特殊管理股制度，本质上是国家对传媒放权让利，是对传媒在微观操作层面上的变革。可以说，特殊管理股的意义主要在于在保证国家掌控舆论导向、确保意识形态安全的前提下，优化传媒企业股权结构，扩大其资金等资源的来源以增强实力，最终增强其市场生存、发展能力，这是适应当下我国传媒业发展现实的非常有意义的一项制度。但同时，我国市场经济环境运作复杂，传媒业形势也很复杂，推行该项制度不一定顺利，所以，我国传媒企业的特殊管理股制度的实施应慎重探究、谨慎前进。

主要参考文献

1. 菲利普·科特勒、加里·阿姆斯特朗著，楼尊译，《市场营销：原理与实践》，中国人民大学出版社，2015 年 8 月第 16 版。

2. 张辉锋，《传媒管理学》，中国传媒大学出版社，2009 年 5 月第 1 版。

3. 杨明品主编，《中国广播电影电视发展报告（2014）》，社会科学文献出版社，2014 年 7 月第 1 版。

4. 赵杨，《浅析微博营销的品牌影响力——以湖南卫视"快乐大本营"为例》，《营销策略》，2012 年第 10 期。

5. 《第 36 次中国互联网络发展状况统计报告》，http://www.cnnic.cn/hlwfzyj/hlwxzbg/hlwtjbg/201507/t20150722_52624.htm。

6. 王立芳，《国产电视剧的微博营销研究》，《现代视听》，2015 年第 7 期。

7. 吕慧杰，《湖南卫视的全媒体营销策略研究》，《西部广播电视》，2014 年第 17 期。

8. 任义，《湖南卫视"爸爸去哪儿"新浪微博营销策略探究》，《电影评介》，2015 年第 10 期。

9. 汤集安，《怎样做好"撬动地球"的微营销——兼谈湖南卫视的微博营销策略》，《青年记者》，2013 年第 12 期。

10. 唐·E. 舒尔茨等，《21 世纪企业决胜关键：整合行销传播》，中国物价出版社，2002 年 8 月版。

11. 唐·E. 舒尔茨，《整合营销传播：创造企业价值的五大关键步骤》，中国财经出版社，2005 年 5 月版。

12. 肯尼思·E.克洛、唐纳德·巴克，《广告、促销与整合营销传播》，清华大学出版社，2012 年 4 月第 5 版。

13. 喻国明等，《传媒经济学教程》，中国人民大学出版社，2009 年 3 月第 1 版。

14. 新瀚，《电视剧营销在台网联动下的新机遇》，《广告主市场观察》，2010 年第 6 期。

15. 百度百科，湖南卫视，http://baike.baidu.com/link?url=boYgepXUGDMvnFE5n2qy60_tSJixtEQqf7DlHEqbJ9c4B7ixjHP4kDwv-CICGGc8QhkDoPJwcuEfNOXUGTHVEa。

16. 湖南快乐阳光互动娱乐传媒有限公司-公司简介，http://corp.hunantv.com/about/#1st。

17. 刺猬公社，http://toutiao.com/m3400694881/。

18. 传媒评论，《吕焕斌：芒果台的互联网+行动》，http://mp.weixin.qq.com/s?_biz=MzA5NTM1NDQzNQ==&mid=400527687&idx=2&sn=e65507e7a1d27f1a8f7f73037ab7fe71&scene=5&srcid=1210PVD1nd9vBw2qJczG9XRW#rd。

19. 陈沫，《省级卫视自制剧营销策略浅析——以湖南卫视为例》，《群文天地》，2012 年第 14 期。

20. 段文韬，《电视剧市场"新蓝海"——从湖南卫视自制剧微探中国电视剧市场营销策略》，《新闻天地》，2010 年第 4 期。

21. 喻国明等，《新闻传播的大数据时代》，中国人民大学出版社，2014 年 10 月第 1 版。

22. 史安斌、刘滢，《颠覆与重构：大数据对电视业的影响》，《新闻记者》，2014 年第 3 期。

23. 包冉，《电视里的大数据》，《南方电视学刊》，2015 年第 1 期。

24. 唐绪军主编，《中国新媒体发展报告（2014）》，社会科学文献出版社，2014 年 6 月第 1 版。

25. 百度百科，《百度大脑》，http://baike.baidu.com/link?url=ROB3dx_mV

JrOLmigDQg5jTOu4b0Qt4iTcZJ56uiAxQb47T0oFFAAl02ppBCU28wDrf5U1eIf7FWSJn0p2JDEb_。

26. 戴元初，《大数据时代，电视人准备好了吗？》，《视听界》，2014年第1期。

27. 《〈纸牌屋〉开创"网络定制剧"历史》，http://ent.ifeng.com/a/20140704/40158729_0.shtml。

28. 《中国电视剧进入"定制剧轻时代"？》，http://www.chinanews.com/yl/2014/02-20/5864282.shtml。

29. 《马克思恩格斯选集》（第一卷），人民出版社，1972年版。

30. 陈力丹，《马克思主义新闻观教程》，中国人民大学出版社，2011年1月第1版。

31. 黄耀华、余得通，《影视"梦工场"：梦圆何时，梦圆何方》，《南方电视学刊》，2013年第2期。

32. 百度百科，《中国十大影视基地》，http://baike.baidu.com/link?url=k3QYC_HvRBe56r9RDW174Q11zRCwjDIwQPAmthJvkjIB2M5rXbPoXD4OTHjIbSfKA37NqerKZBW9xJPWc6Q8C。

33. 百度百科，《横店镇》，http://baike.baidu.com/view/1126103.htm。

34. 百度百科，《横店影视城》，http://baike.baidu.com/view/34271.htm。

35. 百度百科，"环球100"影视剧主题公园，http://baike.baidu.com/link?url=p3nFi5xklGjZbpRlDiNngiv3i3aMEIsmaY50W2RbnZwTlhkhFyJB_yIcirkc3Jvg36GAoYCO4VNCU3dZP0wCfq。

37. 郑蔚，《中国电视媒体的管理和经营》，中国广播电视出版社，2006年6月第1版。

38. 朱毅，《抬头看路：电视媒体产业及转型研究》，中国出版集团、世界图书出版公司，2014年9月第1版。

39. 吕一林、陶晓波编著，《市场营销学》，中国人民大学出版社，2000年10月第1版。

40. 黎斌主编，《电视融合变革——新媒体时代传统电视的转型之路》，

2011年7月第1版。

41. 吴婷，《浅析省级卫视自制剧的营销策略——以湖南卫视为例》，《电影评介》，2011年第18期。

42. 田智辉，《〈赫芬顿邮报〉：互联网报纸的典范》，中国报业，2015年第3期。

43. 蔡雯，《从面向"受众"到面对"用户"——试论传媒业态变化对新闻编辑的影响》，《国际新闻界》，2011年第5期。

44. 刘伟，《粉丝作为超常消费者的消费行为、社群文化与心理特征研究前沿探析》，《外国经济与管理》，2011年第7期。

45. 赵枫，《国内门户网站发展过程分析》，《现代情报》，2005年第12期。

46. 李蕻，《互联网技术的发展与知识产权制度的完善——以网络环境下版权滥用为视角》，《特区经济》，2011年第2期。

47. 张小强，《媒介传播从受众到用户模式的转变与媒介融合》，《科技与出版》，2015年第7期。

48. 熊铮铮，《用户真的需要定制新闻吗？——一项基于荷兰媒体与受众的调查》，《新闻记者》，2015年第4期。

49. 马晓峰，《综合门户类网站的盈利模式分析——以新浪网、搜狐网、网易网的盈利模式为例》，《科技创业月刊》，2013年第10期。

50. 李敏，《门户网站未来盈利模式》，《财会通讯：综合（中）》，2014年第12期。

51. 胡秋圆，《类别股分析：价值、问题及解决》，华东政法大学硕士学位论文，2012年。

52. 张世海，《论特殊管理股在我国传媒行业中的作用》，《中国出版》，2015年第16期。

53. 程柯，《股权结构、战略投资者与特殊管理股制度——基于国有出版传媒企业的理论模型分析》，《中国出版》，2015年第23期。

54. 翟旭瑾，《"东方影都"对我国电影事业及产业的影响》，《今传媒》，2014年第12期。

55. 潘爱玲、郭超,《国有传媒企业改革中特殊管理股制度的探索：国际经验与中国选择》,《东岳论丛》,2015年3期。

56. 童兵,《中国新闻传媒改革的重大课题——学习〈关于推动国有文化企业把社会效益放在首位、实现社会效益和经济效益相统一的指导意见〉的体悟》,《当代传播》,2015年第6期。

57. 黄晓阳,《魏文彬和他的电视湘军》,新华出版社,2006年10月第1版。

后 记

本书的写作起意于两年前，当时鉴于行业变化过快、过剧，坊间思想、认识也比较多元，很想认真研究一下传媒业的发展形势，对起码几个主要领域和问题形成相对深入的认识，对其发展方向做一点靠谱的展望，但这期间事情很多，进度一直不快，加之这两年行业发展过快，很多事情一时也看不清楚，也不敢遽然下笔，到本学期，不能再拖，笔者遂极力挪出时间最终撰写成稿。

由于是对传媒业几个领域在做相对全面的研究，涉及面广，所以得动用大量资料，有大量的现实数据，参考了大量的论文与著作，为表达对被引用或参考的文献及其作者的尊重与感谢，本人对书中所有引用与参考之处均尽力进行了标注或列入参考文献，但本书成稿较仓促，难免有挂一漏万之处，而且，还有的参考因时间较长，已记不清文献的作者与题目，比如在第二章《传统传媒未来盈利模式的一大支柱——活动营销》中，有关2005年"超女"活动的资料来自于笔者十年来一直打磨一直在用的课件，而课件的最初内容又参考过几篇硕士毕业论文和几本有关湖南广电集团发展的著作，不过时间已经太久，已记不清所有作者与文献的题目了，所以就没能做到全部标出。不管怎样，如果笔者在加脚注与列参考文献时因疏忽有所遗漏或是因时间较久不能将某些文献和作者列入，笔者谨致以深切歉意。总之，对在本书的写作中曾引用或参考过的所有文献与作者，笔者特表示真诚的致敬与感谢。另外，在本书的写作中，王田、翟旭瑾、李云翔分别撰写了六、

后 记

七、八章的初稿,在此特向她们的辛苦付出表示真诚感谢。

最后,本书的写成及最终出版,人民日报出版社编辑梁雪云博士付出了心血与贡献,特向她致以深切谢意。

张辉锋

2016年3月于北京